KB140169

위험커뮤니케이션의
쟁점과 과제

이 저서는 2014년도 정부(교육부)의 재원으로 한국연구재단의 지원을 받아 수행된 연구입니다(NRF-2014S1A3A2044217).

위험커뮤니케이션의
쟁점과 과제

송해룡 지음

■ 머리말

　오늘날 우리는 다양한 위험으로부터 위협을 받는 '위험한 사회'에
살고 있다. 불량만두소와 기생충알 김치 등의 식품 관련 이슈, 구제
역, 메르스, 지카 바이러스, AI 조류인플루엔자 등 치명적인 전염병
이슈 그리고 중국발 미세먼지 등 환경오염에 대한 논의가 심화되고
있다. 특히 최근에 식품의약품에 대한 불신, 지하철 안전사고, 아동
학대, 성폭행, 지진과 같은 자연재해 등 새로운 위험이 복합성을 띠
며 나타나고 있다. 과거에는 경험하지 못했던 새롭고 다양한 '위험
(risk)'이 우리의 삶을 위협하고 있음이다. 이른바 '위험사회'가 우리
의 평범한 삶 속으로 광범위하게 들어왔다. 위험사회의 본질 중 하
나는 '안전/안심'과 '위험/위협'의 충돌이며, 소위 시스템 위험이 높
아진다는 것이다. 객관적으로 존재하는 위험의 개념보다는 사회적으
로 인식되고, 구성되는 위험 개념이 일반인에게 더 많은 영향을 미
치고 있음을 볼 수 있다. 위험과 관련하여 우리에게 닥친 가장 심각
한 문제는 이러한 위험원이 예전보다 더 심각하게 다가오고 있으며,
향후 위험성이 심화될 개연성이 높다는 점이다. 그래서 다양한 위험
요인이 지배하는 21세기 복합사회는 '위험커뮤니케이션'에 대한 사
회적 이해가 매우 중요하다. 만일 위험이 피할 수 없는 것이라면, 공
적인 커뮤니케이션 이슈로 삼아 그에 대한 대응책을 모색해야 하며,

이와 관련한 핵심 주제들을 반드시 폭넓게 공론화해야 한다.

그간 우리 사회에서 위험에 대한 사회적 논의는 매우 미약했다. 이로 인해 공공 부문이나 민간 부문 모두 위험을 과대하게 혹은 과소하게 인식함으로써 위험에 대해 과학적으로 대응하지 못하면서 사회 전반에서 공론화 단계는 매우 낮은 모습을 갖고 있다. 이 때문에 현대사회의 위험요소가 사회에 미치는 영향이 부정확하게 진단되거나, 위험에 대한 학제적 평가가 부재하여 위험관련 중요 의사결정이 제대로 이루어지지 못하는 사례들이 늘어나고 있다. 이러한 배경에서 '위험'이라는 주제를 사회적 커뮤니케이션에서 학술적 논의의 대상으로 삼아야 할 필요성이 여러 해 전부터 제기되었다.

위험은 점점 더 사회적 의미를 갖는 모습으로 변화되고 있다. 예컨대, 원자력 시설의 입지를 반대하는 주민에게는 '과연 얼마나 위험한가(기술적 문제)'보다는 '정부나 산업을 믿을 수 있는가?(신뢰의 문제)', '내 집, 내 땅의 가치가 떨어지지는 않을까?(경제적 문제)', '왜 하필이면 내가 위험부담을 져야 하나?(형평성의 문제)' 등 사회적 문제들이 관심의 초점인 것이다. 이는 결국 해당 위험과 관련된 의사소통, 즉 위험커뮤니케이션의 문제로 귀결된다. 이러한 맥락에서 메르스 사태나 유전자변형생명체에 대한 거부 운동 그리고 경주 지진에 대한 미흡한 대책과 시민들의 불안감은 위험커뮤니케이션의 학술적인 의미를 중요한 연구영역으로 끌어들이고 있다. 현재 우리 사회의 위험 의사소통은 매우 빈약한 실정이다. 과학기술자들은 사회적 인식에 대해 관심이 적고, 공중은 과학적 지식에 취약하다. 그로 인해 잦은 정보의 통제나 왜곡이 일어나고, 이에 대한 사회적 불신과 저항이 거세져서 자주 갈등이 확산되는 양상으로 발전되곤 한다. 위험관련 정보를 제공하는 경우에 정보 제공자는 목적을 위한 도구적 접근에 치중하고 있고, 정보 수용자는 각기 자신의 관점에서 이해하고 재해석하여 커뮤니케이션의 실패로 이어지는 경우가 많다.

현재 우리나라의 위험커뮤니케이션은 '이슈 관리' 수준이며, '갈등 후 대응'이라는 매우 낮은 단계에 머무르고 있다. 이 단계를 넘어서야 한다. 바로 위험커뮤니케이션의 세밀한 전략수립이 관건이다. 독일의 사회학자 울리히 벡은 현대사회의 위험은 과학기술의 급속한 발전에 의해 태동된 것으로 진단하면서, 보다 근본적으로 발달된 과학기술 그 자체가 아니라 과학기술의 발전을 끊임없이 위험사회로 연결시키는 의사결정 과정을 원인으로 규정한다.

최근에 나타나는 위험은 전통적인 위험에서 이해되었던 신분 집단적·경제적·직업적인 위험과 다르고, 확률적인 통계를 통해서 예측될 수 있고, 피해를 피보험자의 연대공동체를 통해서 최소화할 수 있는 산업사회의 위험과도 비유될 수 없는 특성을 갖는다. 최근의 위험은 실재하지만 동시에 사회문화적으로 구성되기 때문이다. 위험에 대한 지식은 개별문화의 역사와 상징 그리고 사회적 지식의 그물망에서 나온다. 그 때문에 같은 위험에 대한 정치적 반응이 나라와 문화에 따라 매우 다르게 나타난다. 위험은 지식에 의해 구성되는 대상이 되고 있는 것이다. 예컨대 생태계에 대해 우리가 더 많이 알수록 우리는 무지로부터 해방되면서 위험에 대한 새로운 정보와 만나게 되는 것이다. 그래서 위험의 원천은 무지가 아니라 지식이라는 주장이 설득력을 갖고 있다. 이러한 측면에서 정보 접근권이 보다 확대된 현대사회에서 위험의 유형과 이에 대한 인식은 다양해질 가능성이 점점 높아지고 있다. 전통적·현대적·탈현대적 위험들이 사회 안에서 혼합되기 때문이다.

이에 따라서 민주사회에서 시민은 자기의 삶과 건강에 관련하여 내리는 결정이 공적으로 정당성이 있기를 바란다. 이것은 반드시 양방향적인 커뮤니케이션이 없이는 성취될 수 없다는 것을 뜻한다. 동시에 이러한 사회적 커뮤니케이션, 즉 대화의 목적은 위험을 수용 가능한 대상 혹은 일상적인 강제가 아니라는 것을 상대방에게 확인해주는 것이 아니라, 관련된 시민에게 소위 '위험에 성숙한' 모습을 갖도록 하는 것에 있음을 볼 수 있다. 이것은 위험에 관계된 개인이나 사회적 집단 각자가 위험을 일으키는 사건, 계속되는 불확실성, 그리고 여타 위험관련 요인에 대하여 실제로 증명 가능한 결과에 토대한 인식 위에서 각각의 위험에 대하여 개인의 판단을 내릴 수 있는 능력을 갖도록 하는 것을 의미한다. 이 판단은 사회적으로 구속력이 있는 윤리적인 근거기준에 합치되는 모습을 해야 한다.

전문가들이 위험을 어떻게 평가하는지는 커뮤니케이션 과정에 이용된 모델 혹은 그 논의 구조에 못지않게 성공적인 위험커뮤니케이션에 있어서 매우 중요하다. 여기서 본서의 논의가 시작되었다. 위험커뮤니케이션과 관련하여 어떠한 학술적인 논의가 현재 이루어지고 있는지에 대한 탐구는 우리가 지향해야 할 연구의 폭을 넓혀주고 있다.

여러 문헌에서 논하듯이 위험커뮤니케이션은 정보와 논쟁에 대한 상호 균등한 열린 과정으로 이해되어야 한다. 동시에 위험커뮤니케이션은 다음과 같은 다섯 가지 과제를 기본적으로 성취시켜야만 한다.

1. 환경과 건강에 미치는 물질이나 사건 그리고 어떤 행위가 동반한 영향과 부수적인 영향에 대한 학술적인 연구의 상태를 객관적인 것에 기초하여 설명해야 한다.
2. 가능한 보호조치 그리고 적절한 행동과 관련해서 관련된 주민을 교육하는 것과 그리고 행위자들 상호 간의 합의적인 조정을 이끌어내도록 한다.
3. 위험의 평가와 그 수준을 평가하기 위하여 도입한 방법론에 대한 포괄적인 정보를 제공토록 해야 한다.
4. 관련된 이해집단의 관점을 명백히 해명하도록 한다.
5. 상이한 행위자들이 위험평가의 과정에 민주적으로 참여할 수 있는 커뮤니케이션 방식의 제공과 성취를 이끌어내도록 한다.

이와 같은 다섯 가지 위험커뮤니케이션 기능의 수행은 위험을 평가하거나 매니지먼트 하는 기관들이 핵심적인 과제로 인식해야만 한다. 이것은 관공서 같은 공적 기관이나 보험사 같은 사적 기관 모두에 요구된다. 이 같은 위험커뮤니케이션의 다섯 가지 기능은 원칙적으로 최소한도 네 가지 상이한 커뮤니케이션 형태를 통해 충족될 수 있다. 첫째는 기록하는 문서 형태의 **기록과 사회적 매뉴얼(다큐멘테이션)**이다. 이 방법은 투명성을 만들어내는 데 기여한다. 민주사회에서 어떤 이유로 해서 특정한 위험을 경감시키는 조치를 취해야 하는지를 논하는 규제과정에 참여하지 않는 여론을 경험한다는 것은 상상할 수 없는 것이다. 이 기록과 사회적 매뉴얼의 중앙에는 어떻게 위험 매니지먼트와 관련한 결정이 이루어졌는지, 어떤 논쟁점이 어떻게 고려되었는지 그리고 어떠한 학술적인 근거가 활용되었는가와 같은 정보가 들어 있다. 이에 정보미디어로서 인터넷은 가장 적합한 모습을 한다. 둘째는 **정보**다. 정보는 커뮤니케이션 파트너를 계몽하는 데 활용된다. 정보는 항시 각각의 타깃 집단이 이것을 이해하고, 따르고 그리고 납득할 수 있도록 만들어져야 하고, 구성되어야 한다. 이 정보에 들어 있는 메시지는 또한 특정한 일상에서 더욱 효과적인 것이 되도록 해야 한다. 여기서 중요한 것은 정보를 받는 사람의 관심이 적절하게 이해될 수 있어야 한다는 것이다. 셋째는 상호적인 커뮤니케이션, 바로 **대화**다. 이 같은 커뮤니케이션의 형태는 상호적인 배움에 정향되어 있다. 정보가 일방적으로 흘러가는 것이 아니라, 논평, 경험, 감상 그리고 판단이 오고 가는 상호 교환이 되도록 해야 한다. 동시에 이 양쪽은 상호 경청과 배움의 자세를 갖추어야만 한다. 넷째는 위험평가와 매니지먼트 **결정과정에 참여**이다. 인간은 다양성을 보장하는 민주사회에서 삶에 관련된 결정에 동등하게 직간접으로 참여할 수 있기를 기대한다. 관련자만이 규제에 함께 어떤 영향을 주는 것이 아니라, 관련자의 관심이 결정과정에서 자체적으로 대변이 되고, 이 위험의 결과를 차후에 수용하여 삶을 영위해야만 하는 사람들의 이해와 가치를 또한 적정하게 파악하여 결정과정에 통합시키도록 해야만 한다.

이 모든 네 가지 형태의 커뮤니케이션을 병렬적인 형태로 이루어지도록 하는 것이 매우 효과적인 위험커뮤니케이션을 만들어내는 과정인 것이다. 이 네 가지 형태는 다양한 여론에 들어 있는 상이한 욕구를 뒷받침하며, 상이한 방식으로 다섯 가지 기능과 관련을 맺는다. 동시에 이 다섯 가지의 상호 조합이 매우 중요하다.

그래서 위험커뮤니케이션은 상이한 행위자들과 함께 여러 다른 차원에서 이루어지도록 해야 한다는 전제조건을 강조한다. 이 차원은 상이한 여러 분야의 전문가, 규제자, 정치인, 관공서의 대표자, 사회 조직체나 산업체 그리고 협회의 대변자, 미디어 대표자 그리고 관련된 주민집단의 대표자 같은 다양한 행위자를 포함시키도록 한다. 그래서 커뮤니케이션은 상이한 정치적인 차원 간에 이루어진다. 렌(Renn)과 슬로비치(Slovic)가 제시한 여러 위험커뮤니케이션 모델에서 보듯이 상이한 정보원(송신자), 중개자 그리고 수신자로 구분이 되는 영역에서 위험커뮤니케이션은 매우 복잡하며 조직적인 과정을 거쳐야 한다. 다양하고 그리고 교차되는 위험커뮤니케이션의 과정 속에서는 종종 오해, 잘못된 해석 그리고 갈등이 발생한다. 그래서 우리는 커뮤니케이션 과정을 양자 간의 소통이 아닌 두 개 이상 당사자 간의 교환행위로 보아야만 한다. 위험에 관련된 개인은 학술적인 위험분석과 위험관리에 필요한 중요한 정보를 다양하게 제공할 수 있다. 위험과 직접적인 관계를 갖는 개인은 이미 나름대로 지식의 저장창고를 소유하는 것이 일반적이다. 위협적인 위험의 체계적인 상태를 만들어내는 학자들의 횡단분석과는 반대로 소위 '지역에 정향된 지식(local knowledge)'을 분석에 연결시키는 것은 학술적인 분석에서 관점의 폭을 넓히도록 하는 것이다. 그렇게 함으로써 가능한 다양하고, 관련자에 잘 정향된 그리고 상호적인 정보교환에 유의할 수 있다.

이러한 의미에서 위험에 대한 성공적인 커뮤니케이션은 **합리적인 숙고가 필요하며, 상황에 적합한 그리고 사회의 복수적인 가치**를 위험평가의 과정에 포함시켜야만 한다. 이것은 기본적인 전제가 되고 있다. 이러한 토대로부터 우리는 특히 지속적이고 인간의 관심에 정향된 위험평가 과정을 존중하는 것을 목표로 삼을 수 있다. 여기서 새로운 정보의 수용과 다른 것으로의 전환은 전문성과 지속적인 커뮤니케이션을 추구해야 한다. 본서는 이러한 방향으로 가는 과정에 필요한 부분들을 논하면서, 더 다양하고 깊이 있는 연구로 가는 디딤돌이 되는 것을 목표로 삼았다. 본 연구는 한국연구재단에서 지원하는 SSK 사업의 일환으로 진행되었다. 지난 5년 동안 한국연구재단의 지원이 없었다면 위험커뮤니케이션 분야를 단계적으로 연구할 수 없었을 것이다. 이 자리를 빌려서 깊은 감사를 전하고자 한다. 그리고 늘 다양한 의견을 주는 독일의 연구 파트너인 한스 페터 페터스(Hans Peter Peters) 교수에게 감사를 드린다.

지난 2016년 7월 독일 율리히 연구소에서 개최한 위험커뮤니케이션 국제 워크숍 그리고 베를린 공과대학에서 개최한 '이노베이션과 위험 세미나'는 새로운 위험커뮤니케이션에 대한 지적인 영감을 주었다. 그 한 부분을 본서에 담으려고 노력했지만 그 변죽만을 다시 울리는 내용을 담았다. 2018년에 새로운 연구를 담아 독자들에게 좀 더 포괄적인 내용을 담은 연구서를 낼 것을 약속한다. 여전히 잘 팔리지 않는 위험커뮤니케이션 분야의 책을 출간해주시는 (주)한국학술정보에 깊은 감사를 드린다.

2017년 2월
송해룡

■ 목차

리스크에 관한
사회, 문화, 생태학적 고찰

리스크에 관한
사회, 문화, 생태학적 고찰*

리스크(risk)는 파괴와는 다르다. 리스크들은 초래된 피해들에 대해
언급하지 않는다.
만약 피해에 대해 언급한다면, 모든 보험회사들이 부도가 났을 것이다.
그러나 리스크는 파괴를 야기할 수 있다.
리스크에 대한 이야기는 안전에 대한 신뢰와 진보에 대한
믿음이 사라진 곳에서 일어난다.
따라서 리스크는 안전과 파괴 사이의 특별한 중간 상태,
즉 리스크의 지각이 행동과 사고를 결정하는 것을 의미한다.
- 울리히 벡(Ulrich Beck)

1. 리스크의 복잡성

리스크는 복잡하고 양면적이다.[1] 인류의 역사적 변천과 학문사

---

* 본 장은 SSK 공동연구자인 홍익대학교 김경희 교수와 함께 집필되었음을 밝힌다.
1) 학술적으로 영어로 표현하는 risk는 자기 책임하에 무릅쓰는 위험이고, hazard는 우연에 좌우되
는, 또는 인간의 힘으로 피할 수 없는 위험을 뜻한다. 그리고 danger는 가장 일반적인 위험을
뜻하는 것으로 사용된다. 본고에서 논하는 리스크는 이 세 가지 의미가 모두 들어 있는 위험의
의미를 논한다.

측면에서 볼 때 정의하거나 이해하기도 어렵다. 인간의 숙명과 욕망이 가득 담긴 리스크는 그 다층적 면모 속에서 한편으로는 신의 영역을 통해, 다른 한편으로는 인간의 행위 영역을 통해 의도하지 않은 결과들이 나타나고, 이 영향력이 점차 증대되는 형국을 보여준다. 오늘날의 산업사회에서는 리스크의 이러한 복잡성을 대수롭지 않게 생각하고 그 속에 내재된 모순성을 간과하여 그것을 단순히 무지의 영역으로 치부해 버리거나 혹은 인간의 욕망에 부응하는 부수적인 요소로 여길 때가 종종 있다.

우리가 직면하고 있는 리스크를 과거에 예측할 수 있었는지, 또 현재와 미래에 예측할 수 있는가라는 기본적인 질문에서 시작하여, 리스크와 리스크가 아닌 것을 어떤 기준에 의하여 판단하는가, 리스크의 대상에 관한 의견이 일치한다고 하더라도 그에 대응하는 방식은 어떻게 결정되는가라는 물음에 대하여 매우 다양한 대답이 가능하다. 더 나아가 현대사회에 실제로 리스크가 증가하는가, 아니면 리스크에 대한 불안만이 증대되고 있는가라는 질문도 연이어 나올 수 있다. 확실한 것은 인간이 리스크로부터 안전을 추구하기 위해 수많은 기술과 사회제도의 발전을 이루었지만 이 기술과 사회의 진보가 혜택만큼이나 많은 리스크를 재생산하였다는 점을 간과해서는 안 된다. 이러한 리스크의 복잡하고 다양한 맥락을 제대로 이해하기 위해서는 학제적으로 그리고 통합적으로 리스크를 들여다보아야 한다. 특히 리스크가 지닌 다양한 속성과 상이한 맥락은 참과 거짓이라는 구별된 코드로부터 해방된 장르, 바로 문학에서 잘 형상화되어 있다.

2. 리스크 연구와 생산적 경계 넘기

2.1. 리스크에 관한 다성적 맥락

리스크의 어원을 살펴보면 독일어의 명사 'Risiko', 이태리어의 'rischiare', 라틴어의 'risicare'에 반영되어 있듯이 절벽 주위를 항해하며 무엇인가를 용기 있게 감행하는 것이라는 능동적인 뜻과 그리스어의 'riza', 아랍어의 'rizq'처럼 '신으로부터 받은 일용한 양식'이라는 수동적인 뜻이 있다.[2] 리스크를 인식하고 이에 대응하는 태도는 시대에 따라 달랐고 학문의 발전과 분화가 이루어진 이후에는 개별 학문마다 이에 접근하는 방식이 상이하였다.[3]

위에서 언급한 첫 번째 어원에서도 나타나듯이 바다와 항해는 고대시대로부터 20세기에 이르기까지 물리적 환경 그 이상의 의미를 지니고 있었다. 바다와 항해는 육지와 바다 그리고 인간과 자연의 경계, 더 나아가 인간의 가능성을 성찰하게 해주는 주제였다.[4] 따라서 이는 인간의 존재론적 장소에 대한 철학적 질문일 뿐 아니라 사회적 장소에 관한 정치적 질문이고, 항해는 다름 아닌 존재에 대한 은유였다. 고대에 항해를 하면서 마주치는 다양한 리스크들, 자연재해, 재산의 손실에 대한 대응은 리스크에 대한 인식을 발전시켜 주었고, 르네상스 시대에는 인간의 영향력이 더욱 커지면서 리스크에 대한 논의가 인간의 결정 영역으로 그 중심축이 이동되었다. 그 이

---

2) F. Kluge, W. Mitzka, Etymologisches Wörterbuch der deutschen Sprache, 20. Aufl., Berlin 1967, p.602.

3) 송해룡, 김경희, 「리스크의 모순적 양면성」, 『헤세연구』 제29집, 2013, 252-256쪽 참조.

4) Hans Blumenberg, Schiffbruch mit Zuschauer. Frankfurt, Main 1979, p.10 참조.

후 근대 학문이 분화되고 도래하면서 리스크는 다음과 같이 다양한 관점에서 다루지 않으면 안 될 통합적 연구대상이 되었다.

심리학에서는 인간이 리스크를 인지하는 방식과 이에 대한 행동양식을 다룬다. 리스크 인지에 대한 과학적 방법뿐 아니라 리스크에 대한 판단과 대처양식은 일련의 '과정'으로서 단순히 손해를 끼치는 원인과 결과로서 리스크를 파악하는 일보다 훨씬 범위가 넓다.[5] 과학기술의 관점에서 보면 매우 실증적이고 객관적인 학문에서 리스크를 다루기 때문에 구체적인 자연재해, 환경오염, 의학적 리스크 등이 발생할 가능성이 있는 리스크를 물리학, 화학, 생물학 등등의 학문을 통해 연구하고, 리스크를 어떻게 줄일 것인지에 목표를 두고 있다.[6] 무엇보다 리스크의 인과관계를 논리적으로 파악하고 리스크가 일어날 가능성을 예측하고 이를 예방하는 방법을 강구하거나, 이미 벌어진 리스크에 대한 손실의 최소화 방법을 연구한다. 그러나 1950년대 이후부터 자연발생적 리스크가 아닌 인간과 환경, 인간과 사회 간의 상호관계에서 발생되는 인간이 만드는 재난(人災), 기술적 안전의 불완전성, 테러에 대한 리스크 발생이 더욱 중요하게 부각되면서 최근에는 이에 대한 연구가 활발히 진행되고 있다.

또한 사회학에서는 불확실성과 무지를 기반으로 리스크가 발생하는 사회구조적 요인에 대한 연구가 집중적으로 이루어지면서, 리스크에 대한 판단과 결정을 하는 데 있어서 리스크 자체가 불확실성에 기초하고 있고, 계속된 자기지시성(self-referentiality)과 관찰의 연쇄

---

5) Gerhard Banse, Gotthard Bechmann, Interdisziplinäre Risikoforschung, Westdeutscher Verlag, Opladen 1998, p.37ff.
6) 상게서, p.30.

를 벗어날 수 없기 때문에 확실한 판단기준을 찾기가 어려운 딜레마에 봉착한다는 점을 보여준다.[7] 특히 루만은 메타 층위 체계가 부재한 상황에서 리스크에 대한 결정을 내려야 한다는 점을 강조하였다.[8] 따라서 리스크에 대한 사회학적 학문연구는 비교적 인식론적 틀 분석에 집중함으로써 리스크에 대한 계산적인 측면은 상대적으로 약하게 진행되었다.

반면, 수학에서 확률의 계산이 나오면서 가능성을 계산하기 시작함으로써 리스크와 보험은 미래의 비결정성을 통해 리스크 방지를 경제적 제도와 연결시켜 발전시켰다. 이는 경제학적 관점에서 다루는 리스크와 매우 밀접한 연관성을 지닌다. 경제학에서는 불확실한 미래를 위한 목표를 선택하고 달성하는 과정에서 궁극적으로 손해와 이익을 계산한다.[9] 이익을 극대화시키고 손실을 최소화시킬 정확한 정보와 정확한 판단이 필요하기에 이 분야에서의 리스크 연구에서는 심리적·사회적·개인적 측면의 복합적인 고려가 필수적이다. 따라서 경제학에서 다루는 리스크의 종류는 불확실성의 리스크라고 정리할 수 있다.[10]

또한 여기에서 윤리학의 관점을 간과할 수 없는데, 학문의 핵심이 참과 거짓을 구분하는 데 있다면 윤리학에서는 선과 악을 구분한다. 특히 종교의 범주를 떠난 리스크 문제에 대한 논의에서 도덕과 윤리는 다른 어떤 분과학문의 기준보다도 결정적인 작용을 한다. 최근에

---

7) 상게서, p.46f.

8) Niklas Luhmann, Soziologie des Risikos, Berlin 1991 참조.

9) Gerhard Banse, Gotthard Bechmann, 상게서, p.41.

10) John von Neumann and Oskar Morgenstern, Theory of Games and Economic Behavior, Princeton University Press 1944.

많은 관심을 불러일으키는 생태학적 리스크는 윤리학에 대한 재통찰을 촉구하고 있다.

2.2. 리스크에 관한 학제적 연구의 필요성

위에서 제기된 리스크에 대한 질문들과 다양한 목소리들은 전통적인 분과학문의 틀 속에서는 매우 지엽적인 결론밖에는 끌어낼 수 없음을 보여주며, 이미 리스크는 파악하기 힘든 까다로운 논쟁거리가 되었음이 명백하다. 따라서 이에 대한 통합적 고찰을 위해서는 '생산적인' 학문의 경계 넘기가 필요하며, 맥락의 다성적인(polyphon) 관점을 보여주기 위해 학제적 연구가 절실히 요구된다. 일찍이 독일 사회학 분야의 과학사 연구자로 정평이 나 있는 유르겐 미텔슈트라스(Jürgen Mittelstraß)는 "문제의 발전양상과 분과학문 발전의 불균형"[11]을 언급하면서 어떤 문제를 다루는 데 있어서 "특정 분과학문의 전문가에 해당되는 문제"[12]로 미루어버리기에는 문제가 있음을 지적하였다. 리스크의 모호성은 리스크에 관한 다양한 학문분과의 논의에서 리스크 자체에 대한 개념이 통합적으로 설명되지 않은 채 여러 개념들이 복수로 공존하고 있다는 점에서 명백하게 드러났으므로, "서로 이질적이고, 고도로 전문화된 학문들의 상호 폐쇄적인 성과물을 '소통시키고', 구조적인 공통점을 토대로 그 성과물을 투명하게 하며, 장기적인 추세를 바탕으로 질문을 던지고, 분과학문의

---

11) Jürgen Mittelstraß, Die Stunde der Interdisziplinarität? In: Jürgen Kocka (Hg.): Interdisziplinarität. Praxis, Herausforderung, Ideologie. Frankfurt, Main. 1987, p.156.

12) 상계서, p.154f.

경계를 허물고, 상호관계, 대조, 차이, 교환과정 및 문맥들의 연관성을 엮어내기 위한 이해수단, 즉 복합적으로 바라볼 수 있는 일종의 기술"13)이 필요하다. 과학철학자 라베츠(Jerome R. Ravetz)가 말한 다음의 언급은 리스크에 대한 분과학적 연구의 한계점을 잘 드러내 준다.

> 리스크의 문제를 분류하고, 평가하고, 인위적인 해결책을 만들어 내려는 희망은 사실상 인간의 모든 경험과 가치를, 수학적·정치적 조건을 위한 측량계 위에 올려놓으려는 계획과 같이 무모한 것이다. [......] 리스크는 개념적으로 조정이 불가능하다. 우리는 재앙이 일어나는 것을 방지하기 위해 충분히 대처하였는지 결코 알 수 없다. 재앙이 일어난 후에도 재앙을 방지하기 위해서는 얼마나 더 많은 노력이 필요했는지, 또한 그런 행동이 합리적인 행동의 한계 내에서 이루어졌는지에 대한 의문점은 계속 남게 된다.14)

완벽한 안전이라는 유토피아를 꿈꾸면서 리스크를 불가피하게 수용할 수밖에 없는 이 행로, 즉 일종의 잠정적인 진행과정에서 결정적인 역할을 하는 것은 가치의 우선순위이며 불확실성의 끝없는 가능성이다. 따라서 리스크에 대한 논의는 더 이상 과학적 진실에 대한 전문가들의 기술적 증거의 차원이 아닌 사회적 '담론'의 층위로 옮겨가게 된다. 리스크라는 그 대상 자체에 대해 논하는 것이 아니라 그 현상과 문제점에 관해 이야기하는 것이다.15) 즉, 리스크 연구

---

13) Hartmut Böhme, Klaus R. Scherpe (Hg.), Literatur und Kulturwissenschaften. Positionen, Theorien, Modelle. Reinbek: Rowohlt 1996, p.12.

14) Jerome R. Ravetz, Public Perceptions of Acceptable Risks as Evidence for Their Cognitive, Technical, and Social Structure. In: Technological Risk: Its Perception and Handling in the European Community, Meinolf Dierkes, Sam Edwards, Rob Coppock (Hg.), Cambridge, Mass.: Oelgeschlager, Grunn & Hain and Königstein 1980, pp.46-47.

15) Siegfried J. Schmidt, Kalte Faszination. Medien, Kultur, Wissenschaft in der Mediengesellschaft.

는 기호학적 문화개념에서 보자면 "화용론적으로 증명하고 규정하는 실천학문"16)이라고 할 수 있다. 따라서 리스크에 대한 인식을 규정짓는 단 한 가지의 기준은 존재하지 않으므로, 리스크에 대한 완전한 지식이 부족하고, 전문가들 사이에도 의견의 차이가 존재하는 상황에서 리스크는 사회적 관찰에 의해 도출되는 '생산된 구조'에 다름 아니다.17)

리스크에 관한 논의의 맥락이 개방적이고 학제적이며 점차 국제화되고, 글로벌화된 리스크에 직면하게 되면서 국가적 연합공동체 속에서 매우 상이한 문화적 특성들까지 고려해야 하기에 리스크에 대한 규정과 이해는 훨씬 더 복합적이 되었다. 리스크의 다층성은 "세계 개념을 전통적으로 '중앙'이나 '주체'로 집중시키는 것"18)을 막고 세계의 탈중심화와 다중심화를 촉진시킨다.

Velbrück Wissenschaft, Weilerswist 2000, p.332.

16) Bernd Henningsen, Stephan Michael Schröder (Hg.), Vom Ende der Humboldt-Kosmen. Konturen von Kulturwissenschaft. Baden-Baden: Nomos 1997, S. 7. und Heide Appelsmeyer, Elfriede Billmann-Mahecha (Hg.): Kulturwissenschaft. Felder einer prozeßorientierten Praxis, Velbrück Wissenschaft, Weilerswist 2001.

17) Baruch Fischhoff, Sarah Lichtenstein, Paul Slovic, Approaches to Acceptable Risk: A Critical Guide, Oak Ridge National Laboratory and U. S. Unclear Regulatory Commission, 1980, pp.ii-iii.

18) Niklas Luhmann, Soziale Systeme. Grundriß einer allgemeinen Theorie, Frankfurt, Main 1984, p.284.

3. 리스크의 존재론적 속성과 문학적 형상화

3.1. 리스크의 과거와 현재

우리의 삶에 리스크가 도처에 여러 형태로 잠재해 있다고 본다면 리스크는 과거와 현재에 어떻게 변화하였는가?『로빈슨 크루소의 모험』중의 한 대목은 이에 대한 많은 시사점을 던져준다.

> 이 섬에 도착했던 이래로 나의 처지를 생각해보면, 모래사장 위에서 발자국을 발견했었던 이후로 내가 지녀왔던 근심과 공포, 그리고 관심, 이런 것들을 살펴볼 때 이곳에서의 나의 처음 몇 년 동안의 생활은 행복한 상태였다. 야만인들이 항상 이 섬에 출현해 왔다는 것, 그리고 가끔 수백 명의 야만인들이 해변에 있었다는 것을 믿지 않아서가 아니다. 하지만 그것을 전혀 몰랐으며, 그것에 대한 어떤 경각심조차도 가질 수 없었다. 그리고 마치 내가 리스크에 노출되지 않았고 리스크를 알지 못한 것처럼 행복했다. 이 것은 매우 유익한 많은 생각들(특히, 인간의 시각과 사물에 대한 지식의 한계를 제공해준 섭리가 얼마나 좋은가에 대해서)을 하게 끔 해주었다. 그가 비록 수많은 리스크 사이를 걷고 있었을지라도 그의 눈에는 보이지 않는 사건들과 그를 에워싸고 있는 리스크들에 대해서는 아무것도 모르는 듯이 그는 평온함과 고요함을 가질 수 있었다. 그러나 그가 리스크를 볼 수 있었다면 그의 마음은 분산되고 그의 영혼은 가라앉게 되었을 것이다.[19]

과거의 인류가 미신에 의해 지배받은 데 반해, 근대인들은 앎, 지식을 통해 신으로부터 해방되어 자유와 자율을 획득하였다. 근대는

---

19) Daniel Defoe, The Farther Adventures of Robinson Crusoe, London and Glasgow: Collins 1953, p.163.

자연현상에 대한 신비와 경외심을 제거하였으며, 종교를 불신하였고, 인간사는 신이 아닌 인간이 결정하는 것이었다. 문명화에서 멀어진 섬에서 주인공이 인식하게 된 것은 극대화된 지식은 공포를 유발했을 뿐 아니라 인간의 능력을 벗어나는 현상에 대한 두려움을 미리 상정함으로써 인간에게 끝없이 불안을 가중시켰다는 것이다. 이 초자연적 재앙에 대한 두려움을 생산해내는 것은 사회구조적 산물이었고 정치적인 창조물이다. 즉, 불안은 모르는 것에 대해 각 개인이 주관적으로 감지하는 것이며,[20] 이 불확실성을 가능성의 계산에 따라 사변적인 순환의 구조 속에 편입시키는 것[21]이 바로 리스크의 본질이다. 엄밀한 의미에서 리스크는 완벽한 무지와 공존할 수 없다. 비제(Harald Wiese)는 불확실성의 하부구조에 리스크와 무지를 두었으며,[22] 나이트(Frank Knight)는 1921년 자신의 박사학위 논문 「리스크, 불확실성, 그리고 이윤(Risk, Uncertainty and Profit)」에서 불확실성과 리스크를 명확히 구분하고 있다

> 불확실성은 우리에게 친숙해진 리스크 개념과는 완전히 다른 것으로 이해해야 한다. 그런데 이제까지는 명확하게 구분되지 않았다. 앞으로 보겠지만, 측량할 수 있는 불확실성이나 엄격한 의미의 '리스크'는 측량을 통해 파악할 수 없는 불확실성과는 너무나 달라 실제로 그것은 불확실성이라 할 수 없다.[23]

---

20) Volker Mayer, Operatives Krisenmanagement: Grundlagen, Methoden und Werkzeuge des ganzheitlichen Risk Management, Wiesbaden 2003, p.12.

21) Harald Wiese, Entscheidungs-und Spieltheorie, Berlin 2002 und Günter Bamberg, Adolf G. Coenenberg: Betriebswirtschaftliche Entscheidungslehre, 9. Aufl., München 1996, p.105ff.

22) H. Wiese, Entscheidungs-und Spieltheorie, Berlin 2002, p.2.

23) Frank Knight, Risk, Uncertainty and Profit, dissertation, Boston, MA 1921, p.205.

전적인 무지에 기초한 불확실성은 위의 소설에서 나타나듯이 위협의 요소가 되지 못한다. 그러나 산업사회를 통한 문명화는 과학이나 기술을 이용하여 리스크를 계산할 수 있음을 통해 리스크를 축소시킨 반면, 극대화된 문명화가 불안을 증폭시켰다는 사실은 리스크가 지닌 모순적 속성이다. 우리가 기술의 영역에서 '~라면~이다'라는 인과성을 얻고자 현재의 결정이 미래에 가져올 결과를 예측하기 위해 아무리 노력을 할지라도 리스크의 가능성으로부터 자유로울 수 없다. 이런 리스크에 노출되어 있는 사회를 바라보는 시각은 비판적일 수밖에 없으며 여기서 비판적이라는 의미는 첨예한 구별 능력, 쉽게 이해하기 힘든 구별 능력이라는 의미를 포함한다. 리스크를 만들어낸 원인을 잘못된 결정으로 소급시키려는 환원론적 시도는 책임귀속이 선형적이어서 시간상에서의 인과귀속을 상정하고 있다. 그러나 근대사회의 리스크는 기대하지 않았던 상호작용에서 도출되고 꿰뚫어볼 수 없고 예견할 수 없는 한계에 직면해 있기 때문에 개인의 판단에 원인이 있기보다는 사회 전체, 나아가 세계 전체의 특성으로 간주하여야 한다. 따라서 재해와 손상의 이유를 운명에 돌릴 수 있었고 운명적인 리스크 속에서 초월적인 구원의 잠재력을 끌어내고자 했던 전근대시대보다 현대에는 연속성은 더 작게, 불연속성은 더 크게 보일 수밖에 없다.

소설에 나타난 문명화는 자연의 대립개념으로서 유럽 계몽주의가 갖고 있는 진보적 핵심개념들 중의 하나이다. 이는 18세기에 이르기까지 문화와 계속해서 의미가 유사하게 사용되었으나, '문명(civilization)'은 영국과 프랑스에서 나온 개념으로서 서구의 물질적·발전론적 원리가 강하게 투영되어 있는 반면, 독일이 이에 대항하여 내놓은 '문화(kultur)' 개념은 경제적 풍요, 과학, 기술, 정치사회제도, 도시적 삶, 세련된 예절보다 고상한 정신적 활동과 성취에 더 무게를 두고 있다. 멈출 수 없는 물질적 이익을 향한 욕구의 뒷면에 존재하는 현대의 리스크에 직면하여 독일이 주창했던 진정한 정신에 입각한 '문화'를 다시 한 번 성찰할 필요가 있다.

리스크 개념의 역사성을 특징짓는 또 하나의 관점은 사회체계 변화 과정에서 찾을 수 있다. 특히 체계를 중심으로 사회를 분석한 루만의 사회이론은 복잡성과 체계분화라는 두 키워드를 사회변동의 주요 원인으로 설명한다. 그는 과거에서 현대세계에 이르는 사회분화를 크게 세 가지로 요약하였다. 첫째는 분절적 분화로서(Segmentäre Differenzierung) 가족, 혈통, 부락 등의 고대사회체계에 해당한다. 이와 같은 사회체계는 동질성을 바탕으로 구성되었으므로 "전체 체계는 행위 가능성의 미미한 복잡성 수준을 넘어설 수 없다."[24] 이러한 사회에서는 사회 내의 연결 가능성이 제한적이며 새로운 것을 시도할 수 있는 모험적 상호작용이 작동될 가능성이 적기 때문에 이는 '자연부족들이 가진 논리 이전의 원시적 세계관'[25]과 연결될 수 있다. 따라서 이런 사회에서의 리스크는 사회 밖의 세계와 사회 내의 세계라는 매우 유기적이면서도 단순하고 투명한 연결에 귀속되었다. 이어서 두 번째 분화 형식으로서 계층적 분화(Stratifikatorische Differenzierung)가 나타난다. 계층적 분화는 고대 혈통 사회들이 더 복잡한 사회적 결속체로 이행하면서 시작되었다. 이제 사회는 더 이상 유사하거나 동등

---

24) Niklas Luhmann, Gesellschaftsstruktur und Semantik. Studien zur Wissenssoziologie der modernen Gesellschaft, 3 Bände, 1. Band, Frankfurt am Main 1980, S. 25.

25) Lucien Levy-Bruhl, Die geistige Welt der Primitiven, Düsseldorf, Köln 1959 참조.

한 체계들로 이루어지는 것이 아니라 위계질서를 지니게 되기 때문에, 존재서열에서 절대적 우위를 점하고 있는 신은 사회에 의미를 부여하게 되고, 사회적 지위와 무관하게 신에 복종해야 한다는 점은 세계를 내적으로 깊이 결속시켰다. 축복과 저주라는 양극의 종교코드를 중심으로 사회구조는 안정화되어 있었으며 사회 내부는 종교의 질서에 따라 의미가 지속적으로 생산되었다.

> 도덕 혼자서 해결할 수 있는 것보다 종교는 더욱더 많은 것을 수행한다. 종교는 신의 의지에 따라 질서 유지를 보장하며 행위 가능성들을 계층 체계 안에 자리 잡게 한다. 서열을 나누는 차이 자체는 행동반경과 의무 범위를 구체화하고 그 안에서 개별자가 신을 두려워하는 삶을 살 수 있기 때문에 종교적 의미를 갖는다.26)

따라서 이 생산된 의미가 우주론적 확실성을 보장하고 있기 때문에 세속적 권력의 힘 내지 우연성의 침투는 제한적이었고, 사회는 역사적 임의성보다는 신의 의지라는 영원성 또는 도덕이라는 규율에 기대고 있었다. 모든 것은 질서 잡혀 있었고 리스크는 숙명이었다.

그러나 이 전체적 세계는 사회의 복잡성이 증가함에 따라 계층적 분화 단계에서 현대적 사회 형식으로 이행되었다. 종교적 권위 대신에 세속적 정치권력이 들어서게 되었고, 이는 사회체계 내부에서 고유한 의미론적 장치를 구축함으로써 타자의 지시에서 독립하여 자기지시의 틀, 즉 자기관찰의 망에 갇히게 되었다. 이때부터 가속화된 세속화는 법과 정치의 분리, 경계와 도덕의 분리를 가능하게 하였고, 개별 기능적 부분체계들이 각기 자신들의 고유의 코드를 가지

---

26) Niklas Luhmann, Gesellschaftsstruktur und Semantik, 상게서, p.132.

고 지속적인 관찰을 함으로써 사회를 구성하게 되었다.[27] 리스크 개념의 역사성이 사회구조의 변천과 평행적으로 발전해왔으며, 외부로부터의 리스크가 이제 내부로부터의 리스크로 전환되었다는 점은 리스크의 요소가 이 기능적 분화체계의 모든 부분에 걸쳐 있을 수밖에 없다는 필연성을 드러내 준다. "전체 안에서 전체에 대한 기술"[28]을 했던 과거의 사회는 종교적 구조 속에서 사회의 동일성을 이루어내었고 하나의 의미로 사회통합도 이끌어내었으나 신이라는 우주(宇宙)의 뒤에 숨겨진 우연성과 임의성을 가리고 있었다. 중세의 철학자 니콜라우스 쿠자누스(Nikolaus Cusanus)는 다음과 같이 신에 대해 언급한다. "신은 모든 구별의 피안에 서 있고, 그래서 구별들에 대한 구별과 구별된 것과 구별되지 않은 것의 구별의 피안에 서 있다."[29]

인류문명은 각 시대마다 "리스크를 무엇으로 보고, 어떻게 대처하는가, 더 나아가 리스크를 어떻게 만들어가는가?"로 특징지을 수 있다고 볼 수 있다. 전근대사회의 리스크가 '운명의 장난', 역사의 바깥으로 치부되어, 신과 자연이라는 '외부'에 위치해 있는 것이었다면, 근대 이후의 리스크는 리스크 자체의 물리적 속성이 아닌 현상 방식으로, 그것의 기술방식으로 파악되고 있다. 즉, 앞서 언급한 '외부'에

---

27) 사회의 부분체계들은 이원적 코드를 통해 생성되는데, 경제체계에서는 돈, 정치에서는 권력, 법에서는 규율, 학문은 진리, 종교는 구원의 코드를 중심으로 관찰이 이루어진다. 현대사회에서 종교는 여전히 세계의 전체성을 대표하려고 하지만 상위체계가 아닌 다른 여타의 체계와 동일한 위치에 있기 때문에 여러 체계 중의 하나로만 기능할 뿐이다.

28) Niklas Luhmann, Die Wissenschaft der Gesellschaft, Frankfurt am Main 1990, p.191.

29) Niklas Luhmann, Erkenntnis als Konstruktion, Bern 1988, p.27, 다음 책을 비교 바람, Niklas Luhmann: Gesellschaftsstruktur und Semantik. Studien zur Wissenssoziologie der modernen Gesellschaft, 3 Bände, 3. Band, Frankfurt am Main 1980, p.296 und Niklas Luhmann: Soziologische Aufklärung, 5 Bände, 5. Band, Opladen 1990, p.87f.

대한 결정론적 사고는 리스크를 무엇보다 자연적으로 주어진 요인들에 의존하는 자연의 존재로 바라본다. 이러한 자연결정론은 계몽주의 말기의 헤르더와 헤겔의 논의에서 대표적으로 살펴볼 수 있다.[30] 그러나 자연이 인간에게 영향을 끼친다는 일방적인 사고에서 역으로 인간의 행위 역시 자연에 지대한 영향력을 미친다고 주장한 프랑스의 아날학파를 거치면서 리스크도 문화사의 관점에서 인식론적 이해의 틀로 더 확장되어 리스크의 실체론적 표상과의 단절을 이루어냄으로써 일종의 추상복합공간이 된 것이다.

> 우리는 세상이 계몽주의 사상가들이 가정한 대로가 아니라는 점을 지금 확인하고 있다. 세상에 대한 우리의 지식이 증가함으로써 또 새로운 정보를 추구함으로써 새로운 형태의 리스크가 생긴다. 자료가 없기 때문에 이 리스크는 기존의 시간 흐름을 기초로 해서는 계산할 수 없고, 우리는 그에 대한 과거의 경험이 전혀 없다. 그러므로 금융시장의 리스크는 성찰적이기 때문에 위험하고 복잡해진다. [......] 내가 '생산된 불확실성'이라 부르는 것은 지식의 제한이 아니라 확장에 기인한다(Giddens, 1998, p.104f).

전통적 사회질서가 표준화된 규칙에 의해 인간관계를 설정하고 그에 의해 사람들에게 존재론적 안전을 보장했던 데 반해 현대사회는 막연한 불안정성에 직면해 있다.

리스크를 파악하는 데 있어서 이러한 변화는 수학에서 위상학적 사고가 태동한 것과 유사성을 지닌다. 수학적 위상학은 특히 '망들'을 대상으로 삼는다. 그것은 3차원의 공간적 형태들을 서로 비교하

---

30) Stephan Günzel, Geographie der Aufklärung. Klimapolitik von Montesquieu zu Kant, in: *Aufklärung und Kritik* 22. 2004.

기도 하고, 더 나아가 원소의 무리들 혹은 n-차원적 기술의 의미에서 다양성을 규정하기도 한다. 즉, 위상학은 다양한 것들이 서로 합치되는 부분들을 기술하거나 그것들 간의 관계성을 강조한다. 따라서 위상학의 사고원리에 따르면 리스크는 미셸 푸코의 권력이론에서처럼 정치적이고 매체적인 질서의 '역학관계' 내에 존재한다. 이와 동일한 선상에서 조르조 아감벤(Giorgio Agamben)은 푸코의 '수용시설' 개념 연구에서 착안하여 어떤 구조물 내에서 포함과 배제, 내부와 외부, 공적 권력과 사적 권력 간의 구분이 더 이상 유효하지 않다는 것을 밝혀내었다.[31]

문화사에서 리스크는 역사의 안과 밖의 틈에 존재하며 실존하는 것이 아닌 애매모호하고 불투명한 사이 공간에 존재한다. 꿰뚫어볼 수 없고 어디에나 편재해 있는 토포스가 된다. 아리스토텔레스 고유의 개념에 따르면 '토포스'와 '크로노스'는 공간과 시간을 뜻한다. 그가 말하는 공간은 균질적 공간이 아닌 상대적인 좌표계와 유사한 것으로 위와 아래, 오른쪽과 왼쪽, 앞과 뒤가 임의적으로 움직일 수 있으며 사람의 시선에 따라서 달라질 수도 있다. 따라서 특정한 위치를 뜻하는 단어가 아닌 '무언가를 둘러싸고 있는 외피'라고 말한다.[32]

발달된 문명 속에서 리스크는 지식의 발전에 따라 지식과 무지의 경계 사이에서 줄타기를 계속하고 있다. 발생 가능성을 언제나 지니고 있는 자연재해, 기후변화, 원자력 발전소 사고, 테러의 위협, 기술 시스템의 안전성, 유전자변형생명체, 각종 제도의 불합리성 등등은

---

31) Giorgio Agamben, Homo sacar. Die souveräne Macht und das nackte Leben, Frankfurt, Main. 2006[1995].

32) Aristoteles, Physik, Paderborn. 1956. p.211b, 212a 참조.

현대사회의 제도사에서 과학기술의 발전, 행정적 보완책, 경제적 계약을 통해 대처해왔다. 이러한 모든 것은 리스크로 인해 등장한 사회적 산물이다. 그러나 제도가 발전함에도 불구하고 우리는 역설적으로 수많은 리스크를 통제하기는커녕 체계적인 혼란 속에 빠져든다.

따라서 전통적으로 볼 때 리스크에 대한 연구는 주로 자연과학 또는 공학의 영역에서 이루어져 왔으나 점차 이 연구가 사회학, 문화학으로 확장되어 리스크는 에너지와 삶의 공간을 바탕으로 인간과 자연의 상호 과정을 통해 궁극적으로 문화적 자기이해, 사회적 과정, 사회구조의 역학관계로 이루어진 결합체로서 그 안에 원인과 결과를 함께 가지고 있는 모순의 담지자로 자리 잡았다.

3.2. 신화를 통해 바라본 리스크

3.2.1. 신화: 문화사의 초시간적 원형

고대 그리스인들이 창조해낸 문화에는 그리스의 신들과 영웅들 그리고 보통 사람들의 인생이 담겨 있다. 오늘날 리스크 연구에 있어서 그리스신화를 다시 살펴보게 된다는 것은 그리스신화가 리스크에 대한 문제제기를 다룰 때 시간을 초월하여 매우 중요한 역할을 하게 된다는 것을 뜻한다. 그리스 로마 신화는 온통 영웅과 올림포스 신들 그리고 보통 사람들이 두려워하는 리스크들로 이루어진 이야기라고 해도 과언이 아니다. 지식과 논리의 틀을 벗어나는 특성을 지닌 신화는 우리가 살펴보는 리스크의 본질과 상응하며, 과장과 왜곡으로 인한 온갖 비극은 리스크의 현상 그 자체라고 할 수 있다. 따라서 인간의 희로애락을 모두 담고 있는 신화를 자세히 살펴보면 현대와 고대의 리스크 사이에 많은 공통점이 존재한다는 것을 알 수 있다.

리스크는 앞 장에서 파악한 대로 매우 복잡하고 모호하고 통합적인 성격을 지니고 있다. 따라서 우리가 현대사회에서 직면하고 있는 리스크의 유형을 구분해 보고 이를 신화의 인물들을 통해 살펴본다는 것은 시간과 공간의 거리를 이어주는 끈이 될 수 있으며, 이를 통해 리스크의 본질을 보다 분석적으로 살펴볼 수 있다. 독일어 백과사전 『브록하우스(Brockhaus)』에서는 신화를 "원초적으로 순박한 감각에 시간을 초월한 현실로 비쳐지는, 세상과 인간의 관계들에 관한 이야기"라고 정의한다. 로고스에 대립되는 '미토스(Mythos)'라는 '말'이라는 어원을 지닌 신화는 시간을 초월하여 현실로 투영되는, 즉 오랜 시간을 두고 계속적으로 유사한 모티브가 반복되는 이야기인 것이다. 레비스트로스는 신화를 구조주의 방식으로 해석하여 무질서해 보이는 현상의 이면에 어떠한 질서가 존재하는지 탐구하였다. 이를 통해 그는 모든 현상의 이면에 언어구조와 같은 보편구조가 존재한다는 사실을 알아내고 신화에서도 유사한 질서를 발견한다.

프로이트가 꿈과 신화의 유사성을 주장하였다면, 프로이트의 제자인 융은 신화를 개인적 욕망의 차원을 넘어 '집단무의식에 기반을 둔 원형의 객관화'로 설명하였다. 따라서 고대 문명의 '원형'은 인류사에 내재된 일종의 '전형'이 됨으로써 글로벌한 리스크가 난무하고 있는 현대에서 머나먼 고대까지 거슬러 올라가 리스크의 유형을 탐구한다는 것도 일견 자연스러울 수 있다.

인간이 만든 재해 또는 천재지변들은 물론 과거에도 전 세계적으로 알려지기는 하였지만 비로소 오늘날이 되어서야 미디어를 통해서 언제나, 어디서나, 그리고 누구나 해당 리스크를 분명하게 알 수 있게 되었다. 이제 리스크의 위협은 개인적 차원이 아닌 대중적·공적 담론으로 부상하게 되었다. 따라서 이제는 리스크의 본질 또한 원인과 결과의 측면뿐 아니라 리스크 커뮤니케이션의 측면이 더욱더 중요한 요소로 부각되었다. 왜냐하면 이 커뮤니케이션을 이루는 여러 요소는 위협을 처리할 수 있는 기술적 가능성이 커진 만큼 그 위협을 발생시킬 가능성을 증가시켰기 때문이다. 그럼에도 불구하고 무지의 위협과 리스크를 방지하려는 관리방법을 발전시키려는 욕구는 예나 지금이나 동일하게 필요하다. 따라서 역사적 변혁의 시기에 '리스크를 어떻게 다루는가'에 대한 주제는 각 시대 나름의 담론의 '정형화된 주제(topos)'가 되었다.[33]

　기원전 600년경 고대 그리스에서는 농업과 축산에 있어서 서서히 그 운영체계가 조직화되는 사회구조의 변혁이 나타나기 시작했다. 이 전환은 바로 당대의 문학에도 반영되었는데, 특히 헤시오도스의 신들의 발생학과 농부들에 대한 그의 영감은 이 변혁의 시기를 잘 보여주는 증거물이 되고 있다. 그 당시 리스크에 대한 설명은 신화의 내용의 형태를 빌려서 이루어졌으므로[34] 자세히 살펴보면 그 형상의 내용과 의미를 부분적으로 유추할 수 있었으며 상징적 메시지로 이해할 수 있었다. 신화적 상상은 결코 과도하게 부풀어진 환상이 아니라 현대에도 적용 가능한 소통도구가 된다. 따라서 신화의 내용은 독자로 하여금 해석능력과 변형능력을 요구하지만 보통의

---

33) H. Perls, Lexikon der platonischen Begriffe. Bern und München. 1973, p.238 참조.
34) 리스크 행위와 신화에 나오는 형상들과의 관계는 레기나 렌(Regina Renn)의 연구를 많이 참조하였다. 그녀는 심리분석가로서 일찍이 고대 원형이 집단행동의 기초를 의미한다고 지적하였다.

경우 직관적으로 유추할 수 있는 부분이 대부분이다.

3.2.2. 프로메테우스: 리스크의 체현화

헤시오도스의 신들의 세계 중심에는 프로메테우스가 있다.[35] 우주와 세상이 안정되고 정착되면서 신들은 인간과 연결되기 시작했다. 그리스로마신화에서 인류의 기원에 관한 이야기는 여러 설이 존재하지만 헤시오도스의 설명에서는 인류의 다섯 시대를 거론하며 인간 창조를 시대와 종족별로 구분하여 설명하였다. 여기에서 가장 주목받는 신은 프로메테우스였다. 그는 미래를 예견하는 능력을 지닌 신으로, 제우스의 의지와 맞서 인간과 가까운 관계를 맺었다. 심지어 그는 금지한 불을 훔쳐서 인간에게 문명을 선물하기도 하였다. 그러나 이 사건으로 인해 신과 인간은 갈등 상황에 돌입하게 된다.

'뒤늦게 깨닫는다'는 뜻을 지닌 에피메테우스는 프로메테우스의 동생으로 피조물인 인간과 짐승들에게 선물을 배분하기로 하였다. 그런데 아무 생각 없이 되는 대로 배분한 탓에 인간에게 줄 것이 없었다. 이 일을 형, 프로메테우스에게 털어놓자 인간을 사랑한 프로메테우스가 인간에게 불을 훔쳐 주었다. '미리 생각한다'는 뜻의 이름을 지닌 프로메테우스가 불을 인간에게 줌으로 인하여 인류에게는 문명이 시작되었다. 해가 뜨면 일어나고 해가 지면 잠자리에 들었던 인간은 이제 더 이상 자연의 섭리에 순응하지 않았으며, 음식을 조리하게 되면서 자연식으로부터 멀어졌고, 불을 이용하여 만든 여러 도구를 통해 온갖 기술을 습득하기에 이르렀다. 따라서 불과의

---

35) G. Schwab, Sagen des Klassischen Altertums. Erster Teil. 1975, Frankfurt, Main 참조.

만남은 수많은 위협과 리스크를 극복할 수 있는 획기적인 계기가 된 셈이었다.

물론 프로메테우스는 이 일로 인하여 신들로부터 벌을 받는다. 그는 대장장이 신 헤파이스토스가 만든 견고한 쇠사슬로 카우카수스 산 절벽에 묶여 독수리가 그의 간을 날마다 쪼아 먹게 된다. 그동안 제우스는 전령 헤르메스를 통해 그에게 협박과 회유를 반복하였으나 '앞을 내다볼 줄 아는, 즉 예언을 할 수 있는' 프로메테우스는 그에게 무릎을 꿇지 않고 나중에 제우스의 운명을 예언해줌으로써 제우스는 위기를 벗어나게 된다. 프로메테우스의 벌은 3천 년 동안 지속되었으나 영웅 헤라클레스가 그를 해방시켜 주게 된다.

헤시오도스는 미래를 미리 내다보고 용의주도하게 계획을 세우는 프로메테우스를 사기꾼으로 평가한다. 프로메테우스는 미래의 변화를 내다볼 줄 아는 능력의 소유자로서 리스크를 방지하기 위해서는 자연적인 인간의 삶이 문명의 발전을 통한 계획과 계산이 필요함을 보여준 유형이다. 즉, 문명화가 될수록 복잡성이 증가한다는 역설을 몸소 체험으로 보여준 것이다.

인간들은 프로메테우스의 선물을 받아서 세계를 함께 창조하게 된다. 미래에 대한 예견은 농사를 짓고 가축을 기르는 데에 필수불가결한 능력이었으며, 불을 다룰 줄 아는 기술은 수공업과 도시 생활을 위한 전제 조건이었다. 그러나 신들은 인간이 불을 손에 쥠으로 인해 새로이 권력을 갖는 것에 대해 질투심을 느낀다. 에피메테우스는 제우스의 선물은 무엇이든 받지 말라는 프로메테우스의 경고를 잊고 판도라를 품에 안는다. 에피메테우스는 우선 그의 이름에 걸맞게, 행동하고 난 다음에 결과를 생각하는 신이다. 최초의 여성이자 모든 선물을 받은 자라는 뜻의 이름을 지닌 판도라는 인류의 온갖 악덕이 담겨 있는 상자를 호기심에 열어서 인류에게 재앙을 가져왔다.

프로메테우스와 에피메테우스의 형제의 이야기가 보여준, 무언가를 만들어가는 예견의 능력을 오늘날 우리는 선취 또는 시뮬레이션이라도 일컬을 수 있다. 현대적인 예로 가상연출이다. 리스크를 예견하는 능력은 곧 리스크의 현실화가 되며 우리의 사유는 연출과 연출의 산물인 미래에 민감해지게 된다. 따라서 미래는 아직 도래하지 않았지만, 리스크를 불가피하게 안고 사는 인간은 미래도 안고 살게 된다. 시뮬라시옹 이론을 만든 장 보드리야르는 그 누구보다도 먼저 가상성 속에 존재하는 폭력성을 감지하였다.

현대의 리스크 갈등이 지닌 모든 특징은 이 신화에 담겨 있다. 체계적인 지식의 도움으로 결과를 예측하는 것, 기회를 이용하는 것에는 언제나 부정적인 부작용이 연결된다는 것, 기술적 이성에 빚지고 있는 비용을 보지 못하는 것, 약자들의 세력 확장 가능성을 용인하지 못하는 강자들의 질투 등등의 요소들은 프로메테우스의 신화에 담겨 있고 이것들이 대대로 전해지면서 인류는 리스크와의 끊임없는 전쟁을 치르게 된다.

이같이 신화는 리스크라는 핵심어를 중심으로 해석할 수 있는 일련의 신들의 이야기로 가득 차 있다. 물론 신화 속의 등장인물들은 인간의 성격적 유형, 행동 유형 등을 설명하는 대표적인 유형으로 많이 회자되지만, 리스크 연구과 관련되어서도 신화 속에 나오는 이야기들은 리스크의 특성을 의인화하고 있다. 신화적 인물상은 미래를 알려고 하는 지식 경험과 자신의 행동 결과에 대해 증대되는 불안감이 동시에 존재하는 리스크의 기본적인 딜레마를 극복하려는 시도를 보여주고 있다. 이어서 프로메테우스 이외의 신화적 형상들과 관련된 리스크의 유형을 몇 가지 예를 들어 설명하고자 한다.

3.2.3. 신화의 다양한 리스크 유형

3.2.3.1. 다모클레스의 검

그리스신화에 나오는 다모클레스(Damokles)는 어느 날 그의 왕 디오니시오스의 만찬에 초대받았다. 그러나 그는 한 올의 말총에 매달린 칼 아래에서 식사를 하여야 했다. 왕은 그의 권력이 언제 떨어질지 모르는 칼 밑에 서 있는 것처럼 항상 불안 속에 있다는 것을 알려주려고 했기 때문이었다. 그러나 그 신화에는 그 끈이 잘라져서 비극적인 결과가 일어났다는 말은 나오지 않는다. 그래서 '다모클레스의 검'이라는 말은 위기일발의 상황을 뜻하는 말이 되기도 하고, 행복을 위협하는 상징이 되기도 한다. 따라서 리스크와 관련지어 생각해본다면 그 위협은 위협의 종류가 명백하게 드러나 있고, 누구나 알 수 있지만, 발생 가능성은 낮게 보인다. 그러나 만일의 경우 발생하게 되면 그 결과는 치명적인 것으로서 회복 불가능하고 지속적인 피해를 끼친다. 이와 연관된 전형적인 예로 기술적인 리스크를 들 수 있다. 예를 들어 원자력, 화학공업단지, 운석의 추락은 그 리스크의 위협을 알고 있지만, 발생 가능성이 낮다는 이유로 리스크를 감수하고 있는 위험에 속한다. 즉, 이 리스크 유형은 대규모 재난이 될 가능성이 있는 동시에 발생할 가능성이 아주 낮다.

3.2.3.2. 외눈박이 키클로페스

그리스신화에는 힘센 거인들에 대한 이야기가 있다. 키클로페스 (Zyklop) 삼형제는 천둥, 번개, 벼락을 뜻하는 이름을 지니고 있었는데, 이 거인들은 그들의 잘못으로 인해 외눈을 가지게 되는 벌을 받았다. 그 때문에 '둥근 눈' 또는 '키클로페스'라고 불렸으며, 그들은 눈이 하나이기 때문에 다차원적인 시점이 상실되어 세계를 일차원적으로 인지할 수밖에 없다. 외눈박이는 리스크를 상징화하여 파악하므로 리스크의 한 차원, 즉 손실범위만 분석할 수 있고 다른 차원, 발생 가능성, 지속성 등은 알 수 없다. 지진, 화산폭발, 쓰나미, 주기적이지 않은 홍수 그리고 엘니뇨 같은 일련의 자연재해들이 여기에 속하는 전형적인 예이다. 이는 전근대적인 위협들의 일환으로 보이지만 아직까지 기술과 제도의 발전으로 막을 수 없는 불확실성의 영역에 여전히 남아 있는 리스크들이다. 이 또한 매우 막연한 리스크로서 보험계약을 발전시킨 대표적인 요인들이다. 이 리스크의 예방을 위해 할 수 있는 최선은 근본적인 방지가 불가능하므로 조금이라도 빨리 이 리스크를 감지할 수 있는 기술력과 커뮤니케이션 시스템을 갖추어 미리 대처함으로써 손실의 범위를 줄이는 것이다.

3.2.3.3. 피티아의 신탁

고대 그리스인들은 신탁이 불분명할 때 서로 의논을 하였는데, 그중 가장 유명한 신탁이 델피의 신탁이다. 그리스인들은 태양의 신이며 이성의 신인 아폴론에게 예언의 신이라는 지위를 부여한다. 델포이는 아폴론 신전이 있는 성지이다. 아폴론은 피티아라는 여사제를 통해 제우스의 뜻인 신탁을 인간들에게 내려준다. 아폴론 신전의 내부 밀실인 아디톤에서, 무당이라는 뜻의 이름을 지닌, 장님인 여사제 피티아(Pythia)는 지하로 내려가 트리푸스라는 삼각의자 위에 앉아 아디톤의 방바닥의 갈라진 틈에서 땅속 깊숙한 곳으로부터 솟아오르는 증기를 들이마시고 자신의 감각을 흐리게 하여 황홀경에 빠진 상태에서 미래에 대한 예언이나 조언을 하였다. 그러나 피티아의 예언은 수수께끼 같은 것이어서 언제나 다중적인 의미를 지니고 있었기에 명확하게 해석하기는 매우 어려운 일이었다. 이 상황을 현대의 리스크를 평가하는 데에 적용시켜 본다면 어떤 리스크는 발생 가능성뿐 아니라 손실 가능성의 범위가 확실치 않아서 불확실성이 매우 높다는 것을 의미한다. 예를 들어 생태시스템을 인간이 조정하려고 한다든지 농업에 있어서 유전자기술 혁신을 도입한다든지 하는 일들이 여기에 속한다.

3.2.3.4. 판도라의 상자

판도라의 상자의 이야기를 살펴보면 불행하게도 호기심을 참지 못한 판도라가 제우스로부터 받은 상자를 열어봄으로 인해 상자 안에 있었던 온갖 욕심, 질투, 시기 그리고 각종 질병이 나오게 되어 판도라가 생각지 못했던 악덕이 이 세상에 퍼지게 되었다. 다행히도 상자에는 희망이 남게 되었지만, 판도라의 경우 손실결과가 어느 정도일지 추측만 가능하고, 발생 가능성은 알기 어려우며 순간의 선택으로 인한 재앙은 원상회복이 불가능할 정도의 막대한 피해를 가져온다. 현대의 예로 오존층의 위협, 새로운 화학물질, 유기적 생체 이물질(Xenobiotika), 단관능(monofunctional) 식물 등을 들 수 있다.

또 다른 관점으로 보면 호기심에 의해 뚜껑을 연 판도라는 리스크를 감행하는 현대인의 자화상이다. 위협을 방어하는 수동적인 리스크 직면 태도가 아닌 이득을 얻기 위해 리스크를 적극적으로 감행하는 것이다. 리스크의 결과는 미지수이며, 이것은 사회발전의 핵심이 되었다. 18세기 이래 인간은 자신의 행위에 책임을 지고 자신의 행위의 결과로 일어날 수 있는 리스크를 과감히 수용함으로써 소위 문명의 발전을 이루었다. 불확실성이 크면 클수록 얻을 수 있는 이득도 커지기 때문이다.

3.2.3.5. 카산드라의 외침

카산드라는 그리스로마신화에 나오는 트로이전쟁의 등장인물이다. 그녀는 트로이 왕 프리아모스와 왕비 헤카베 사이에서 태어난 쌍둥이 남매 중 하나로서 미래를 내다볼 수 있는 예언의 능력을 지니고 있었으나 아폴론의 저주를 받아 사람들은 그녀의 예언을 아무도 믿지 않게 되었다. 카산드라는 파리스를 스파스타로 보내면 트로이에 재앙이 올 것이라고 경고했지만 무시당했다. 또한 그리스군이 거대한 목마를 남기고 철수하자 트로이인들이 그 목마를 성안에 들이려 했을 때 카산드라는 그 목마를 들이면 트로이가 멸망할 것이라고 예언하였으나 무시당하여 그날 밤 승리의 파티로 취해 있던 트로이인들은 목마 속에서 나온 그리스군에 의해 성이 함락되어 망한다. 따라서 카산드라는 힘없는 예언자의 상징이 되었다. 즉, 일어날 수 있는 리스크의 잠재력도 크고 발생 가능성도 매우 높음에도 불구하고 리스크 예방이 잘 되지 않는 리스크들이 이 예에 상응한다. 그러나 이런 리스크에는 잠재력과 발생 가능성 사이의 간극이 크므로 안일하게 대처하기가 쉽다. 예를 들어 장기적인 환경변화 같은 문제들은 리스크의 특성을 예상하고 있음에도 불구하고 실제 리스크로 다가올 것이라는 위협을 직접적으로 느끼고 대처하고 있지 않기 때문에 잠재적인 위협으로 존재하고 있다.

도처에 산재해 있는 리스크들의 인지는 불가해함, 무지, 모호성이 내재된 형태로서 위협을 느낌에도 불구하고 구체적으로 언제, 어떤 방식으로 닥치게 될지 막연하기 때문에 마치 카프카 문학 속의 주인공이 성 앞에서 무력하게 들어가고 싶다고 끊임없이 외치는 형국이다. 이 외침과 카산드라의 외침은 공론 영역에서 회자되는 리스크가 극적으로 과장되어 표현된 것으로 생각할 수도 있다. 그러나 이 리스크 인식의 차이에 따른 행동의 차이는 영향을 주고받는 사슬로 엮여 있기 때문에 매우 복잡한 자기성찰적 과정을 내포하고 있다.

3.2.3.6. 메두사의 저주

그리스신화의 메두사는 고르고의 세 자매 중 한 명이다. 다른 자매들, 스테노와 에우리알레와는 다르게 아름다운 외모를 지니고 있었던 메두사는 포세이돈과 사랑을 하게 되었는데 이를 질투한 아테나는 메두사를 흉측한 괴물로 변하게 만들었다. 잘 알려진 바와 같이 메두사의 머리카락을 모두 뱀으로 만들고 손을 구리로 만들었으며 메두사와 눈이 직접 마주치면 돌이 되도록 하였다. 이 이야기가 현대사회의 리스크와 관련하여 함유하고 있는 것은 두려움과 놀람이 본능적으로 사람들에게 리스크를 피하게 만든다는 것이다. 손실 결과는 실제로 그다지 크지 않고, 발생될 가능성도 확실치 않으며, 실제 발생했을 경우 피해가 그다지 심각하지 않을 수도 있는 리스크인데 다른 리스크에 비해 대중 공론화될 가능성이 매우 높다.

대표적으로 전자기파에 대한 리스크 논의가 있다. 사람들이 메두사의 끔찍한 모습을 잠시 보기만 해도 돌로 만들어버리는 것과 같이 실제로 그 리스크의 특성이 실험적 내지 통계적으로 증명되지 않았음에도 불구하고 전자기파에 대한 대중들의 리스크 감지도가 매우 큰 경우가 있다. 이는 일반인들의 리스크에 대한 인식의 정도와 전문가들의 리스크에 대한 분석에 차이가 큰 데에서 발생하며, 특히 사실 여부가 아닌 이익집단의 유불리에 의해 언론보도가 될 때 커뮤니케이션의 과정을 통해 생겨나는 경우가 많다.

리스크라는 범주는 사실상 지식과 무지, 참과 거짓, 선과 악의 분명한 구분을 넘어서는 세계를 열어준다. 유일한 진리는 수많은 상대적 진리로 쪼개졌다. 리스크는 개연성의 의미지평 안에서 지식과 무지를 모두 녹여버린다. 리스크라는 범주는 불확실성과의 관계를 표현한다. 오늘날 불확실성은 더 많은 지식으로 극복될 수 있는 것이 아니라 오히려 더 많은 지식 때문에 발생한다. 종종 이 무지의 능력은 은폐되기도 하고 주목받기도 한다. 또는 전율과 공포를 불러일으키는 시나리오가 되어 그것으로 권력 게임을 할 수 있다. 모든 것을 통제할 수 있다는 오만이나 불확실성의 지혜는 리스크 때문에 영향력을 확대할 수 있을지도 모른다.

<표 1.1.> 리스크의 유형

유형	명칭	특징	예
타입 1	다모클레스의 검	A: 대략 무한대 W: 대략 0 S: 크고, P와 M은 오히려 높다.	원자력, 화학산업단지, 댐, 운석추락, 홍수
타입 2	외눈박이 키클로페스	A: 크고 알려져 있다. W: 모르고 S: 작고, R: 낮고, P: 오히려 높다.	지진, 화산, 에이즈, 소수의 캔에 들어 있는 발암물질, 내구성물질
타입 3	피티아	S: 매우 작고, A와 W: 모르고, A: 경우에 따라서 높고, P: 높다.	환경순환의 문제, 기후변환, 신전염병, 생물학적 시간폭탄, 유전공학, BSE
타입 4	판도라의 상자	A: 추측만 가능하고, W: 알려져 있지 않고, S: 작고, P: 아주 높고, R: 매우 낮다.	FCKW(프레온 가스)(소급 적용), 오존, DDT, 유전자변형식물, 새로운 화학물질, 단관능식물
타입 5	카산드라	A: 오히려 높고, W: 오히려 높고, S: 중간 V: 매우 높다.	돌연변이효과, 기후변화의 장기적 결과
타입 6	메두사	A: 오히려 낮고, W: 부분적으로 모르고, S: 중간, 다른 모든 것은 중간에서 낮은 정도이고, M만 유일하게 매우 높다.	중요한 경계 아래에 있는 발암 물질, 전자파, 이온화 방사선

W: 발생 가능성, A: 손실결과의 정도, S: 안전도, P: 내구성
R: 가역성, V: 지연의 영향, M: 대중화 가능성

<표 1.2.> 계몽과 신뢰형성을 위한 담화적 전략-리스크 매니지먼트

매니지먼트	리스크유형	손실	확률	행동전략
리스크 중심	일반리스크	조망가능	측정가능	- 전통적인 리스크 예측 - 비용효용분석 - 리스크 대 리스크 비교
	다모클레스	높음	낮음	- 재해 가능성 감소 - 가능성 산출
	외눈박이 키클로페스	높음	불안	- 이익-리스크-검토 - 연구 강화 - 재해매니지먼트
(회복)탄력중심	피티아	불확실	불확실	- 방지원칙 적용 - 대체방법 개발
	판도라	불확실	불확실	- 방지와 제한 - 감소와 축소 - 손실 가능성 감소
담화	카산드라	높음	높음	- 자의식 교육 - 신뢰형성
	메두사	낮음	낮음	- 참여 - 토론장 제공 - 갈등축소

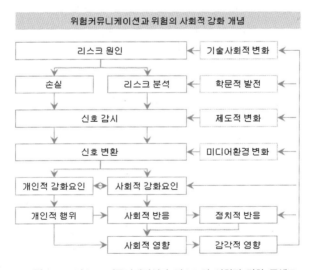

<그림 1.1.> 리스크 커뮤니케이션과 리스크의 사회적 강화 콘셉트

3.3. 리스크 양상의 문학적 형상화

리스크가 지닌 두 가지 상반된 측면은 알프레드 되블린의 대표적인 소설『베를린 알렉산더 광장』에 나오는 대목에서 은유적으로 이해할 수 있다. 이 세계의 연속성과 미래에 대한 확신은 이미 시간성속에서 소멸되지만, 우리가 역사라는 거대한 서사구조 속에서 경험할 수 있는 것은 객체의 재현이 아닌 미학적 세계의 재구성이다.

> 이 세계는 두 신들의 세계이다. 그것은 건축의 세계이자 몰락의 세계이다. 시간성 속에서 이 싸움은 일어나고, 우리는 여기에 참여하고 있다.[36]

"건축의 세계"가 안전을 의미한다면 "몰락의 세계"는 리스크와 재난을 의미하고, 시간과 더불어 이 두 세계는 끝없는 대치를 하는데, 우리는 필연적으로 거기에 참여하고 있는 것이다. 시간은 자연과학과 인문과학을 통틀어, 그리고 여기에서 논의되고 있는 리스크라는 주제에 있어서 거대한 변수로 작용한다. 이 근대의 코스모스 속에서 주체는 미지의 시간성 속에 귀속되어 있으며, 불연속적 가속화와 과정성이라는 불확실성 속에서 계속적으로 현실의 모델을 구축하고 있다. 이는 바로 역사의 흐름이 역사적 임의성의 사건들과 폭력을 통해 조정되고 있다는 푸코의 테제와 맞닿아 있다.[37] 경험적 사회

---

36) Alfred Döblin, Mein Buch [1932]. In: Berlin Alexanderplatz (dtv-Ausgabe), p.413. Alfred Döblin: Mein Buch, "Berlin Alexanderplatz", 1932. In: ders.: Berlin Alexanderplatz. Die Geschichte vom Franz Biberkopf. München 1997. "Diese Welt ist eine Welt zweier Götter. Es ist eine Welt des Aufbaus und der Zerfalls zugleich. In der Zeitlichkeit erfolgt diese Auseinandersetzung, und wir sind daran beteiligt."

37) Michel Foucault, Wahrheit und Macht. Interview von A. Fontana und P. Pasquino. In: Ders.:

연구가 역사적으로 볼 때 매우 성공적이며 우리의 현실적인 필요와 욕구를 충족시켰으나 세계인식의 모호성을 밝히는 데에는 기여한 바가 미약하다는 사실을 인정한다면 문학에서 형상화하고 있는 것은 삶 속에 생산된 여러 토막들이 이미 현존하는 것으로 전제되지 않고 해체 능력과 재조합 능력을 지니고 있음을 보여주는 것이다. 이는 전통에 정당성을 마련해주는 지속적 연결성, 윤리적 기준, 화해의 유토피아, 손상되지 않은 상호 주관성과의 결별을 뜻한다. 삶에 대한 긍정적 태도와 부정적 태도는 동시에 존재하며 삶 '전체'에 대한 '하나'의 판단은 성립하지 않는다.

로베르트 무질(Robert Musil)의『특성 없는 남자』에 묘사된 불규칙성, 변화, 사물과 사건들의 충돌로 뒤덮여 있는 대도시의 모습은 리스크를 안고 있는 현실의 상황을 문학적으로 표현한 것임에 다름 아니다.[38]

전근대시대의 자연재해, 개인적 불행, 거대한 역사적 변혁은 신의 의지 또는 운명의 몫으로 여겼다. 그러나 신이라는 초월적 존재, 즉 형이상학적 확실성을 잃어버린 근대는 발생되는 모든 문제를 자신의 안으로, 즉 현세라는 범주로 포함시킴으로써 그것에 대한 인과적

Dispositive der Macht. Michel Foucault. Über Sexualität, Wissen und Wahrheit, Berlin 1978, p.27 und Michel Foucault: Recht der Souveränität, Mechanismus der Disziplin. Vorlesung vom 14. Januar 1976. In: Ders.: Dispositive der Macht. Michel Foucault. Über Sexualität, Wissen und Wahrheit, Berlin 1978, p.98.

38) Robert Musil, Der Mann ohne Eigenschaften, Hamburg 1970, p.10. "Es soll also auf den Namen der Stadt kein besonderer Wert gelegt werden. Wie alle großen Städte bestand sie aus Unregelmäßigkeit, Wechsel, Vorgleiten, Nichtschritthalten, Zusammenstößen von Dingen und Angelegenheiten, bodenlosen Punkten der Stille dazwischen, aus Bahnen und Ungebahntem, aus einem großen rhythmischen Schlag und der ewigen Verstimmung und Verschiebung aller Rhythmen gegeneinander, und glich im ganzen einer kochenden Blase, die in einem Gefäß ruht, das aus dem dauerhaften Stoff von Häusern, Gesetzen, Verordnungen und geschichtlichen Überlieferungen besteht."

관계와 합리화 과정이 필연적으로 심화되었다. 모든 것은 인간의 테두리 안에, 그리고 오늘날의 과학기술로 대변할 수 있는 물질적 자연의 테두리로 편입되었고, 우리 삶을 구성하고 있는 가시적이자 핵심적인 체계인 기술, 경제, 정치는 이미 근대의 '신'이 되었다. 따라서 카프카 작품에 나오는 주인공들이 예외적으로 경험하는 '출구 없음'의 문제는 궁극적으로 동질성, 정체성, 투명성 추구의 세계로부터 예측할 수 없고 계산할 수 없는 창발성(Emergenz) 추구의 세계로 변화되었음을 시사하고 있다. 주체는 이 괴기스럽고 이상한 소위 그로테스크(grotesque)한 세상에서 수많은 인지적·감정적 자극을 받아, 리스크에 관계되는 수많은 요소들을 통제할 수 있는 능력의 범위를 넘어섰으며, 매번 새로운 반응에 대한 요구와 강박에 직면한다. 다른 한편 과거에는 인간의 도덕적인 범죄와 자연 재앙 간의 신비한 관계를 발견해냄으로써 자연을 정치적으로 이용하기도 하였다. 이 경우는 리스크에 대한 신의 초월적 힘을 세계관에 포함시키는 동시에 리스크에 대한 인간 선택의 몫도 사회적·정치적 영역으로 포함시킴으로써 리스크에 대한 이중적 관점을 견지했다고 볼 수 있다. 이때에 리스크를 결정하는 요인은 내부와 외부에 동시에 존재한 것이다. 인간의 지력을 벗어나는 사건의 비연속성, 즉 임의성(Kontingenz)을 극복하는 전근대적 방법은 바로 주술적인 방법으로서 자연에 희생 제물을 바치는 것이었다. 이 희생물의 양식은 근대화 과정을 통해 신비주의적인 요소가 사라지면서 다른 형태로 전환되었는데,[39]

---

[39] 희생제물의 모티브는 릴케, 호프만스탈, 슈니츨러의 작품 등에서 다양하게 나타난다. Hans Richard Brittnacher: Ermüdung, Gewalt und Opfer. Signaturen der Literatur im 1900. In: Zeitschrift für Germanistik, Neue Folge 1, 2000, pp.77-94, hier p.88f, und Welt ohne Väter: Söhne um 1900. Von der Revolte zum Opfer. In: Kursbuch 140: Die Väter. Berlin. Rowohlt 2000, pp.19-31 참조.

대표적으로 현대의 전쟁은 집단적 희생제물이라고 할 수 있다.

또한 리스크를 줄이기 위한 계약관계 또한 사회제도적으로 자리가 잡히면서 어느 쪽으로든 이익과 손해의 분배가 나뉘는 리스크의 역학적 구도가 생겨나게 되었는데, 이 역학적 구도는 균형과 조화를 추구하나 궁극적으로 우연성과 임의성에 의해 부조화에 이르게 된다. 이를 문학적 특성에 연결시켜 본다면, 웰버리(David E. Wellbery)는 언어적 구성물을 통한 내용적 인과성을 파괴하는 것이 근대의 특징이며 이는 문학이 논리적 연결성에 대항하고 다양한 역학관계에 따른 형식적 미학을 추구하기로 결정했다는 것을 의미한다고 말한다.[40] 사회구조 속에 임의성이 증가될수록 희생물의 양식, 달리 말하면 폭력과 재난, 파괴, 저항은 증가한다. 왜냐하면 임의성의 불안을 잠식시킬 다른 방도가 없기 때문이다.

현대사회는 재해, 손상, 고통, 파괴가 발생한다고 해서 리스크 사회인 것은 아니다. 이제는 선형론적 시간 구조나 환원론적 원인 규명을 통해 은폐할 수 있는 어떠한 자비로운 외피도 없다. 따라서 문제는 리스크 부담에 노출된 이차적·사회적 관찰자의 역동적 소통이다. 세계 어디에도 이 역동적 과정의 중심은 없으며 유일무이한 관찰지점은 형성될 수 없으므로 리스크를 바라보는 상이한 관찰들을 화해시키는 것이 중요한 것이 아니라 이를 병존하게 할 수 있는 능력이 중요하다.

---

40) David E. Wellbery, Der Zufall der Geburt. Sternes Poetik der Kontingenz. In: Kontingenz, Poetik und Hermeneutik XVII, ed. G. von Graevenitz und O, Marquard, München 1988, pp.291-317, besonders p.304 참조.

4. 리스크에 관한 성찰적 상호이해

리스크의 탈중심화는 포스트모더니즘의 철학적 구상과도 맞닿아 있다. 이는 리오타르(Lyotard)의 "거대 서사"[41]에 내재되어 있는 사회적 전체성이라는 의미에 대한 거부이자, 상이한 체계들 사이의 불가피한 충돌이다. 어디서 어떻게 작동할지 모르는 리스크의 존재는 들뢰즈가 말하는 "차이와 반복의 구조"[42]와 유사하다. 리스크의 실재는 외부에 존재하는 것이 아니라 결국 각 체계들의 상호 관찰관계와 그 가능성에 종속되며, 임의성을 유지하면서 배제하고 포섭하는 긴장관계 속으로 들어간다. 이차적 관찰을 통해 더 이상 신이라는 외부 영역으로 나가지 않고 자기지시적 질서를 만들어 나간다. 따라서 이러한 질서에는 필연적으로 우연과 역설의 리스크가 수반된다.

그렇다면 여기서 모순과 역설을 안고 가는 리스크에 대한 궁극적인 해결책을 볼 수도 없고 사회적인 공통된 합의를 이끌어내는 것이 회의적이라고 해서 이와 관련된 일련의 과정들을 모두 허무주의로 편입시킬 것인가에 대한 질문이 제기된다. 여태까지 살펴본 리스크의 특성은 관점주의와 구성주의에 입각한 잠정적·인위적 구조물이다. 여기에서 공통의 관점, 목표, 가치관에 관한 합의에 의한 상호이해의 가능성을 기대하는 환상으로부터는 냉정한 거리를 취할 필요가 있다. 그러나 자신과 타인의 관찰을 이차적 관찰을 통해 다른 식으로 관찰하는 리스크에 용기 있게 자신을 개방하는 것, 상이한 관

---

41) Jean François Lyotard, Der Widerstreit, München 1987 und ders.: Das postmoderne Wissen. Ein Bericht, Graz/Wien 1986.
42) Gilles Deleuze, Differenz und Wiederholung. München 1992 (orig. 1968).

찰을 동질화시키는 것이 아니라 공진화(co-evolution)하게 만드는 것, 차이를 극복하지는 못하지만 차이를 인식하는 과정을 반복하는 것이 바로 '성찰적 상호이해'43)에 이르는 길이다.

43) Niklas Luhmann, Soziologie des Risikos, Berlin/Newyork 1991, p.247 참조.

위험과 위기커뮤니케이션의
연구 방향과 쟁점

위험과
위기커뮤니케이션의
연구 방향과 쟁점

위험연구는 과학적 활동인 동시에 문화의 표현이기도 하다.
20세기 동안, 위험을 평가하고 관리해온 대규모의 정부프로그램들과
관료정치체제는 고도산업사회라는 배경에서 탄생했다. 수십억 원의
지출과 건강의 꾸준한 개선,
안전한 삶과 늘어난 수명에도 불구하고,
사람들은 그들 자신이 기술 속에 내포된 위험에 더 취약하다고 보았다.
특히 더욱 난감한 것은 매우 사소한 물리적 결과를 초래하는 위험도
과거 전통적 위험 분석에서는 예상할 수 없는 공중의 지나친 관심을
이끌어내고,
범상치 않은 심각한 사회적 영향을 초래한다는 것이다.
- 바바라 아담(Barbara Adam), 주스트 반 룬(Joost van Loon)

1. 들어가는 말

산업과 정보사회의 발전은 새로운 차원의 위험과 위기를 발생시
키고 있다. 새로운 커뮤니케이션과 정보기술의 발전은 이러한 위험
과 위기를 더 잘 인식하고, 위험 평가 및 정치적·사회적 논의를 기

반으로 한 의견공유의 기회를 더 많이 만들어냈다. 위험과 위기를 증가시키는 요인들이 확산되고, 뉴스 헤드라인이 위험을 확대 재생산함에 따라, 예를 들면 인구 고밀도화, 위험지역 거주인구 증가, 기술적 위기 증가, 인구 고령화, 전염병 창궐 및 항생제 내성화, 테러 증가 등에 따라 위기와 위험커뮤니케이션은 퀸틸리안(Quintilian, 1951)의 원리에서 나오는 대화에 능한 사람처럼 공론장에서 계몽된 선택을 조장하는 기반으로서 더 큰 역할을 할 것이다.

기술의 발전은 위험과 위기커뮤니케이션 이니시어티브가 요구되는 테러에 새로운 진보된 전략을 제시할 수 있도록 한다. 예를 들어, 미국 의회의 과학과 건강 위원회(American Council on Science and Health)의 매뉴얼인 테러에 대한 준비와 대응방안에 대한 시민안내서인 『화학적, 생물학적, 방사능 테러 그리고 핵(A Citizens' Guide to Terrorism Preparedness and Response: Chemical, Biological, Radiological, and Nuclear)』에서는 다른 것들을 포함한 최악의 사태로까지 그 범위를 확장했다. 예를 들면, 루이사이트(lewisite), 머스타드가스(mstard), 염화아르신(arsine), 청산가리(cyanide), 포스겐(phosgene), 사린(sarin), 타빈(tabin), VX가스 등의 화학무기들을 관련된 위험과 위기커뮤니케이션의 요소에 포함시킨 것이다. 의회가 이러한 매뉴얼을 작성하는 목적은 사람들에게 화학적·생물학적인 무기가 미치는 건강 위험성에 대해 알리고 스스로 자신을 보호하는 방법을 제시하는 데 있다.

에릭슨(Erikson, 1994)이 잘 표현했듯이, 현대의 질병은 '새로운 종류의 문제'로서 사람들을 위협하고, 위험에 빠지게 하면서, 최종적으로 커뮤니케이션 종사자들과 학자들에게 확실한 도전이 되었다. 이러한 새로운 종류의 문제를 중심으로 본 장에서는 위험과 위기커뮤니케이션 연구의 방향과 쟁점을 살펴보고자 한다. 위기커뮤니케이션과 위험커뮤니케이션의 공통점과 차이점에 대해 알고, 두 연구 분야의 빠른 성장과 진화 역시 알아본다. 또한, 위기와 위험 커뮤니케이션의 연구와 실행을 발전시킨 관련 연구 기관의 발전에 대해서도 살펴보도록 한다.

2. 위기와 위험커뮤니케이션의 빠른 성장

위기커뮤니케이션이나 위험커뮤니케이션이 등장한 특정한 시기나 사건을 확인하는 건 불가능하다. 왜냐하면 두 연구 모두 다양한 관점과 계획에(지역사회를 기반으로 한 움직임, 정부 혹은 산업 계획 등) 기반을 두어 유기적으로 성장했기 때문이다. 하지만 커뮤니케이션 연구에서 두 분야의 역사를 보면 특정 사건, 연구의 흐름이 두드러지게 나타나고 있다.

위기관리와 위험평가의 역사는 그리스 로마 시대 이전으로 거슬러 올라간다(Covello & Mumpower, 1985). 위기 분석의 기원은 기원전 3200년 신화, 비유, 의식들로 위험을 예측하고 위험을 피하기 위해 소통하던 바빌로니아 시대로까지 거슬러 올라간다. 당시 위험커뮤니케이션은 민담에서 찾아볼 수 있다(Krimsky & Plough, 1988).

현대적인 위험 분석은 산업혁명 기간 빠르게 성장한 기술과 관련된 위험들을 특히 주의 깊게 본 기술자들, 유행병학자, 보험계리사, 산업위생사들에 의해 20세기 초반에 발전하였다(Kates & J. Kasperson,

1983). 17세기 유럽에서 확률 이론의 발달은 위험 개념을 공식적으로 사용하였다. 환경청(EPA, Environmental Protection Agency)을 포함한 1970년대 미 연방정부 법률은 공식적인 위험 평가의 역할을 크게 확대시켰다.

위험커뮤니케이션에 대한 근·현대적인 명백한 관심은 1950년대 "평화를 위한 원자력(Atoms for Peace)" 캠페인에서 시작되었다고 할 수 있다. 이후 1970년대 시작된 반핵운동은 위험커뮤니케이션이 각광받는 데 일조했다(Kasperson & Stallen, 1991). 1980년대 후반에 위험커뮤니케이션에 대한 관심은 매우 친근한 일이 되었다. 미연구위원회(NRC, National Research Council, 1989)에 따르면, 위험커뮤니케이션의 이러한 방향성에 대한 동기와 목적은 정부와 산업의 고위 공직자들이 정보를 전달하고, 반대 의사를 극복하고, 의사를 결정하는 힘을 나누고, 직접적인 규제 권한의 효과적인 대안을 만들어 내는 데 있었다. 크림스키와 골딩(Krimsky and Golding, 1992)에 따르면, 위험커뮤니케이션을 포함한 위기 관련 연구는 산업화된 사회에서 기술을 통제하고 자연적·인적·기술적 위험으로부터 시민들을 지키기 위한 실질적 필요성에서 발전한 것이다.

건강과 환경문제에 초점을 맞추었던 미국 근현대 시기의 환경 위험커뮤니케이션은 윌리엄 러클쇼스(William Ruckelshaus)가 미 환경청(EPA)에서 두 번째 임기를 맡았던 1983년에서 1985년 사이로 볼 수 있다(Peters, Covello & McCallum, 1997). 러클쇼스는 환경 위기 관리에서 공중에게 정보를 전달하고 그 과정에 포함시키는 것을 기본 원칙으로 삼는 제퍼슨식 민주주의를 목표로 삼았다.

1970년대 중반부터 시민의 참여가 공공 정책의 기본 원칙으로 간주되긴 했지만 환경통제에 대한 시민 참여는 상대적으로 새로운 발전이었다(Szasz, 1994). 오늘날 시민들의 알 권리로 알려진 원칙은 과거 1980년대 중반 급격한 변화를 맞았다. 근현대 최악의 산업재해 가운데 하나인 보팔대참사는 1984년 12월 3일 발생했다. 보팔대참사는 인도 보팔에 위치한 유니언 카바이드(Union Carbide)공장에서 메탈 이소시안산(MIC, methyl isocyanate)이 유출된 사건으로 3,000명 이상이 죽고 20만 명 이상이 장애 등 큰 피해를 입었다. 2004년 유니언 카바이드의 발표에 따르면, 이 유출 사고로 인해 3,800명 이상이 죽었고 수천 명의 사람들을 영구 혹은 부분 장애인으로 만들었다.

재해가 발생한 2년 후이며 유니언 카바이드에 145건의 소송이 제기되었고, 1985년 웨스트버지니아 주(州)에 위치한 유니언 카바이드 공장에서 또 다른 독가스 유출사고로 135명의 피해자가 발생한 후에야 미 의회는 1980년부터 1985년 사이 발생한 7,000건 이상의 유사한 사건에 관심을 기울이기 시작했으며, 다양한 법률과 조항을 제정하였다(Falkenberry, 1995). 슈퍼펀드(Superfund)로 불리는 가장 대표적인 미국의 포괄적인 환경대응 책임 보상법(CERCLA, Comprehensive Environmental Response, Compensation, and Liability Act)이 제정되었고, CERCLA의 수정법안인 SARA(Superfund Amendment and Reauthorization Act, 1986)는 유해물질의 유출을 평가하기 위한 구체적 절차를 명시하도록 했다. 구체적으로 위험커뮤니케이션에 초점을 맞춘 SARA는 1986년 비상대응계획 및 지역사회알권리법(EPCRA, Emergency Planning and Community Right-To-Know Act)의 제정에 시민 참여 조항과 지역사회의 알 권리 또한 포함시키도록 했다. SARA는 기업들로 하여금 화학물질 유출과 관련하여 공공정보를 제공하도록 하였고, 그렇게 함으로써 이 법안은 위험커뮤니케이션에 새로운 범위와 목적을 제시했다. 페터스(Peters)의 말을 인용하면, "겨우 10년 사이에 환경위험커뮤니케이션은 관리개념에서 성문화된 법률로 발전하였다(Peters, et al., 1997)."

위험커뮤니케이션에 있어서 SARA의 핵심 요소는 비상대응계획 및 지역사회알권리법(EPCRA)으로 미 환경청에 지역비상계획위원회 (LEPC, Local Emergency Planning Committees) 설립과 관련하여 위험커뮤니케이션을 관리 감독하도록 한 것이다. SARA는 또한 각 주의 주지사에게 주 비상대응위원회(SERC, State Emergency Response Commission) 회원을 지정하도록 지시하였고, 그다음 차례로 각 지역에 지역비상계획위원회(LEPC)가 만들어졌다. 주 비상대응위원회 (SERC)는 각 주(州)에서 비상대응계획 및 지역사회알권리법을 시행토록 하는 책임을 가지고 있었는데, 각 주에는 3,500개의 지역 비상계획구역과 각 구역의 지정 지역비상계획위원회를 만들었다. 이로 인해 1986년에는 30개 주 혹은 도시들에서 오염물질과 관련한 지역사회의 알 권리가 제정되었다(Hearne, 1996).

환경문제 위험커뮤니케이션을 성문화한 SARA와 기타 연방정부 정책들은 기업들로 하여금 각 지역에서 생산, 저장, 이동, 방출되는 화학물질의 종류와 양과 관련하여 시민들에게 고지하도록 하였다. 기업들이 그들이 생산, 이관, 저장하는 물질의 독성에 대해 보고함에 따라 SARA는 사람들이 자신이 사는 지역의 위험 정도를 더 잘 인식하게 될 것이라고 생각했다. 이러한 연방정부의 방침은 더 많고 더 다양한 종류의 기술적 정보가 전문가로부터 지역주민에게 전달되도록 하고, 둘 사이에 의사소통 경로를 열어주는 걸 목적으로 했다. 또한, 법안 제정을 통해 산업에서 더 높은 지역-고용인 안전기준을 받아들이고 시행하도록 압박하기 위한 것이었다.

해든(Hadden, 1989a)에 따르면, 규제 그 자체로는 효용이 있지만 보팔대참사 같은 사건을 막기에는 충분하지 않다. 위험물질의 근접성에 대한 가공되지 않은 기술정보 그 자체로는 시민들로 하여금 산업시설에서의 재해를 막거나 통제하기에 역부족이었다. 알 권리에 대한 법이 제정되기 전까지 이를 법으로 보장한 주(州)는 미국에서 거의 없었다. 해든은 이러한 법률을 실질적인 이유로 이용하려는 시민의 수는 매우 적고, 이는 지역 주민들이 법률의 존재에 대해 무지하고 지방 정부나 기업들이 이것에 대해 시민들을 교육하려는 노력이 없었기 때문이라는 사실을 밝혔다.

정책입안 과정에 대한 접근법으로서의 알 권리가 비상대응계획 및 지역사회알권리법을 통해 한 단계 변화하였지만, 사실 알 권리는 미국 헌법에 근간을 두고 있다. 변호사인 제임스 윌슨(James Wilson)은 알 권리가 국회의원들을 통제할 수 있는 수단이 되어야 한다고 주장했다. 언론은 제2차 세계대전 당시 검열에 맞서 공중의 알 권리를 주장하였지만 1980년대 중반이 되어서야 알 권리는 비로소 미연방법으로 제정되었다(Hadden, 1989a). 야곱슨(Jacobson, 2003)은 린든 존슨 대통령이 서명한 행정절차법(APA, Administrative Procedure Act)의 수정법안인 정보의 자유법(FOIA, Freedom of Information Act, 1966)을 알 권리를 포함한 최초의 법 규정이라고 주장한다. 그러나 FOIA는 환경 법규가 아닌 정부 정보에 접근할 수 있는 법적인 권한을 만들기 위한 포괄적인 노력의 결과였다.

다른 많은 사건들도 위험커뮤니케이션학의 연구와 실제가 발전할 수 있도록 자극을 주었다. 1979년 주지사 위기관리 연합 프로젝트 (National Governor's Association Emergency Management Project)는 재난관리와 관련 문헌들을 경감(Mitigation), 대비(Preparedness), 대응(Response), 복구(Recovery)라는 4개의 단계로 개념화하였고, 이것은 미국에서 위기와 위험커뮤니케이션 연구 가이드로 쓰이고 있다 (Lindell & Perry, 2004). 또한 1979년 미국하원과학기술위원회는 국립과학재단(NSF, National Science Foundation)에 에너지나 환경관련 분야에서 대체 기술 해결방안의 비교위험을 평가할 수 있는 연구 프로그램을 개발하고 위험 평가관련 교육을 시행하도록 하였다(U. S. Congress, 1979). 이 결과로 기술평가와 위험분석(TARA, Technology Assessment and Risk Analysis) 팀이 만들어졌고, 이에 더해 국립과학재단의 노력으로 위험분석은 국립과학재단의 최우선 과제가 되었다 (Golding, 1992).

위험커뮤니케이션의 연구와 실제에 또 다른 전환점이 된 것은 1980년 세계 위해성 평가학회(SRA, Society for Risk Analysis)의 설립이다. 이 학회는 다분야의 국제적인 멤버십으로 현재는 약 2,000명의 회원이 있다. 그들은 위험 평가, 위해도 결정, 커뮤니케이션, 관리 및 정책을 포함한 위험분석에 집중한다.

린들과 페리(Lindell and Perry, 2004)는 현재의 위험커뮤니케이션이 1986년 워싱턴에서 열린 위험커뮤니케이션 컨퍼런스에서 시작되었다고 주장한다. 그 당시 컨퍼런스에는 500명이 넘는 학자, 정부 공직자들, 다양한 종류의 공기업과 사기업의 산업 대표들, 그리고 여러 학문 분야의 전문가들이 참가했다. 미국에서 위험커뮤니케이션의 발전에 있어 또 다른 중요한 사건은 미국가조사위원회(NRC)가 위험인식 및 커뮤니케이션 위원회를 발족시킨 것으로, 이들은 1987년 5월부터 1988년 6월까지 6번의 회의를 가졌다. 미국가조사위원회가 새로운 위원회를 발족시킨 것은 1983년 정부 내 위험 평가 및 결정의 개선에 대한 연구인 '연방정부의 위험 평가: 절차관리(Risk Assessment in the Federal Government: Managing the Process)'를 마친 뒤였다. 이 연구는 문제 해결에 충분히 적용되지 못했지만 "민주주의사회에서 위기·위험 관리를 위한 핵심 요소는 위험커뮤니케이션"이라는 결과를 끌어냈다(NRC, 1989).

위험커뮤니케이션의 발전에 기여한 또 다른 연구는 터프츠 대학교(Tufts University)의 환경관리센터와 환경청(EPA)의 협정하에 크림스키와 골딩(Krimsky and Golding)이 주도한 프로젝트이다. 이 프로젝트명은 위험과 위험커뮤니케이션의 새로운 패러다임(Emerging Paradigms of Risk and Risk Communication)이었다. 이들의 대표 연구는 위험이론에 사회과학이 기여한 바를 최초로 체계적으로 정리한 것이다(Krimsky & Golding, 1992).

비슷한 종류의 학술적이고 전문적인 회의와 워크숍이 미국과 전 세계에서 열렸다. 최근에 관심을 불러일으킨 학술대회는 2006년 세계 위해성 평가학회와 미국립과학재단이 공동 주최한 위험커뮤니케이션을 위한 전략(Strategies for Risk Communication: Evolution, Evidence and Experience)이라는 주제의 심포지엄이다. 이 심포지엄에서는 인간이 위기와 불확실성을 인식하고 받아들이는 방식에 집중한 사회과학, 신경과학, 위험인식 연구로부터 나온 위험커뮤니케이션 이론의 실제적 방법을 탐구하고, 다양한 연구 분야에서 나온 발견을 결합하여 실질적인 위험커뮤니케이션 전략을 수립하고자 하였다.

최근 미 식약청은 FDA 통제하에 식품들의 위험과 강점에 대한 커뮤니케이션을 공중과 더욱 원활하게 할 수 있도록 새로운 자문위원회를 만들었다. 위험커뮤니케이션 자문위원회(Risk Communication Advisory Committee)는 식품의 위험성과 좋은 점을 알리고, 정보가 취약 계층에 최대한 잘 전달될 수 있도록 하는 전략적 방안을 FDA에 제시한다. 미 의학연구소(IOM, Institute of Medicine)의 2006년 보고서 '약품 안정서의 미래(The Future of Drug Safety: Promoting and Protecting the Health of the Public)'에서는 의회가 자문위원회를 설립하는 법안을 제정토록 촉구하였다.

위험에 대한 노출이 새로운 것이 아니라면 왜 위험커뮤니케이션 연구 및 의사소통의 르네상스 시기가 있었을까? 피터스는 대중들이 전통적인 사회 기관, 특히 환경위험커뮤니케이션 법안의 성장과 같은 선상에 있던 정부와 산업에 대한 신뢰가 지속적으로 떨어졌었다고 말했다(Peters at el., 1997). 또한 레이드(Laird, 1989)가 오래전에 말한 바와 같이 시민환경단체가 급부상하면서 공공단체에 대한 신뢰가 시민단체로 이동하여 사회의 주요한 제도적 변화가 일어났다. 피시호프(Fischhoff, 1990) 또한 유사한 관점을 주장하였는데, 이해관계자 및 기타 공중이 건강, 안전 및 환경 위험을 관리하는 방법을 결정하는 데 있어서 역할을 주장해왔다는 것이다. 이것은 오늘날 아마 현대사회의 전 계층으로 위험분석의 한계와 적용에 대한 관심이 확대되었다는 것을 증명하는 것이다.

3. 위험커뮤니케이션 연구의 진화

위험커뮤니케이션이 공중 보건 커뮤니케이션 연구에서 새롭게 각광받고, 공중 보건 교육문헌 가운데 가장 빠르게 성장하는 분야로 인식되기 시작한 건 약 30년 정도 되었다(Covello, von Winterfeldt & Slovic, 1987; NRC, 1989). 위험 연구 분야, 특히 위험커뮤니케이션 분야가 1970년대와 1980년대에 가장 발전했다는 증거는 과학적 조사, 사례 연구 및 경험적 발견을 통해 구조와 일관성을 제공하는 독특한 패러다임, 모델 및 개념적 틀과 위험커뮤니케이션, 전문 저널 및 학업 프로그램에 중점을 둔 전문 위험 사회의 출현에서 찾을 수 있다. 위험커뮤니케이션의 기본 개념 중 많은 것이 오랜 역사를 가지고 있지만, 위험커뮤니케이션을 별개의 주제로 식별하기 시작한 건 1980년대 초반이었다(Lindell & Perry, 2004). 지난 30년 이상의 시간 동안 위험커뮤니케이션 분야가 지속적으로 발전했다는 사실은 위의 증거들 때문만이 아니라 이 분야에서 폭발적으로 증가된 연구가 증명한다.

레이스(Leiss, 1996)는 위험커뮤니케이션의 역사적 분석을 통해 로만, 비데만 그리고 스테겔만(Rohrmann, Wiedemann and Stegelmann)의 『위험커뮤니케이션: 학제적인 문헌(Risk Communication: Interdisciplinary Bibliography)』에 제시된 참고 문헌에 따라 1984년에 '위험커뮤니케이션'이라는 용어가 만들어졌다고 주장한다. 그에 따르면, 위험커뮤니케이션은 그 시작부터 전문가에 의한 위험평가와 영향을 받는 사람들이 어떻게 인식하고, 이해하는지의 차이를 밝히려는 실제적인 의도를 가지고 있었다.

그러나 시스템 및 표준 규제를 넘어서 위험커뮤니케이션은 위험 평가 및 위험 인식 연구로부터 성장해나갔다. 『위험커뮤니케이션의 개선(Improving Risk Communication)』이라는 제목의 1983년 미 국가조사위원회 보고서는 미 환경청의 다른 초기 연구들처럼 커뮤니케이션을 포함한 위험 평가와 관리는 공통의 주제라고 하였다. 골드스타인의 위험 평가와 커뮤니케이션의 개선에 관한 논평에서 "위험을 평가하고 관리하는 사람들을 포함한 공통의 주제는 위험 평가와 위험커뮤니케이션을 통합하는 것이다"라고 주장하였다(Goldstein, 2005, p.142).

미 환경청은 유해산업 및 독성 물질에 근접하여 생활하고 작업하는 개인의 건강 및 안전 수칙과 관련된 위험에 대해 공개적이고, 책임감 있으며, 정보에 입각하고, 합리적인 과학적 가치가 있는 토론을 하는 수단으로 위험커뮤니케이션을 강조하고 있다. 이 정의에 입각한 위험 관리는 위험에 의해 손상을 입었거나 그럴 위험에 두려워하는 사람들이 정부나 다른 모니터링 관리자들이 충분한 통제를 한다는 사실을 알게 되고, 그것에 믿음을 갖게 된다는 측면에서는 성공적이다.

위험커뮤니케이션은 처음부터 정보 지향적이었으며 선형 접근법으로 전문가들에게 프로세스의 핵심 참여자로서의 권한을 주었다. 레이스는 이것을 기술 위험 평가 기간이라고 불렀다. 이 기간 동안 산업계 대변인은 신뢰할 수 있고 명확하게 공중의 우려를 달래거나 완화하도록 권고 받았다. 이것은 위험이 존재하는지에 대한 역학 연구를 수행했던 전문가들의 역할을 특징으로 삼은 것이었다. 이러한 견해의 전형으로 미 환경청의 7가지 기본 의사소통 규칙을 들 수 있다. 이 규칙은 의사 전달자가 청중에게 메시지를 전달할 때 간단한 언어를 사용하고 선형적 차원의 의사 전달방법을 사용하도록 권고했다. 여기서 위험커뮤니케이션은 이해수준을 높이고 지식의 한계 내에서 적절하게 정보를 제공받는 사람들을 만족시키는 범위에서만 성공으로 간주되었기 때문이다.

위험커뮤니케이션은 전문가들이 직원 및 지역사회 구성원의 불안감을 누그러뜨리기 위해 건강, 안전 또는 환경 위험을 야기하는 조직에 신뢰성 있게 진실을 말해주면서 이루어진다. 위험커뮤니케이션의 두 번째 국면은 조금 더 상호적인 접근법을 특징으로 한다. 바로 위험커뮤니케이션을 개인, 그룹, 기관 사이의 의견과 정보교환의 과정으로 보도록 하는 것이다.

이전의 위험커뮤니케이션 모델은 사람들이 과학적으로 평가된 위험도에 대해 신뢰성 있고 명확한 정보를 받는다면, 그들은 위험도 평가자의 결론 및 정책적 권고를 받아들일 것이라고 예측했다. 이러한 모델은 정보의 힘을 과대평가하고 공직자들이 높은 수준의 위험에 더 높은 운영 기준을 부과하기 위해 정치적 압력을 행사할 수 있다는 점을 인정하지 않았다. 이러한 관점은 만약 사람들에게 사실을 알려주면 그들의 인식도 과학적 판단에 맞추어질 것이라고 가정한 것이다. 이 관점은 비전문가들이 기업이나 정부 측 말을 이해한다면 위기에 대한 자신감이 올라가고 불평도 사라질 것이라고 판단했다 (Gaudino, Fritsch & Haynes, 1989).

학문의 역사를 성찰하면서 레이스(Leiss, 1996)는 사회적 관계를 특징으로 하는 제3단계의 현재 버전의 위험커뮤니케이션을 확인했다. 사회관계, 공동체 기반구조 접근법에 기반을 둔 위험커뮤니케이션은 참가자의 정치적 역학과 함께 위험의 내용 문제와 관계의 질을 다루는 수준의 담론에 도달하여야 한다.

전통적인 접근법에서 전문가들은 일반인들에게 위험평가 또는 위험결정의 타당성을 설득하려고 노력했다. 이러한 학술적 주장은 일반인들의 위험인식, 위험 가능성에 대한 이해의 어려움 및 문제 자체의 기술적 어려움에 의해 오인될 수 있다. 반대로, 최근의 새로운 접근법은 대화와 참여를 강조한다. 그래서 위험커뮤니케이션의 필요조건은 공중의 요구에 대한 정치적 응답이다. 위험커뮤니케이션의 주요 산물은 정보가 아니라 그것이 지원하는 사회적 관계의 질적 수준을 나타내는 것이다. 최근의 위험커뮤니케이션에 대한 다른 접근 방식은 지역주민과 직원의 우려와 인식을 다루기 위한 대화식, 관계 구축 방식의 중요성을 새롭게 강조한다.

그러나 새로운 형태의 위험커뮤니케이션은 잠재적인 혹은 표면상 위험에 영향을 받는 공중의 요구, 이해 및 이해 수준에 반응하는 기관이 없기 때문에 종종 지연된다. 해든(Hadden)은 제도적 장벽이 사람들이 용인할 수 없는 위험을 경험하는 커뮤니티에서 의미 있는 대화를 막고 있다는 주장을 한다. 이런 장벽은 어떤 기술적 정보가 중요하고 수집되어야 하는지 상세하게 명시하지 않은 법규에 부분적 책임이 있음을 끌어내도록 한다. 사람들은 종종 기관의 미로에 빠지게 되고, 정보를 얻을 곳을 알지 못하며, 혹은 너무 방대한 양의 정보를 제공하는 데이터의 과잉으로 해석의 어려움을 겪기도 한다.

이와 같은 위험커뮤니케이션의 3단계 역사는 수많은 분야의 선도적 학자들이 발전시킨 연구의 흐름으로 볼 수 있다. 피시호프, 슬로비치, 리히텐슈타인, 리드 그리고 컴브스(Fischhoff, Slovic, Lichtenstein, Read, and Combs, 1978)는 사람들이 잘못된 믿음을 가지고 있을 것이라는 우려를 표하며, 허용 가능한 위험 수준을 확인하기 위해 다양한 태도를 측정하는 "표현된 선호(expressed preference)" 조사를 시작했다. 이 전문가들은 일반인들이 전문가와 달리 측정된 치사율뿐만 아니라 비자발성, 생소함, 알려지지 않음, 통제할 수 없음, 부당함, 기억에 남을 만함, 두려움, 시간과 공간, 치명도, 지연됨, 인공적임, 탐지 불가능함과 같은 개별적인 판단 요인과 더불어 후에 충격이 완화되지 않을 상황에까지 다양하게 영향을 받는다는 것에 관심을 크게 두었다(Covello, 1983; Slovic, 1987).

또 다른 중요한 연구는 인지 심리학 및 인공 지능 연구에 바탕을 둔 다양한 현상을 사람들이 어떻게 이해하고 보는지에 대한 개념에 기초한 위험커뮤니케이션에 대한 심리적 모델 접근법(mental models approach)이다(Geuter & Stevens, 1983). 위험커뮤니케이션에 적용되는 심리적 모델 접근법은 피시호프, 모건, 보스트롬을 포함하여 카네기 멜론 대학의 연구원들에 의해 개발되었다(Morgan, Fischhoff, Bostrom & Atman, 2002).

풍부한 연구 분야로서 위험커뮤니케이션을 발전시킨 다른 접근법은 통합 커뮤니케이션 접근법(convergence communication approach)으로, 커뮤니케이션은 상호적이고 장기적인 과정으로 위기발생조직과 청중의 가치가 커뮤니케이션의 과정에 영향을 미친다는 이론이다(Rogers & Kincaid, 1981). 위험과 분노 접근법(Hazard plus outrage approach)은 피시호프와 슬로비치에 의해 개발되었고 피터 샌드맨에 의해 확장되고 발전되었다. 이러한 접근법에서, 일반 공중이 위험을 보는 시각은 위험과 함께 그것에 대해 그들이 느끼는 감정을 반영한다. 마지막으로, 다른 주요한 접근법은 코벨로(Covello)가 주장한 심리적 방해요인 접근법(mental noise approach)으로 사람들이 위험에 처한 것으로 인식할 때가 의사소통이 가장 어려운 때로 특히 커뮤니케이션이 주의 깊게 구성되어야 한다는 것이다.

지난 20년 동안 사회학자들과 공중 사이에서 널리 논의된 위험커뮤니케이션 연구의 주요 프레임워크 중 하나는 바로 위험사회이다. 울리히 벡(Ulrich Beck)은 그의 책 『위험 사회』에서 서구 사회의 진화가 점점 더 불확실성, 불안정성 및 위험성과 같은 위기를 확산시키고 있다고 주장하고 있다. 위험사회의 핵심 요소는 선택과 변화에 취약한 개인정체성, 신기술에 의해 발생하는 환경적 위험, 그리고 환경적 결정과 결과가 점차 증가하고 통제 불가능해짐에 따라 '스스로 위험을 초래하는' 산업사회에 있다는 것이다.

벡에 따르면, 위험과 관련한 체르노빌 원전 사고의 독특한 차이점 중 하나는 사고가 위험에 대한 지리적 경계의 개념을 파괴했다는 점이다. 위험은 지역사회, 물리적 위치 및 정부 경계에 제한되지 않았다. 유해물질은 벨로루시와 우크라이나의 시민뿐 아니라 국경과 시간을 초월하여 장기적으로 영향을 미치고 있다(Beck, 1992; Wynne, 1996). 벡은 "체르노빌 사건의 피해자는 사고가 발생한 지 여러 해가 지난 현재이며, 아직 태어나지도 않은 이들이다"고 갈파하면서 체르노빌과 같은 사고는 위험에 대한 사회적 이해를 명확히 구성한다고 주장했다(Beck, 1996, p.31).

위험 및 위기커뮤니케이션, 전략, 모델 및 이론에 대한 연구가 중요하고 도움이 되기는 하지만, 우리는 이러한 연구 분야가 인간의 다양한 삶과 밀접한 관련성을 가져야 하며, 중요한 연구 영역에 포함되어야 함을 재인식해야 한다. 예를 들어, 1984년 인도 보팔대참사에 비판적인 맥키와 먼쉬(McKie and Munshi, 2007)는 위기 이후 연구들이 "보팔을 서구 연구센터의 가이드라인으로 삼기 위한 데이터의 원천으로 볼 뿐이며, 비극 희생자들의 운명에 대해서는 별로 염려하지 않았다"고 문제를 제기하고 있다.

많은 위험커뮤니케이션 학자들은 관련 문헌을 검토하며 위험커뮤니케이션의 다양한 유형과 진화를 제안했다. 로완(Rowan)은 위기커뮤니케이션 문헌에는 미래의 위험커뮤니케이션의 토대를 제공할 수 있는 3가지 종류의 연구가 포함되어 있다고 했다(Rowan, 1994). 첫 번째는 기술 대(對) 민주 연구 관점(technical versus democratic research perspective)으로, 일반 공중을 설득하기 위한 과학적·기술적 정보에 특권을 주는 조직적 관리 관점과 정의와 공정성에 더 관심을 가지는 민주주의 관점을 비교, 대조한다. 두 번째는 사람들의 일상 경험과 환경위험 인식에 대한 현상학적 분석이다. 세 번째는 훌륭한 위험커뮤니케이션을 구성하는 것에 대한 광범위한 철학적 원칙을 만들어 낸다.

피시호프는 주요 커뮤니케이션 전략을 특징으로 하는 다양한 발전 단계를 따라 이동하며 위험커뮤니케이션 연구의 첫 20년을 위험관리에서 발전적인 단계로 다음과 같이 간단하게 요약하였다(Fischhoff, 1995).

> 우리가 해야 할 일은 바로 숫자를 똑바로 얻는 것이며, 우리가 해야 할 일은 숫자를 말해주고, 숫자가 무엇을 의미하는지 설명하는

것에 있다고 주장합니다. 우리가 해야 할 일은 그들이 이전에 비
슷한 위험을 받아들였다는 것을 보여주는 것입니다. 우리가 해야
할 일은 그들 모두에게 이것이 좋은 거래라는 것을 보여주는 것입
니다. 우리가 해야 할 일은 친절하게 대하는 것입니다. 우리가 해
야 할 일은 그들을 파트너로 만드는 것입니다. 요컨대, 우리가 해
야 할 일은 위의 모든 것입니다.

크림스키(Krimsky, 2007)는 위험커뮤니케이션 진화의 3가지 단계
를 제안했다. 1단계는 잠재적으로 비현실적이고 비합리적인 일반 사
람들에게 메시지를 전달하는 선형 의사소통 프로세스였다. 2단계는
과학적 불확실성, 위험의 주관성 및 문화적 측면에 기초를 두고 있
으며, 마지막 단계는 위험에 대한 근대적이고 사회 구성주의적 관점
과 관련된다.

비테, 마이어 그리고 마르텔(Witte, Meyer, Martel, 2000)은 위험
커뮤니케이션이 공포에 초점을 맞춘 연구와 가장 밀접하게 연관되
어 있으며, 위험을 제시하고 위험을 완화할 수 있는 행동을 제공하
며 기술한다고 설명했다. 위험(기술적 평가)과 분노(문화적·개인적
관점)를 변수로 삼은 샌드맨의 연구는 위험커뮤니케이션과 건강 커
뮤니케이션에서 이루어지는 많은 연구에 기본 틀 및 참고 자료를 제
공해왔다(Sandman, 1993).

과거 수십 년간 발전해온 위험커뮤니케이션의 다양한 방향성과
모델 및 유형 덕분에, 위험커뮤니케이션은 엄청나게 다양한 방면으
로 성장했다. 피전, 캐스퍼슨과 슬로비치는 이러한 엄청난 발전에도
위험 인식과 위험커뮤니케이션 관련 문헌은 여전히 심각하게 분열
되어 있다고 비판했다.: "심리 측정 패러다임과 위험 인식의 문화적

이론 사이의 괴리, 포스트 모더니스트와 담론 중심의 접근법과 행동의 위기학 사이의 괴리, 경제적 효용 극대화와 경제적 평등 접근법 사이의 괴리, 커뮤니케이션과 위험커뮤니케이션의 권한부여 전략 사이의 괴리" 등이 있다(Pidgeon, R. Kasperson and Slovic, 2003, p.2).

그러나 맥코마스(McComas, 2006)는 공중보건 위험커뮤니케이션과 환경위험커뮤니케이션의 명확한 구별은 불필요할 수도 있다고 주장했다. 그의 주장은 환경위험커뮤니케이션에서 가장 많은 글을 기고하는 연구원들이 건강위험커뮤니케이션 잡지에서도 활발하게 활동한다는 것에 바탕을 두고 있다. 맥코마스는 1996년과 2005년 사이의 10년간의 연구 결과를 통해 건강 위험에 대한 공중의 반응 영역에서 연구의 성장을 보여주었다는 것을 제시했다. 이것은 위험 인식에 대한 지속적인 연구와 위험 관련 행동의 정서적 측면의 발전을 가져왔으며, 위험 인식에 대한 미디어의 영향 분석, 건강 위험 메시지 개발, 건강 위험 메시지를 전달하는 것 등에 영향을 주었다. 그는 위험커뮤니케이션의 강점은 연구의 학제적 성격이지만, 지식은 집중된 것은 아니라고 하며 "위험커뮤니케이션 연구는 현재 여러 가지 때로는 중복되는 다양한 변수 분석 연구가 특징이지만 통합된 이론적 틀은 거의 없다"고 주장하였다(p.85). 그러나 그는 위험의 사회적 증폭(Kasperson, Renn, Slovic, et al., 1988)과 위험정보 검색 및 처리 모델(Griffin, Dunwoody & Neuwirth, 1999)은 예외적으로 큰 이론적 의미를 주는 것으로 인정하였다.

4. 학술적인 위험커뮤니케이션 연구 센터

위험커뮤니케이션의 발달에서 결정적인 순간으로 언급되었던 세계 위해성 평가학회와 더불어 다른 많은 사회과학 학술 센터들은 위험 연구에 집중하기 시작하였다. 1963년 델라웨어 대학의 재해 연구 센터(Disaster Research Center), 1989년 하버드 공공 보건 대학에서의 위험 분석 센터(Center for Risk Analysis), 그리고 가장 최신의 조지아 대학의 건강 및 위험커뮤니케이션 센터(Center for Health and Risk Communications)까지 이러한 학술적 프로그램은 위기관리 관점에서뿐만 아니라 사회과학 및 커뮤니케이션 측면에서도 위험에 중점을 두었다.

오하이오 주립 대학에서 1963년 설립된 재해연구센터(DRC, Disaster Research Center)는 세계 최초로 재난 연구에 전념하는 사회과학 연구 센터로 자연 및 기술적 재해 및 다른 지역사회 위기 시 집단, 조직 및 지역사회의 대응 및 복구에 대한 조사 및 현장 연구를 수행하였다.

오리건 주의 판단결정 연구소(Decision Research)는 1976년 리히텐슈타인(Lichtenstein), 피시호프(Fischhoff)와 슬로비치(Slovic)에 의해 설립되었는데, 이들 모두 오리건 연구센터(Oregon Research Institute)의 멤버였다. 원래 컨설팅 그룹 퍼셉트로닉스(Perceptronics)의 한 부서였던 판단결정 연구소(Decision Research)는 1986년 독립된 비영리 단체가 되었으며 현재까지 비영리 연구 기관으로 사람들의 사고방식과 그들의 결정에 따른 잠재적 결과에 대한 가치를 바탕으로 판단이 이루어져야 한다는 전제하에 사람의 판단능력과 의사결정능력을 연구하고 있다.

골딩은 "다른 어떤 센터도 위험 논쟁의 본질에 이보다 더 깊은 영향을 미치지 않았을 것이다. 슬로비치, 피시호프, 리히텐슈타인과 동료들은 심리 측정 패러다임을 개발하는 데 크게 기여했으며, 이는 전문가와 공중 간 위험인식에 대한 간극을 설명하는 데 크게 기여하였다. 이러한 위험인식에 대한 연구는 시기별로 주요한 학문으로 자리 잡은 다른 주제의 연구 분야들을 파생시켰으며, 그중 대표적인 것이 수용 가능한 위험도의 개념과 최근 위험커뮤니케이션에 대한 관심이다"라고 주장하였다(Golding, 1992, p.43).

위험 분석을 위한 초기 연구기관에서 발전된 위험커뮤니케이션에 대한 관심 증가는 미국의 차세대 위험 센터들의 창설에 기여했다. 1986년에 창설된 환경커뮤니케이션 센터(Center for Environmental Communication)는 러커스 대학교의 환경커뮤니케이션 연구 프로그램(Environment Communication Research Program)을 뒷받침했다. 여타 다른 차세대 미국 위험커뮤니케이션 연구 기관들은 다음과 같다.: 카네기 멜런 대학교의 공학 및 공공 정책 프로그램(Engineering and Public Policy Program), 조지 메이슨 대학교 커뮤니케이션 학부의 건강 및 위험커뮤니케이션 센터(Center for Health and Risk Communication), 펜실베이니아 주립 대학교의 보건 및 위험커뮤니케이션 센터(Center for Health and Risk Communication), 보스턴 대학교 법과 기술 센터(Center for Law and Technology), 컬럼비아 대학교 환경과학대학 리스크 커뮤니케이션 센터(Center for Risk Communication), 뉴욕 대학교 리스크 커뮤니케이션 센터(Center for

Risk Communication), 위험 관리 센터(Center for Risk Management), 워싱턴의 버지니아 대학교 공학 시스템 위험 관리 센터(Center for Risk Management of Engineering Systems), 카네기 맬런 대학교의 위험 인식 및 커뮤니케이션 센터(Center for Risk Perception and Communication), 미시간 대학교 공중보건대학의 리스크 과학 및 커뮤니케이션 센터(Center for Risk Science and Communication), 메릴랜드 대학교 커뮤니케이션 학부의 위험커뮤니케이션 연구 센터(Center for Risk Communication Research), 미네소타 공중보건대학교의 공중보건 및 봉사활동센터(Centers for Public Health Education and Outreach), 듀크 대학교 환경 솔루션 센터(Center for Environmental Solutions)와 니콜라스(Nicholas) 환경 및 지구 과학학부, 하버드 대학교 공중보건대학 위험 분석 센터, 미시건 주립 대학교의 건강 및 위험커뮤니케이션 센터(Health and Risk Communication Center), 존스 홉킨스 대학교 공중보건과학대학 및 공공정책 연구소(Public Policy Institute), 메릴랜드 대학교, 식품안전 위험 분석 및 위험커뮤니케이션 센터(Food Safety Risk Analysis and Center for Risk Communication), 노스캐롤라이나 대학교, 채플 힐 환경 연구소; 워싱턴 대학교, 위험 분석 및 위험 관리 연구소(Institute for Risk Analysis & Risk Communication), 밴더빌트 대학교의 환경 위험 관리(Center for Environmental Management Studies) 및 환경 관리 연구 센터(Vanderbilt Institute for Environmental Risk and Resource Management), 웨스턴 워싱턴 대학교, 심리학과, 사회 및 조직 자원을 위한 서구 연구소(Western Institute for Social and Organizational Resources), 예일 대학교, 공중보건 대학교, 공공 보건 준비 센터(Yale

Center for Public Health Preparedness)를 들 수 있다.

5. 위기커뮤니케이션의 급격한 성장

패로우(Perrow)에 따르면, 중대한 사고는 조직이 어떠한 노력을 해도 그것을 피하기는 매우 힘들다(Perrow, 1984). 특히 그 조직이 민간 항공사, 원자력 발전소, 해운 및 운송 및 석유 화학 산업과 같은 위험한 시스템과 연관된 기관이라면 더욱 그렇다. 게놈 프로젝트에서 국제 우주 정거장에 이르기까지 조직은 점차 복잡하고 밀접하게 연결된 사회에서 운영되고 있다. 러빙거(Lerbinger)에 따르면, "기술과 사회의 복잡성으로 인해 위기의 발생률과 심각성이 증가하고 있다. 사회의 감시단체가 늘어남에 따라 공개되지 않는 사건들은 거의 없게 된다(Lerbinger, 1997, p.16)." 결국, 위험 사건 및 관련 위험에 대한 언론의 보도가 증가하면서 위기관리의 중요성이 커진 것이다.

미국의 관점에서 볼 때, 위기커뮤니케이션은 1960년대 초 쿠바 미사일 위기 이후 정치 상황에 처음 적용되었으며, 위기 예방비용 또는 이점을 측정하는 일련의 가상 상황을 전략적으로 활용했다. 1980년대 타이레놀 캡슐이 시안화 캡슐로 대체되었을 때, 이것은 조직적 위기커뮤니케이션 연구를 촉발시켰다. 1989년 엑손발데즈(Exxon Valdez)호의 기름 유출 사고는 기업 위기커뮤니케이션에 타당성을 부여하고 1990년대의 광범위한 연구를 위한 토대가 되면서 관련 연구 분야들을 발전시켰다(Fishman, 1999). 환경 공동체를 위해 레이첼 카슨(Rachael Carson)이 1962년 발행한『침묵의 봄』은 환경과학자들과 공중에게 화학 물질과 자연이 충돌 과정에 있을 수 있다는 가능성을 알린 상징적인 출간물이었으며, 이는 사람들이 그 전에 결코 생각해본 적 없는 방식으로 환경을 생각하게 만들었다.

다른 어떤 사건이나 위기에 대한 연방정부의 대응 중에서도 2001년 9·11 테러사건은 국토안보부(DHS, Department of Homeland Security)의 창설을 촉구하였고, 위기관리 및 의사소통을 정부의 최우선 과제로 두고 정부 자원을 확보토록 하였다. 2002년 국토안보법(Homeland Security Act)에 근거하여 국토안보부는 자연재해나 예측 불가능한 재해들에 대응하는 주, 지방 정부에 연방정부의 지원을 제공해야 했다. 자연재해 및 비자연적 위기 상황에 모든 연방 원조를 조정하던 부서인 연방재난관리청(FEMA, Federal Emergency Management Agency)은 국토안보부의 핵심부서가 되었다. 이 새로운 부서는 위기 대응에 대한 모든 위험 접근방식의 개발을 담당했다(Abbott & Hetzel, 2005).

미국에서 연방정부기관은 위험과 위기커뮤니케이션의 역할을 한다. 질병통제예방센터(CDC, Centers for Disease Control and Prevention)는 사람들의 건강과 안전을 도모하고 건강 결정을 향상시키는 신뢰할 수 있는 정보를 제공하기 위한 연방정부기관이다. 한편, 연방수사국(FBI)은 테러 및 생물 테러와 관련된 사건 관련 정보 공개에 대한 최종 권한을 가지고 있다. FBI와 함께 법무부는 테러리스트 또는 테러로 의심되는 사건에서 건강 정보가 신속하고 정확하게 제공되도록 하는 주요한 목표를 가지고 있다.

미국에서 위기커뮤니케이션과 관련된 다른 연방 기관들은 다음과 같다.: 중앙 정보국(Central Intelligence Agency); 농무부; 국방부; 에너지부; 보건복지부; 국립 보건원(National Institutes of Health); 국토안보부; 내무부; 노동부 내 직업 안전 보건국; 국무부; 연방 항공국 및 연방 철도청을 포함한 교통부; 재무부; 환경보호국; 연방 비상 관리기구; 국내외 대응 사무소; 원자력 규제위원회; 교통 안전국(2001년 9·11에 대한 대응으로 국가의 다양한 교통 시스템을 보호하기 위해 신설됨).

이 기관들 각 산하에는 위기와 위험커뮤니케이션에 다양한 역할을 하는 수많은 조직이 있다. 예를 들어, 국토안보부 산하 독성물질 및 질병기록(Toxic Substances and Disease Registry) 기관은 독성 물질과 관련된 유해한 노출과 질병을 예방하기 위한 건강 정보를 제공한다. 합동정보센터(JIC, Joint Information Center)는 FBI 또는 FEMA 공공정보 관리자의 운영 통제하에서 연방정부의 대응에 관한 대중 및 언론 정보의 조정점의 역할을 위해 설립되었다. 합동정보센터는 사고관리와 관련된 기관 및 기관의 전문가들이 함께 긴급정보, 위기 커뮤니케이션 및 공공 업무지원을 제공하는 곳이다(DHS, 2007b). 연방정부의 다른 많은 부분들도 위험 및 위기커뮤니케이션 관리 및 연구 분야에서 역할을 담당하고 있다.

대응 활동(對應 活動)의 핵심 구성 요소는 2004년 개발된 국가대응계획(National Response Plan)과 같은 구체적이고 상세한 계획을 포함한 국가 사고 관리의 핵심 계획이며 비상사태 시 연방정부의 역할에 대한 가이드라인, 조정 및 안정성을 제공한다(Abbott & Hetzel, 2005). 국가대응계획의 구성요소인 국가 정보 관리 시스템에 따르면, 모든 비상대책부는 통신 프로세스가 상호 운용 가능한 통신표준 및 지침을 준수하도록 해야 한다(Abbott & Hetzel, 2005). 유사하게, 공공업무지원부는 사실, 건강 위험, 위기 발생 전 및 발생 후 권고 대응방안 및 기타 적절한 경고 정보를 다루는 메시지 내용을 작성할 책임을 가진다. 또한, 국토안보부의 위기상황 지원기능 Nr.15(DHS, 2007b)는 "위기 발생 시 정확하고, 일관된, 시기적절한 정보 제공을 필요로 하는 사람들에게 연방정부 대응이 가능하도록 현장에 충분한 연방 자원을 배치할 것"을 명시했다. 국가대응계획에는 커뮤니케이션에 초점을 맞춘 두 가지를 포함한 응급지원기능이 있다.

위험과 위기커뮤니케이션에 대한 특별한 관심은 2001년 미국 애국자법(PATRIOT ACT)을 제정토록 하였고, 테러의 잠재적 목표에 대한 정보 공개와 관련한 재평가로 이어졌다. 2001년 10월 애국자법, 2002년 심시설정보법(Critical Infrastructure Information Act)이 도입되면서, 많은 기업들은 테러 위험에 민감한 타깃을 보호한다는 명목으로 지역사회알권리법(EPCRA) 적용을 받는 지역에 유해물질 정보를 더 이상 제공하지 않았다(Cheroukas, 2007). 밥콕(Babcock, 2007)은 애국자법이 다른 많은 환경법들 중에서 정보에 대한 알 권리와 접근에 관한 정보의자유법(FOIA)과 지역사회알권리법의 많은 조항을 어떻게 훼손 했는지 설명했다.

국토안보부는 2007년 가을 국가대응계획의 뒤를 잇는 국가위기대응체계(National Response Framework)를 발표했다. 이 계획은 대응 및 단기 회복에 초점을 맞추고, 국가와 지역 단위의 모든 재난사항에 대해 대응하고 준비할 수 있는 국가단위의 교리, 원칙, 시스템을 명시한다. 국가위기대응체계는 그동안 연방정부, 주정부, 지방정부에서 지속적으로 요청했던 것에 대한 응답의 결과로 만들어졌다.

6. 위기커뮤니케이션 연구의 진화

위험의 개념과 마찬가지로 '위기'라는 용어를 정의하는 것은 매우 어려운 일이다. 러빙거(Lerbinger, 1997)는 위기를 "조직의 미래 성장과 이익, 혹은 생존에 위협을 가할 가능성이 있는 사건"으로 정의하였고, 동시에 세 가지 종류의 위기에 대하여 말하였다.: 물리적 세계의 위기, 인간 세계의 위기, 관리 실패의 위기. 콤브스(Coombs, 1999)는 그의 위기 유형에 기술적 분류를 포함시켰다.

페언 뱅크스(Fearn-Banks, 2001)는 위기에 대한 정의에 위협을 포함시켰으며, 위기를 "잠재적으로 조직에 부정적인 결과를 낳을 뿐만 아니라 그 조직의 고객, 서비스, 상품, 혹은 이미지까지 훼손할 수 있는 주요한 사건"으로 정의했다. 바로 위기는 정상적인 비즈니스 거래를 방해하고 최악의 경우 조직의 존재 자체를 위협할 수 있다는 것이다. 비슷하게 피어슨과 클레어(Pearson and Clair, 1998)는 위기는 "원인, 결과 및 해결방안의 모호성 및 신속한 의사결정에 대한 믿음을 특징으로 하며, 조직의 생존 가능성을 위협하는 충격은 크지만 가능성은 낮은 사건"이라고 정의했다. 콤브스는 다른 사람들이 위기를 정의하고 설명하는 데 사용했던 공통된 특성을 합성했다.: 위기는 지각적이고, 예측할 수 없지만, 예상치 못한 것은 아니고, 조직이 어떻게 행동해야 하는지에 대한 이해관계자들의 기대를 저버리는 심각한 충격이며 부정적인 결과를 낳을 가능성이 높고, 사고의 결과는 환경의 훼손이다(Coombs, 2007).

문헌에서 볼 수 있는 위기는 사건 자체보다 사건에 대한 인식으로 간주되는 경우가 종종 있다. 이 때문에 사람마다 위기를 다르게 인식하게 된다(Aguilera, 1998; Janosik, 1994; Penrose, 2000). 펜로즈(Penrose, 2000)는 위기에 대한 인식이 궁극적으로 위기의 결과에 영향을 미칠 수 있다고 제안했다. 그는 비록 대부분의 사람들이 위기를 나쁜 것으로 인식하지만 위기를 기회로 볼 때 그것은 중요한 의미를 가질 수 있다고 했다. 이는 새로운 리더의 등장과 비즈니스 프로세스의 빠른 변화를 포함할 수 있다. 몇몇 다른 문헌에서 또한 위기가 기회를 만들어낼 수 있다는 생각을 지지한다(Brock, Sandoval & Lewis, 2001).

이러한 논의에 근거해보면 위기에 대한 정의는 연구원, 언론인 및 기타 이해 관계자에 의해 만들어진 함축적 의미보다 명료하고 직관적인 의미가 이해하기 쉬울 것이다. 왜냐하면 '위기'라는 용어는 학문이나 문맥에 따라 의미가 달라지기 때문이다(Fishman, 1999, p.347).

위기커뮤니케이션에 관한 초기 연구의 대부분은 스피치 커뮤니케이션 분야에서 발전되었다. 예를 들면 웨어와 링쿠겔(Ware and Linkugel, 1973)은 『쿼터리 저널 오브 스피치(Quarterly Journal of Speech)』라는 계간지에 공중의 비판에 개인의 명예를 지키기 위해 커뮤니케이션이 사용되었던 것처럼 위기 대응 전략을 처음으로 조사한 기사를 실었다. 그들의 기사는 위기에 직면해 있는 개인 또는 조직으로부터 오는 커뮤니케이션을 다루는 스피치 커뮤니케이션 학자들에 초점을 맞추었다.

이러한 초기 연구의 대부분은 특히 수사학자에 의해 이루어졌으며 개인 혹은 조직 위기의 여파로 커뮤니케이션을 할 때 설득에 초점을 맞추었다. 해쓰와 밀러(Heath and Millar, 2004)에 따르면, 수사학을 위기에 적용할 때, 위기가 조직에 가하는 잠재적 손실이나 실제 피해 혹은 그것이 이해관계자와의 관계와 조직의 명예에 미칠 영향 정도로 단순하게 정의해야 한다. 이렇게 함으로써 위기커뮤니케이션에 대한 수사학적 접근은 위기의 책임, 심각성, 기간에 초점을 맞출 수 있게 되는 반면, 각각에 대해 인식할 수 있는지에 대해서는 의구심을 남긴다.

해쓰는 "위기 상황은 대중의 신뢰를 얻고 그들의 윤리적 기준을 맞추기 위한 노력의 일환으로, 하나 이상의 책임 당국이 불확실성에 직면하여 통제권을 행사하도록 하는 수사적 긴급상황(rhetorical exigency)을 만든다"고 하면서 "조직이 조직의 운명을 통제할 수 있는 건설적인 변화를 통해 지속적인 서술을 제정할 수 있는지 시험에 들게 한다"고 하였다(Heath, 2004, p.167). 그는 또한 서술적 근거가 위기 상황에 적용될 때, 위기커뮤니케이터와 관리자들은 계획과 관리가 용이하도록 문화적·수사적인 서술을 체계적으로 적용할 수 있다고 하였다. 결과적으로, 그들은 조직 위협에 대해 더 잘 예측하고 그것을 통제하기 위한 방법을 더 잘 준비할 수 있게 된다.

다른 커뮤니케이션 및 PR 학자들은 위기에 대한 조직의 관점에 훨씬 더 중점을 두었다. 베노이트(Benoit, 1997)는 조직의 이미지가 위기로부터 보호될 수 없는 경우, 이미지 회복 이론을 사용하여 회복을 시도하는 것에 대한 논거를 제시했다. 그는 메시지 옵션 또는 평판이 위기에 직면했을 때 조직이 무엇을 말할 수 있는지에 집중했다. 사과에 근거한 이미지 복구에 대한 연구는 이미지 회복의 다섯 가지 주요한 측면을 포함한다. 바로 ① 부인, ② 책임 회피, ③ 사건의 공격성 축소, ④ 시정 조치, ⑤ 사과이다. 조직의 관점에서 위기를 평가할 때 주요 목표 중 하나는 위기로 인한 피해를 줄이는 것이다. 씨거(Seeger), 셀노우(Sellnow)와 울머(Ulmer, 1998)는 위기를 세 가지 단계로 구성하였다. ① 위험발생 이전 단계, ② 위험발생 직후 단계, ③ 위험발생 후 조직의 대응이 필요한 단계이다.

콤브스(Coombs, 2007)의 사과이론은 제한된 수의 위기 대응 전략을 제안하기 때문에 상황별 위기커뮤니케이션 이론(SCCT, Situational Crisis Communication Theory)을 발전시켰으며, 이는 귀인이론(attribution theory)에서 위기관리까지의 연구를 파생시켰다(Ahluwalia, Burnkrant & Unnava, 2000; Coombs, 2007; Dean, 2004). 콤브스의 상징적 접근 관점은 커뮤니케이션이 조직의 이미지를 보호하기 위한 상징적 자원으로 어떻게 활용될 수 있는지 강조한다. 위기커뮤니케이션은 귀인(책임소재)을 제공하며, 이는 이해관계자가 조직에 느끼고 행동하는 방식을 결정짓는다. 그에 따르면 "상황별 위기커뮤니케이션 이론은 귀인이론을 활용하여 기업의 명성에 대한 위협 정도를 평가한 다음 명성 위협 수준을 기반으로 한 위기 대응 전략을 권고한다." 상황별 위기커뮤니케이션 이론의 11가지 주요 위기 대응 전략은 다음의 네 가지로 주요 태도로 요약된다. 바로 ① 거부(고발자 공격, 거부, 책임전가), ② 감소(변명, 정당화), ③ 재건(보상, 사과), ④ 보강(상기시키기, 아부, 희생양)이다. 명성 위협을 평가하기 위해 상황별 위기커뮤니케이션 이론에서 사용하는 세 가지 요인에는 위기 유형, 위기 내역 및 이전 명성이 포함된다.

반과 파우(Wan & Pfau, 2004)에 따르면, 콤브스와 베노이트의 접근 방식은 위기가 발생한 후 조직에 도움이 되는 의사소통 기술에 중점을 둔다. 어쨌든 위기 예방에 초점을 맞춘 선제적 전략의 필요성은 처음부터 위기커뮤니케이션에 대한 이상적인 방향성으로 명시되어 있었다. 그것은 결과적으로 "전통적인 보강 접근법처럼 예방접종 또한 부정적인 결과에 대해 사람들이 무너지는 걸 막고자 한다"는 것을 밝혀냈다. 그들의 권고는 좋은 이미지를 유지하고 이전에 어떠한 위기도 없었던 조직이 위기커뮤니케이션 계획에 예방법을 고려할 수 있도록 사전에 준비를 만들어낸다.

위기관리 문헌에 대한 논평으로 콤브스(Combs, 2007)는 세 가지 영향력 있는 접근법을 확인했다. 이 세 가지는 핀크(Fink)의 4단계 모델, 미트로프(Mitroff)의 5단계 모델과 알려진 개발자는 없지만 수많은 연구원이 메타 모델로 사용했던 일반적인 3단계 모델이다.

핀크의 4단계 모델은 (1) 잠재적인 위기가 나타나고 있음을 암시하는 징후 단계, (2) 급격한 위기 상황 발생 단계, (3) 위기 사건의 여파가 지속되는 만성(진행) 단계, 그리고 (4) 해결의 4단계를 포함한 위기 수명주기의 단계를 기반으로 하는 초기 모델들 중 하나이다.

마이어스(Meyers, 1986)는 사전 위기, 위기, 사후 위기라는 3가지 범주의 위기를 제안했는데, 각각은 놀람, 위협, 응답 가능 시간과 같은 위기 요인의 영향을 받는다. 핀크의 징후 단계와 마찬가지로 마이어스의 사전 위기 단계에서는 위기의 징후가 감지된다. 두 번째 단계인 위기에는 실제 위기 사건이 포함된다. 위기로부터의 복구와 위기 활동의 평가는 사후 위기 단계에서 이루어진다. 미트로프(1994)는 신호 탐지, 탐지 및 예방, 피해 억제, 복구, 학습 및 평가를 포함한 위기관리의 5단계를 제안했다. ① 신호탐지단계: 위기를 경고하는 새로운 신호를 발견하고 예방하기 위해 적절하게 대응하는 단계, ② 탐사 및 예방단계: 피해 가능성을 줄이기 위해 노력하는 단계, ③ 피해 억제단계: 위기발생 시 위기가 확산되지 않도록 억제하는 단계, ④ 회복단계: 정상적 조직 운영이 재개되도록 하는 단계, ⑤ 학습단계: 위기관리 대응경험을 평가하고 그 결과로 개선된 미래 계획을 수립하는 단계이다. 그는 각 단계에 대한 최상의 예방 조치를 토대로 위기의 영향을 억제하는 것에 중점을 두고 위기 대응방안을 마련하였다.

조직적 관점에서는 위기커뮤니케이션 계획의 개발과 분석이 주를 이루는 다양한 분야의 연구 영역이 있다. 전통적인 위기관리 문헌의 대부분은 위기관리계획을 개발하고 구현 및 유지하는 가치를 서술적으로 강조한다(Penrose, 2000). 위기관리계획은 위기 발생 시 조직을 안내하기 위해 그 필요성이 제기된다. 위기관리계획(CMP) 또는 위기커뮤니케이션 계획(CCP)은 위기가 발생할 때 준비하거나 따라야 할 두 가지 주요 도구로 여겨진다. 페언 뱅크스(1996)는 위기커뮤니케이션 계획을 "위기 상황, 감정, 또는 충격으로 인해 정상적이지 못한 사람이나 위기 상황에 포함된 모든 사람에게 기능적으로 일관된 뇌를 제공하는 것"으로 묘사했다.

위기커뮤니케이션 문헌들의 공통된 주제는 명확하고 검증된 위기커뮤니케이션을 포함하는 위기관리 계획의 필요성이다(Quarantelli, 1988). 펜로스(2000)는 (1) 계획, (2) 관리 팀, (3) 의사소통 및 (4) 사후 위기 평가를 포함한 위기 계획의 가장 일반적인 네 가지 요소를 제시했다. 그러나 제한이 없는 위기 상황의 다양성은 특정 가이드라인을 통한 위기관리를 거의 불가능하게 만든다는 비판을 받는다(Burnett, 1998). 잘못된 보안의식 제공, 업데이트 되지 않는 문서, 시간적 맥락이 없고 관련성이 없는 정보 등 매뉴얼을 만들 때 몇

몇 문제점들이 지속적으로 발생한다(Pearson, Clair, Misra & Mitroff, 1997). 오스트로우(Ostrow)는 조직이 위기에 대비를 할 때 "위기가 정의된 시나리오대로 진행될 것이라고 가정한다"고 하며 위기 계획의 부정적인 면을 제시했다(p.24).

마라(Marra, 2004)는 단순한 지침, 제안 및 체크리스트를 작성하는 것이 유용하다는 점에 의문을 품고 위기계획의 단점을 발견하였다. 그는 계획이 없는 조직이 종종 위기를 잘 관리하는 반면, 포괄적인 계획을 가진 조직은 종종 위기를 제대로 관리하지 못한다는 점을 들며 위기커뮤니케이션 계획이 과대평가되었을 수 있음을 주장했다. 그는 이것이 주로 위기관리의 기술적 측면에 초점을 둔 위기커뮤니케이션 연구의 결과라고 주장했다.

지배적이긴 하지만 조직적 관점만이 위기커뮤니케이션의 유일한 관점은 아니다. 마틴과 보인톤(Martin and Boynton, 2005)은 이해관계자 이론을 반영하며, 이제 위기커뮤니케이션의 초점이 조직에서 조직의 이해관계자로 이동했다고 지적했다. 이해관계자 이론의 핵심은 이해관계자가 기업 및 기타 조직의 영향을 받는다는 것뿐 아니라 그 조직들 또한 이해관계자의 영향을 받는다는 것이다.

다른 연구자들은 양적이고, 범주화되고, 예측 중심의 위기커뮤니케이션에서 그 방향성을 이동시켰다. 예를 들어 스트라이펠, 비베, 바일, 셀노우는 사회적 구성주의 관점에서 위기커뮤니케이션 의사결정의 윤리적 측면을 보았다(Streifel, Beebe, Veil, Sellnow, 2006). 타일러(Tyler, 2005)는 위기커뮤니케이션이 포스트모더니즘적 관점에서 탐구되어야 한다고 제안했다. 그는 포스트모더니즘 이론 방법을 원용하여, 주로 위기계획과 통제를 하는 데 초점을 맞춘 현재 연구를 비난했다. 그는 불가능한 위기 통제와 권력자들을 보호하는 데 초점을 맞추는 대신에 위기커뮤니케이션은 이해관계자의 고통을 줄이는데 있어야 한다고 썼다. 즉, 경영자의 목소리만 보호해서는 안되며 포스트모던 관점에서 추구하는 이해관계자 중심적인 위기커뮤니케이션이 의사소통을 효과적으로 끌어내도록 해야 한다는 것이다.

포스트모더니즘과 위기커뮤니케이션과 관련된 몇 가지 연구들이 있었다. 그러나 실증주의와 확실성에 대한 저항, 혼돈의 현실화, 메타서사에 대한 저항, 권력 격차와 같은 개념을 포함하는 위험과 위기커뮤니케이션과 관련하여 포스트모던 연구의 많은 요소들이 이와 관련되어 논의되기 시작했다. 예를 들어, 카오스 이론은 시스템이 혼돈 상태에 있는 것처럼 보이는 근본적인 이유를 조사한다. 셀노우, 씨거, 울머에 따르면, "혼돈 이론은 아마 커뮤니케이터가 어떠한 방식으로 이러한 시스템의 행동을 특성화하여 묘사하는지 설명할 수 있을 것이다. 또한, 커뮤니케이션 방식들이 혼돈과 질서 안팎으로 움직이는 시스템과 관련되는 방식을 설명할 수도 있다"고 하였다 (Sellnow, Seeger, Ulmer, 2002, p.269).

리(Lee, 2005)는 현재의 위기커뮤니케이션 연구 및 저서에서 다음과 같은 몇 가지 과제가 해결되어야 한다고 제안했다.: 공유된 정의의 부재, 아직 개발되지 않은 개념적 틀, 공중을 배제하는 문제, 최근 연구들의 맥락화 부재, 서구 관점의 연구 등이다. 스리바스타바(Shrivastava, 1993)와 콤브스(Coombs, 2007)는 학문적으로 교차하는 특성을 가진 조직적 위기가 위기커뮤니케이션 연구에서 통합의 부재로 이어졌고, 비슷한 상황이 위험커뮤니케이션 문헌에서도 나타나는 점에 우려를 표명했다.

7. 학술적인 위기커뮤니케이션 연구 기관

위험커뮤니케이션과 유사하지만 그만큼 잘 발달되지는 않은 위기커뮤니케이션의 센터들은 주로 미국 대학에서 위기커뮤니케이션을 연구하는 기관이다. 예를 들어 가장 최근에 설립된 연구센터 중 하나는 조지메이슨 대학교의 기후변화 커뮤니케이션 연구센터(Center of Excellence of Climate Change Communication Research)이다. 이 연구소는 세계의 기후변화와 연관된 커뮤니케이션 과제들 해결을 전담하고 있는 국가의 첫 연구 센터이다.

비교적 최근의 위기커뮤니케이션센터는 국립 식품안전성센터(NCFPD, The National Center for Food Protection and Defense, 2006)로, 2004년 7월 탁월성 국내 안전성 연구센터(Homeland Security Center of Excellence)로 정식 출범하였다. 종합적이고 행동 중심 연구 컨소시엄으로 개발된 NCFPD는 생물학적 혹은 화학 물질 사용에 취약한 국가 식품 시스템의 취약성을 해결하는 과제를 부여받았다. NCFPD의 연구 프로그램은 시스템(공급망, 공중 보건 대응, 경제 분석 및 보안), 에이전트(탐지, 비활성화 및 오염 제거) 및 교육(위험커뮤니케이션 및 교육)의 세 가지 주요 영역으로 나뉘어 있다. 대응(Preparedness)은 교육 주제의 주요한 요소로 사전위기 단계에서의 커뮤니케이션 계획, 메시지 개발, 소수로 대표되는 국민들과의 커뮤니케이션, 언론 관계 및 전문가, 정부 관료, 음식 산업 대표, 기타 교육자들을 포함한 다양한 공중을 교육하기 위한 위험커뮤니케이터에 중점을 두고 있다. 2000년 노스다코타 주립 대학교(North

Dakota State University)에서 시작하여 현대 켄터키 대학의 위험·위기커뮤니케이션 프로젝트 연구소는 이러한 노력의 일환으로 위험과 위기커뮤니케이션의 모범 사례를 개발하기 위한 일련의 연구를 통합하고 있다.

오크 릿지 과학 및 교육 연구소(Oak Ridge Institute for Science and Education)는 대량 살상무기나 폭발장치 관련 사건에 대한 대응을 위한 프로그램, 연구, 연습 및 훈련을 관리 및 수행함으로써 미국 에너지부 및 기타 연방 및 주정부 기관의 비상 대응 자산을 준비하는 데 도움을 준다.

식품안전정보센터(FSIC, Food Safety Information Center)는 기술을 사용하여 교육자, 업계, 연구원 및 일반 대중에게 다양한 식품 안전 주제에 대한 정보를 확산시키는 솔루션을 개발한다. 이 센터는 도서관 자원을 효율적으로 사용하고, 도서관의 식품 안전 프로그램 간의 강력한 협력을 만들고, 궁극적으로 식품 안전 공동체에 최상의 서비스를 제공하기 위해 2003년에 설립되었다.

재난 대비 및 대응 센터(Center for Catastrophe Preparedness and Response)는 뉴욕 대학교 14개 단과대학의 연구 능력을 바탕으로 위기 시 사용 가능한 의료진 문제부터 안보관련 법적 문제, 최초 대처자의 트라우마 발생문제, 최초 대처자를 위한 첨단 교육의 문제까지 해결하기 위한 연구 프로젝트를 진행한다.

8. 위험과 위기커뮤니케이션의 공통 요소

위험과 위기, 위험과 위기커뮤니케이션은 다양한 범위의 공통된 교차점을 가지고 있다. 위험과 위기 모두 조직의 생존뿐만 아니라 더 중요한 이해관계자의 건강, 안전 및 환경까지 파괴할 가능성이 있다. 사적·공적·비정부적 혹은 비공식적이든 상관없이 어떠한 개인, 지역, 조직도 위험이나 위기로부터 자유로울 수 없다. 사회에 본질적으로 부정적인 요소는 아닌 위험 또는 위기 모두는 학습, 개발 및 개선의 기회를 제공한다. 위험 또는 위기상황에서의 실패는 미래 위기 상황을 대처하기 어렵게 만들고, 조직의 명성을 훼손시키는 경향이 있다.

연구의 관점에서 두 분야는 의사소통의 선형 방식에서 위험 및 위기의 사회적 구성을 고려한 좀 더 상호적이고, 대화형의 관점으로 발전했다. 두 분야 모두 다양한 분야의 연구원을 가지고 있어 종종 부분적인 연구 흐름으로 이어졌다.

위험 및 위기커뮤니케이션은 의도하지 않은 위험 또는 위기뿐만 아니라 의도적인 위험 또는 위기를 처리하고 해결한다. 울머, 셀노우 및 씨거가 제시한 위기 유형에는 테러, 파괴행위, 직장 내 폭행, 노사관계 악화, 위기관리 부재, 적대적 인수, 비윤리적 리더십, 자연재해, 질병 창궐, 예상치 못한 기술적 상호작용, 제품 고장 및 경제 침체를 포함하는데 모두 위험과 위기커뮤니케이션의 연구 범위 내에 있다(Ulmer, Sellnow and Seeger, 2007).

씨거(Seeger, 2005)는 다음과 같은 위험 및 위기커뮤니케이션 유형의 모범 사례를 제시했다. 즉, 사전 계획을 수립하고, 공중과의 파트너십을 구축하며, 신뢰할 수 있는 출처와의 협업 및 조정을 해야한다. 그리고 미디어정보 접근성 유지를 위해 미디어와 좋은 관계를 구축하고, 공중의 관심사에 대한 공감을 표현하고, 정직함, 솔직함, 개방성을 보여주어야 한다. 동시에 불확실성과 모호함을 받아들이고, 자기 효능감을 높이는 메시지를 제공해야 한다는 것이다.

건강 커뮤니케이션 연구자와 실무자들 사이에 종종 심각한 공중보건문제가 논의되고 그것이 위험커뮤니케이션의 기초 틀이 된다(Covello, 1992; Witte, Meyer & Martel, 2000). 동시에 이러한 유사한 위험은 조직의 관점에서 위기커뮤니케이션으로 간주된다(Barton, 2001; Seeger, Sellnow & Ulmer, 1998, 2003).

레이놀드와 씨거는 위험과 위기커뮤니케이션의 수많은 차이점에 초점을 맞추면서도 공통점 또한 많다고 인정하였다(Reynolds and Seeger, 2005). 이는 공중의 구체적인 반응을 일으키도록 메시지를 설계하여 생성하는 것이 포함되는데, 메시지는 공중 매체를 통해 전달되고, 설득의 필수요소인 신뢰성에 의존한다. 위험과 위기커뮤니케이션은 공중보건과 안전에 대한 피해를 줄이고자 하는 방법을 찾는 것을 핵심 목표로 한다. 그리고 둘 다 공중의 구체적인 반응을 일으키도록 디자인된 메시지를 생성하여 전달하는 방식을 사용한다. 룬트그린은 위기커뮤니케이션이 보다 제한적인 형태의 위험커뮤니케이션이라고 하며, 위험커뮤니케이션이 보다 큰 커뮤니케이션 패러다임이고, 위기커뮤니케이션이 위험커뮤니케이션의 일부 또는 제한된 형태라는 것이라고 하였다(Lundgren, 1994).

샌드맨은 위기커뮤니케이션을 위험커뮤니케이션의 세 가지 두드러진 행위의 일부로 보았다(Sandman, 2006). 그는 이 세 가지를 (1)

예방적 관리-심각한 위험에 대해 충분히 염려하지 않는 사람들에게 경고를 한다, (2) 분노 관리-작은 위험에 지나치게 염려하는 사람들을 안심시킨다, (3) 위기커뮤니케이션-심각한 위험에 적절한 수준으로 염려하는 사람들을 돕고 지도한다는 것으로 제시했다.

9. 위험커뮤니케이션과 위기커뮤니케이션 두 정의의 통합

최근 위험 및 위기커뮤니케이션을 통합하여 위기 및 비상위험커뮤니케이션(crisis and emergency risk communication) 연구 분야의 하나로 편입시키려는 노력이 거세지고 있다(Reynolds, 2002). 레이놀드(2002)에 따르면, 질병통제예방센터(CDC)와 함께 위기 및 긴급위험커뮤니케이션은 재난 커뮤니케이션의 긴급성을 통합하는데, 이는 글로벌 건강 위협 시대에 위험에 대해 소통하고 이해관계자 및 대중에게 도움을 전해야 할 필요성에 따른 것이다. 위기와 비상사태 위험커뮤니케이션은 개인, 이해관계자 또는 지역 전체가 거의 불가능한 시간제약 속에서 자신의 안전에 대해 최선의 결정을 내리도록 하며, 궁극적으로 위기 시 선택의 불완전성을 수용할 수 있도록 도와주는 정보를 제공하려는 전문가의 노력이다. 학자들에 따르면, 이러한 유형의 커뮤니케이션은 위험커뮤니케이션과는 다를 수 있는데, 시간 제약 때문에 선택은 돌이킬 수 없게 되고, 불완전한 정보를 바탕으로 내린 선택의 결과는 불확실성을 띠게 된다. 또한 이러한 유형의 커뮤니케이션은 위기커뮤니케이션과도 차이점이 나타나는데, 커뮤니케이터가 상황을 해결하기 위한 주체로 받아들여질 뿐 위기나 재난 시의 참여자로서는 인식되지 않는다.

레이놀드의 연구에 따르면, 이러한 틀 안에서 위험커뮤니케이션은 위기의 발달 단계에서 볼 수 있는데, 이러한 통합된 관점은 위기와 비상 위험커뮤니케이션 모델의 5가지 단계로 나타난다(Reynold, 2002).: (1) 사전위기(위험 메시지, 경고, 준비), (2) 초기 사건(불확실성 감소, 자기효능감, 안심), (3) 유지(지속적인 불확실성 감소, 자기효능감, 안심), (4) 해결(해결방안 관련 업데이트, 원인 및 새로운 위험/이해에 대한 토론), (5) 평가(대응의 적절성 토론, 위험에 대한 새로운 이해와 성찰)이다.

환경 위험커뮤니케이션(Environmental risk communication)은 최근 몇 년 새로운 주목을 받기 시작한 또 다른 관점이자 정의이다. 린델과 페리에 따르면, 환경 위험커뮤니케이션은 자연재해뿐만 아니라 유해시설과 운송의 기술적 위험과 관련된 위험커뮤니케이션을 기술하는 정확한 용어이다(Lindell and Perry, 2004). 압코비츠(Abkowitz, 2002)는 환경 위험을 인위적이거나 자연적인 사건 혹은 인간 건강과 생태계, 그리고 좀 더 나아가 조직이나 경제의 물질적 자산에 손상을 줄 가능성을 가진 트렌드라고 묘사하였다. 그리고 환경 위험커뮤니케이션은 두 가지 카테고리 내의 이러한 사건과 트렌드를 해결하는 것이라고 하였는데, 두 가지 카테고리는 미래에 발생 가능하며 예방에 초점을 맞추는 것과 즉각적인 통지 및 대응을 요구하는 비상상황을 말한다고 주장한다.

웨펜은 환경 커뮤니케이션을 "환경 지속 가능성에 맞춘 효과적인 정책결정, 대중 참여 및 프로젝트를 지원하기 위한 커뮤니케이션 프로세스 및 미디어의 계획적이고 전략적인 사용"으로 정의하였다

(Oepen, 2000, p.41). 그에 따르면, 대중이 참여하는 환경보호 프로젝트의 실행을 보장하는 것만큼 정책결정 과정에 영향을 미치는 것 또한 환경 커뮤니케이션의 일부이다. 그는 환경 커뮤니케이션의 역할을 교육적이고 매력적인 사회적 상호작용 프로세스로 보았으며, 이를 통해 사람들이 "주요 환경 요인과 그것들의 상호 의존성을 이해하고, 관련 문제를 능숙하게 대처할 수 있도록 해준다"고 하였다 (Oepen, 2000, p.41). 따라서 환경 커뮤니케이션은 정보 확산의 도구일 뿐만 아니라 "지속 가능한 미래에 대한 비전을 공유하고, 환경 문제를 해결하거나 예방하기 위한 사회 집단의 역량강화"를 목표로 하는 프로세스가 되고 있다.

콕스는 똑똑한 공중이 훌륭한 거버넌스의 근간이며, 환경 커뮤니케이션은 "환경문제 해결을 위해 우리를 교육하고, 경고해주고, 설득하고, 도와주는" 일을 하는 적합한 도구라고 하였다(Cox, 2006, p.12). 또한 그는 환경 커뮤니케이션이 "환경문제와 자연의 표현을 우리가 이해할 수 있는 주제로 적절하게 구성하는 데 도움을 준다"고 하였다(Cox, 2006, p.12).

10. 결론

그리스 스토아 철학자 에픽테토스(Epictetus)는 사람들이 사물에 의해서가 아니라, 그들이 그것을 보고 취하는 견해에 영향을 받는다고 하였다. 이와 같이 위험은 사회관계와 우리의 사회적 정체성의 지속적인 무언의 협상에 의해 형성되고 그 안에 내재된다(Wynne, 1992). 위험 및 위기커뮤니케이션에 대한 이러한 방향성은 조직 활동에 좋게 혹은 나쁘게 영향을 미치는 이슈에 대해 이해관계자들이 어떠한 방식으로 해석 프레임을 만들고 관리하는지에 대한 조직의 민감성을 높임으로써 사회 전반에 가치를 더한다.

본 장에서는 두 분야가 뒤얽혀 급속한 발전을 하는 모습과, 위험 및 위기커뮤니케이션이 발전시킨 방향성을 논의하였다. 이 두 분야가 연구센터, 사기업, 정부기관 혹은 비정부기관 등 어디에 있든지 간에 위험 및 위기관리는 재정적·사회적 자본의 손해를 줄여준다는 점을 확인했다. 또한 위험 및 위기를 발생시키는 조직을 통제하기 위한 법이나 규칙이 제정되어야 함을 확인했다. 이 두 개의 개념과 위험 및 위기커뮤니케이션 근원의 핵심에 있는 것은 위기가 위험이 나타난 물질적 형태로 정의될 수 있다는 것이다(Heath, 2006). 예를 들어, 허리케인과 같은 위험이 나타날 때, 위기가 발생할 가능성이 높고, 여러 가지 문제들이 발생해 해결되어야 하며, 위험주기가 지속될 수 있다(Katrina and Rita, 2005).

팔렌차와 해쓰는 위험커뮤니케이션을 수십 년간 발전시키고 분석하여 얻은 교훈의 핵심은 각 조직은 도덕적일 수 있도록 노력해야 하며, 상호 도움이 되는 관계를 만들고, 개인적이고 사회정치적인 결정을 내리고, 개인적이고 공공적인 자원을 관리하기 위해 노력하는 조직의 주요 시장과 고객, 대중의 이해를 충족시킬 수 있도록 커뮤니케이션해야 한다고 주장했다(Palenchar and Heath, 2007). 훌륭한 조직은 이해관계자들을 도와 그들 스스로 위기 상황에 비상대응을 할 수 있도록 위험 및 위기커뮤니케이션을 수행해야 한다.

건강 그리고 환경 위험과 관련한 위험커뮤니케이션

건강 그리고 환경 위험과 관련한 위험커뮤니케이션

> 위험커뮤니케이션은 어떤 기적을 만들지는 않는다.
> 그것은 인지적 편견들을 극복하고,
> 논의되는 상품이나 활동의 위험 그리고 혜택에 대해
> 사람들을 더 민감하게 만드는 데 도움을 준다.
> 정보와 대화는 규제 기관이나 산업에 대한
> 공중의 신뢰를 만들고 유지시키는 중요한 도구이다.
> - 송해룡

1. 들어가는 말

위험커뮤니케이션의 궁극적인 목표는 이해당사자들과 공중들이 일반적으로 합리적인 위험에 기초한 결정을 도우며, 이러한 판단을 하는 데 있어서 이익이나 가치와 관련하여 중요한 사실적 증거를 반영하여 안정된 판단에 이르도록 하는 것이다. 다시 말해서, 위험커뮤니케이션에서 이루어지는 바람직한 실제행위는 모든 피해자들이 관련된 문제에 대해서 정보화된 선택을 할 수 있도록 돕는 것을 의미한다. 동시에 위험커뮤니케이션의 목적은 사람들, 예를 들어 화학제품 소비자에게 의사전달을 수행하는 정부관계기관들이 옳은 일을 했다는 말을 듣도록 하는 것이 아니다. 오히려 위험커뮤니케이션의 목적은 사람들이 스스로의 선호와 가장 사용 가능한 지식을 반영한 결정 또는 판단을 하도록 그들이 필요로 하는 통찰력을 제공하는 것이다.

대부분의 사람들은 건강과 환경에 대한 위험에 대해서 매우 민감하다. 비교 문화 간 연구에서 세상의 모든 사람은 건강 위험과 환경의 질에 대해 고민하고 있음을 확인할 수 있다(Rohrmann & Renn, 2000). 복잡한 건강 위협 그리고 환경 변화와 관련된 위험은 소통하기가 매우 어렵다. 왜냐하면 이런 위험은 오랜 시간에 걸친 효과의 결과이고 인간 감각에 의해 쉽게 발견될 수 없으며, 다른 위험 요소와 결합하여 부정적인 영향을 이끌어낼 수 있기 때문이다(Peltu, 1988; Morgrgan, et al., 2002). 건강과 환경 분야에서 이루어지는 위험커뮤니케이션은 다음과 같은 과제들을 다루어야 할 것이다.

▶ 가능성과 확률적인 효과의 개념에 대한 설명
▶ 장기적 영향들에 대한 대처
▶ 시너지 효과에 대한 이해 제공
▶ 위험 정보를 제공하는 기관이나 제도의 신뢰성 향상
   (이는 개인적 경험이 결핍되어 있거나 사람들이 중립적이거나 객관적 정보에 의존해야 하는 상황에서 매우 중요)

이러한 환경에서 위험커뮤니케이션은 부분적으로 법과 규제에 의해 규정되며 다른 부분에서는 공중의 압박이나 이해당사자들의 요구에 의해 나타나는 필수적인 활동이다. 이해당사자들은 스스로 어떤 결정에 영향을 받는 사회체로서[44] 인지하는 사회적으로 조직화된 그룹들이다. 소비자와 환경 집단이 취하는 새로운 행동주의에 비추어 사람들은 정부 규제기관들과 산업이 소비자, 노동자, 제3자들에게 더 많은 정보와 가이드라인을 제시하길 기대한다는 것을 끌어낼 수 있다. 이러한 도전은 새로운 산업적·정치적 패러다임이나 알 권리라는 정치프레임으로 구체화된다(Baram, 1984). 게다가, 세계화와 국제 무역에서 잠재적으로 위험한 상품을 확인하고, 적절하게 표시하고 규제하는 것은 필수적인 일이 되고 있다. 위험에 노출된 모든 사람은 위험 상황에 대처할 수 있는 충분한 정보를 가져야 한다.

우리가 공중에게 눈을 돌리면, 새로운 테크놀로지 또는 그 물질이 여론에 미치는 효과를 측정하는 것은 어렵다. 대부분의 사람들은 단순히 건강하고 안전한 생산품을 요구하고 '나중에 후회하는 것보다 조심하는 것이 낫다'는 가정하에 행동하려 한다(Lee, 1981; Renn, 2004a). 이러한 태도는 안전 측면에서 규제자들의 실수를 부추기고, 비록 기준점이 높은 안전 요소에 의해 구분될지라도, 이 기준점인 '실제' 효과를 이용하는 아이디어와는 갈등할 것이다. 그러나 동시에 소비자로서 사람들은 일반적으로 다양한 상품, 낮은 가격, 그들의 삶을 향상시킬 수 있는 기회에 흥미를 가진다. 위험 정보가 명쾌하게 잠재적 이익과 사회적 요구의 측면을 설명하지 않는 한, 사람들이 취하는 선호도는 드러나지 않고 나타나지도 않을 것이다. 이러한

---

44) 사회체라는 말은 사회를 구성하는 부분이라는 의미이다. 개인이 예전에는 사회를 구성하지 못했지만, 이제는 각 개인이 사회에 큰 영향을 준다. 집단이 되는 사회체는 과학자공동체, 사회과학자 공동체, 전교조 같은 것을 들 수 있다. 개인 사회체는 1인 주거형태를 보기로 들 수 있다.

이유에서 일반적으로 공중뿐만 아니라 이해당사자 집단들에게 위험과 이익의 복잡한 그림을 어떻게 설명하고 소통할 수 있는가 하는 쟁점을 지적하는 것은 중요하다. 잠재적 규제 행동이 공중의 관심을 촉발시키고 사람들에게 잠재적 위험을 더 알도록 한다는 논쟁은 널리 퍼져 있다.

본 장에서는 위험커뮤니케이션 연구의 주요 결과들을 요약하는데 큰 목적을 두고 있다. 첫 번째로 맥락적 변수들인데, 이것은 위험커뮤니케이션 프로그램의 성공 또는 실패에 대해 영향력을 가진다. 맥락적 변수는 (1) 위험 논쟁의 수준, (2) 상이한 유형의 수용자, (3) 하위 문화적 모델이 있다. 두 번째로 본 장은 위험커뮤니케이션의 주요 기능을 다룬다. 바로 (1) 공중인지의 처리 방식, (2) 개인적 행동 변화, (3) 믿음과 신뢰 확보, (4) 커뮤니케이션 과정에 이해당사자의 참여이다. 마지막에서는 위험커뮤니케이션의 실행을 위한 몇 가지 결론을 이야기할 것이다.

2. 맥락적 문제: 합리적 관점에서의 위험커뮤니케이션

2.1. 위험 논쟁의 세 가지 차원

위험커뮤니케이션 프로그램의 주요 목표 중의 하나는 메시지를 얻기 위한 커뮤니케이터의 정당한 의도와 위험 기관에 근무하는 관련된 사람의 정당한 우려 그리고 인지들을 조화시키는 것이다. 전문기술자들이 자신의 전문성의 범위에서 소통을 시도하는 것은 당연하다. 대부분의 관찰자들이 자세한 기술적 사항에 대해서는 관심을 덜 갖지만, 위험의 노출이 만들어낼 수 있는 자신의 건강이나 웰빙에 미치는 영향에 대해서는 민감하게 반응하며 소통하기를 매우 원한다. 커뮤니케이터의 의도와 무관하게, 어떠한 커뮤니케이션 노력이든지 첫 번째 단계는 커뮤니케이션이 이루어지고 발전될 수 있도록 공통분모와 공통언어를 찾는 것이다.

공통분모 또는 공통의 파장을 찾는 것은 수용자의 욕구에 대한 충분한 이해를 필요로 한다. 다른 유형의 수용자나 쟁점을 조사하면서, 우리 연구자들은 위험 논쟁이 이루어지는 동안에 몇 가지 전형적인 커뮤니케이션을 분류할 수 있었다(Funtowicz & Ravetz, 1985; Rayner & Cantor, 1987; Renn & Levine, 1991; Renn, 2001; OECD, 2002). 이러한 차원들은 다음과 같다.

▶ 사실적 증거와 가능성
▶ 제도적 실행, 전문성 그리고 경험
▶ 세계관과 가치체계에 대한 갈등

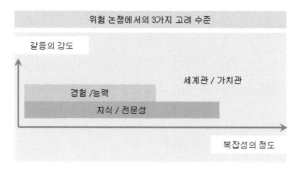

<그림 3.1.> 위험 논쟁의 고려 단계

<그림 3.1.>은 오리지널 카테고리를 변형시킨 버전을 사용한 모델의 도식이다. 위험 논쟁과 그들이 요구하는(평가를 위한 요소를 포함하는) 세 가지 차원의 검토 역시 표 3.1에 제시되어 있다. 첫 번째 단계는 가능성, 노출 수준, 용량 반응관계와 잠재적 위험의 범위에 대한 사실적 주장을 포함하고 있다.

<표 3.1.> 위험 논쟁의 세 가지 단계와 커뮤니케이션 욕구와 평가 기준

단계	갈등 쟁점	커뮤니케이션 욕구	평가기준
1	전문가	정보전달	· 수용자에 대한 접근 · 이해 가능성 · 대중 고려사항에 대한 주의 · 프레이밍 문제의 인정
2	경험, 신뢰성	대화	· 이해당사자와 대중 기대와 기관과의 조화 · 대중 요구에 대한 솔직함 · 정기적인 협의 · 위기상황을 위한 사용화된 절차
3	가치, 세계관	대화, 중재	· 모든 피해자의 공정한 표현 · 논쟁에서 피해자의 고려사항 · 주요 이해당사자와의 관계 · 의사결정의 투명성과 포괄적인 형태

첫 번째 단계에서 커뮤니케이션의 기능은 불확실한 것(신뢰구간을 어떻게 해석할 것인가?)과 모호한 것(충분히 안전한 것인가?)의 조치를 포함하는 사실적 지식의 가장 정확한 그림을 제공해야 할 것이다. 여기서 추구하는 목적이 지식을 전달하거나 문제에 대한 공통된 이해를 만드는 것이라 할지라도, 양방향 커뮤니케이션의 시도는 메시지가 이해되었다는 것과 각각 수용자들의 기술적 사항들이 고려되었다는 것을 확신시킬 필요가 있다.

좀 더 강렬한 두 번째 논쟁의 단계는 위험에 대처하기 위한 제도적 역량과 관련이 된다. 이 단계에서 논쟁은 위험과 이익의 분배 그리고 위험 관리 기관의 신뢰성에 집중되어 있다. 이러한 논쟁의 유형은 과학적 불확실성을 줄이는 데 도움을 줌에도 불구하고, 기술적인 전문가에게만 의지하지 않는다. 두 번째 단계의 위험커뮤니케이션은 공중 기관뿐만 아니라 개인 기관의 위험 관리자가 자신의 공적 권한이나 만나는 증거 그리고 그들이 행하는 것이 공중의 기대에 부합하길 요구한다. 이 복잡하고 다면적인 사회에서 이 같은 증거를 제공하는 것은 어렵다.

이 두 번째 단계는 위험 관리 기관과 산업이 제한된 위험 상황 노출에 대한 연구와 경험을 통해 얻은 지식을 적용할 수 있다는 영구적인 보증을 필요로 한다. 많은 사람들은 위험 데이터에 존재하는 불확실성과 애매모호함 때문에 위험 관리 기관이 옳은 결정을 할 수 있는지 그 능력에 대해 의심할 것이다. 그들은 규제기관의 관리능력에 대해 믿음을 주지 못하고 있다. 이러한 상황에서 제도적 믿음을 얻기 위해서는 위험 관리자와, 이해당사자, 그리고 공중의 대표들과의 지속적인 대화가 필요하다. 이러한 대화에서 믿음은 개인 산업체나 공중 기관의 위험 관리자가 계속해서 능숙하고 효율적이며, 공중의 요구를 들을 준비가 되어 있다는 것을 보여주면서 획득할 수 있다. 이것은 '거대 산업'과 규제기관에 대한 불신이 조장된 오늘날에 가장 중요한 도전이 될 것이다. 이해당사자와 규제기관 그리고 공중과의 지속적인 대화는 모든 관련자가 제도적 실행과 공중의 기대 간에 상호 이익이 되도록 하는 것을 돕는다.

세 번째 논쟁 단계에서 논쟁은 갈등이 다른 사회적 가치들이나, 문화적 라이프스타일 그리고 위험 관리의 영향력에 따라 정의된다.

이러한 경우에 기술적인 전문성이나 제도적인 역량 그리고 개방성은 위험커뮤니케이션의 적합한 조건이 아니다. 가치나 라이프스타일의 관계는 위험 논쟁을 강조하는 쟁점에 대해서 기본적인 의견 일치를 요구한다. 이것은 첫 번째와 두 번째 단계에서의 커뮤니케이션의 요구, 바꿔 말하면 위험정보인지 혹은 양방향 대화에서의 관련성인지는 모든 또는 대부분의 관련자가 수용할 수 있는 해결책을 찾는 데 불충분하다는 것이다.

세 번째 단계의 논쟁은 조정, 시민 패널, 특별한 그룹과 사람들 간의 공개 포럼과 같은 새로운 이해당사자의 참여 형식을 필요로 한다. 이러한 실행의 주요 과제들은 이러한 상황을 적용하고 모든 참가자가 받아들일 만한 또는 적어도 견딜 만한 해결책을 찾기 위한 관련된 가치를 반영하는 것뿐만 아니라, 상호 믿음과 존중의 분위기를 만들어내는 것이다.

위험 관리자는 더욱 높은 수준의 갈등을 오히려 더욱 낮은 수준의 것으로 재해석하여 틀을 만드는 경향이 있다. 세 번째 단계의 갈등은 첫 번째 또는 두 번째 단계의 갈등처럼 제시된다. 두 번째 단계의 갈등은 첫 번째 단계의 논쟁처럼 제시된다. 이것은 위험 관리자가 능숙하다는 기술적 증거에 논의를 맞추는 시도이다. 그러므로 담론에 참여하는 이해당사자는 자신의 가치 고려사항들을 합리화하기 위해서 첫 번째 단계의 사실적 주장을 사용하려 한다. 불행하게도 위험 관리자들은 이것을 공중 일부의 불합리성으로 잘못 이해한다. 물론 결과는 좌절적이지만, 공중은 직접적인 행위 그리고 저항적 의례에서 벗어나려 한다. 그 결과는 위험 관리 기관들에 대한 환멸과 공중의 불신이다.

무엇이 적당한 단계의 논쟁일까? 세 단계 중 어떤 것이 커뮤니케이터에게 또는 수용자에게 가장 중요할까? 첫 번째 단계에서, 위험 평가의 과학적 결과를 입증하고, 그것을 공중이 인터넷을 통해 이용 가능하게 만들고, 명료성을 제시하고, 결과를 이해하기 쉽도록 해석을 제공하는 것이 현명하다. 두 번째 단계에서는 어떻게 산업적 또는 공중의 위험 관리자들이 지속적으로 상황을 감시하고 있는지 보여주고, 일상적인 작동에서 전문적인 안전을 보장하고, 질적 통제에 투자하는 것이 중요하다. 더불어 행위자들 사이에 경쟁보다는 협조를 바탕으로 한, 효과적이고 효율적인 규제 체제를 갖기 위해서는 공중의 위험 관리 기관들과 긴밀한 협력을 구축해나가는 것이 바람직하다. 세 번째 단계에서는 논의되고 있는 위험에 대한 정치적·사회적 분위기를 모니터하고 불신의 징후나 깊은 걱정들이 곧 나타날 것 같으면 곧바로 대화 프로그램을 시작하는 것이 필수적이다.

2.2. 다른 위험 문화들

효과적인 위험커뮤니케이션을 위해서는, 위험 논쟁의 다양한 수준뿐만 아니라 사회 내에 다양한 하위문화를 이해할 필요가 있다. 그러므로 사회 내의 다른 사회적·문화적 집단들의 흥미나 고려사항에 따라 커뮤니케이션 과정의 내용을 조정하는 것이 필수적이다. 위험커뮤니케이션은 다양한 유형의 수용자들이 이해할 수 있고, 그들이 받아들일 수 있거나 합리적인 것을 찾는 주장이나 인지적 지도를 반드시 보여주어야 한다. 많은 생각 없이 대화에 끼어 넣는 한두 가지 단어들로 인해 종종 공중이 소동을 일으킨다. 또한 오랜 논쟁들은 이 주제에 관심이 있는 사람들도 따르지 않을 수 있다. 다시 말해서, 모든 유형의 잠재적 수용자들의 전체적인 모습을 나타내는 분류화를 끌어내는 것은 무익한 일이다. 그러나 위험에 문화적 접근으로써 분류화를 끌어내는 작업은 도움이 된다.

윌더브스키, 더글라스, 톰슨과 같은 인류학자나 문화 사회학자 집단은 위험에 대한 사회적 반응을 조사했고, 사회 내에서 서로 다른 분리된 가치 집단에서 4-5개의 유형을 확인하였다(Douglas & Wildavsky, 1982; Rayner, 1990; Thompson, et al., 1990; Wildavsky & Dake, 1990; Schwarz & Thompson, 1990). 이러한 상이한 집단들은 위험 주제에 특정한 입장을 형성해왔고, 이에 상응하는 태도와 전략을 발전시켰다. 그들은 집단의 응집력(사회적 집단에서 정체성을 찾을 수 있는 범위)과 그리드의 정도(계층의 형식 체계와 절차적 법칙을 받아들이고 존중할 수 있는 정도)에 따라 구분된다.

이 집단들은 기업가, 평등주의자, 관료주의자, 계층화된 개인이지만 일부 자료에서는 은둔자 집단을 포함시키고 있다. 그들은 집단과 그리드의 좌표평면 내에 위치시킬 수 있다(<그림 3.2.> 참조). 기업가의 모델에 속하는 조직 또는 사회적 집단은 위험 감수를 개인적 목표 추구나 경쟁적 시장에서 성공의 기회로 인지한다. 그들은 낮은 응집력과 낮은 계층화 정도로 특징지어진다. 그들은 공평한 쟁점에 대해서 덜 고민하고 정부가 위험 관리 노력 또는 광범위한 규제를 삼가길 원한다. 이 집단은 경쟁과 자유보다는 협력과 평등을 강조하는 평등주의자 모델에 속하는 조직과 집단의 대부분과는 대조를 이룬다. 평등주의자들은 낮은 계층으로 특징지어지는데 집단 응집력과 결속력에 대한 강력한 감각을 발전시킨다. 위험에 직면했을 때, 그들은 인간 활동의 오래된 효과에 집중하는 경향이 있고, 비록 그들이 그것이 자신들에게 이로울지라도 기회를 잡는다기보다 오히려, 활동을 포기할 수 있다. 그들은 특별히 형평성에 관심을 갖는다.

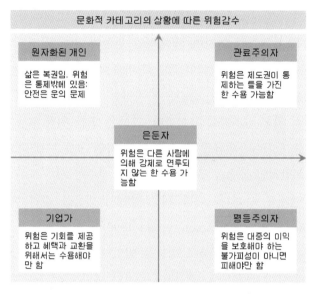

<그림 3.2.> 위험 감수의 문화적 카테고리

세 번째 모델, 즉 관료주의자들은 불확실성에 대응하는 법칙과 절차에 의존한다. 관료주의자들은 자신들의 집단 관계에 있어 계층적이고 응집력이 있다. 그들은 위험이 유능한 제도나 모든 우발적인 사건이 제공하는 대응 전략에 의해 관리되는 한, 위험에 대한 걱정은 없다고 생각한다. 관료주의자들은 조직적 능력과 시행의 효과성에 대해 믿음이 있고 제도적 관리를 대체하는 절차들이 준비되어 있을 때 해결된 문제로 여긴다.

네 번째 모델인 원자화되고 또는 계층화된 개인 집단은 주로 계층을 믿는다. 하지만 그들은 자신이 속한 계층과 동일시 여기지 않는다. 그들 자신만을 믿는 이 사람들은 종종 위험 쟁점에 대해서 혼란스러워하고 스스로 높은 위험에 처하곤 한다. 하지만 그들이 느끼는 어떤 위기가 자신들에게 부과되는 것에 반대한다. 그러나 동시에 그들은 삶을 복권처럼 여기며, 구체적인 원인에 위험을 연결시킬 수 없다. 네 번째 모델에 더불어 집단 그리드 좌표의 중앙에 은둔자로 불리는 혼합 집단이 있다. 톰슨은 자치적인 개인을 자기중심 은둔자와 단기적 위험 평가자로 묘사했다. 그들은 또한 위험 갈등 내에서 잠재적 중재자로서 언급될 수 있다. 왜냐하면 그들은 네 개의 다른 집단과 복합적인 동맹을 구축하고, 그들이 우수한 성과 또는 지식의 권위와 관계될 수 있을 때만 계층 안에서 믿음을 갖기 때문이다 (Thompson, 1980; Thompson, et al., 1990).

이 이론은 몇 가지 이유로 비판을 받았다(Nelkin, 1982; Sjöberg, 1997). 많은 학자들이 제시한 반대 증거와 비판적 언급을 재논의하는 것은 적합하지 않다. 이 논쟁은 여전히 명백한 의견의 일치 없이 진행되고 있다. 그러나 대부분의 위험커뮤니케이터들은 이 분류가 다른 수용자들을 위한 커뮤니케이션 프로그램을 준비하는 데 큰 도움을 줄 것이라고 확신한다. 기업적 태도를 지닌 사람들은 평등주의자 또는 관료주의적 태도를 가진 사람들과 비교하여 매우 다른 반응을 한다는 충분한 일화적인 증거들이 있다. 예를 들어, 비용 편익에 대한 참고는 기업적 태도를 갖는 자들에게는 호소력이 있지만, 그러나 평등주의자 집단 내에서 언급될 때는 격노를 불러일으킬 수 있다.

2.3. 다양한 수용자 유형

여기서 언급할 중요한 마지막 상황 변수는 쟁점에 있어 타깃 수용자의 흥미이다. 이전에 지적한 대로, 원자화된 개인의 집단은 위험평가방식에 대한 논쟁에서 어떠한 흥미도 없을 것이다. 위험커뮤니케이션 프로그램을 준비하는 실행적인 목적을 위해서, 각 수용자들이 확실히 독특할지라도 가까운 미래의 잠재적 수용자의 분류는 도움이 될 것이다. 여기서 제공된 이 분류는 두 가지 차원에서 언급된다. 바로 이 주제에 대한 수용자의 흥미 그리고 다른 수용자들이 흥미로워할 것인지, 다른 한편으로 끔직해할 것인지 찾는 논쟁의 유형이다.

첫 번째 분류, 즉 흥미의 다른 정도를 명시하기 위해서, 우리의 선호된 선택은 페티와 코치오포(Petty and Cocioppo)가 발전시킨 "설득의 정교화 가능성 모델"이다. 이 모델의 중심 개념은 설득에는 중심 경로와 주변 경로가 있다는 것이다. 중심 경로는 잘 구성된 태도를 형성하기 위해서 수신자가 각 주장들을 주의 깊게 조사하고 찬반 양론의 균형을 맞추는 커뮤니케이션 과정이다. 주변 경로는 특별한 큐 또는 단순한 단서들을 사용함으로써 태도를 형성하는데 더 빠르지만 덜 정교화된 전략을 지칭한다(Renn, 2008).

언제 수신자들은 중심 경로 혹은 주변 경로를 선택할까? 두 연구자에 따르면, 경로의 선택은 두 가지에 달려 있다. 바로 능력과 동기다. 능력은 수신자가 방해 없이 메시지를 따라갈 수 있는 물리적 유효성을 말하고, 동기는 메시지를 프로세스 할 수 있는 수신자의 준비나 흥미를 말한다. 중심 경로는 수신자가 정보를 들을 수 있고 상당히 동기화되었을 때 채택된다. 주변 경로는 쟁점이 수신자와 덜 관련이 있거나 또는 커뮤니케이션 상황이 어떤 것을 잘 전달시키는 데 충분치 않을 때 선택된다. 이러한 경우 수신자는 각 주장을 처리하기 위해 덜 치우치게 되고 의견을 형성하거나 심지어 단순한 단서들에 입각하여 태도를 형성하게 된다. 이러한 단서들을 네 가지 카테고리로 분류할 수 있다. 바로 출처 관련, 메시지 관련, 전달자 관련, 상황 관련 단서이다. 이것을 <표 3.2.>에서 설명한다(Renn & Levine, 1991).

<표 3.2.> 주변적 커뮤니케이션과 관련된 단서들

유형	예시
정보원 관련	신뢰도, 평판, 사회적 매력도, 인지된 공명성
메시지 관련	길이, 주장의 수, 색/종이/그래픽 요소(일러스트레이션, 레이아웃)의 패키지, 높게 평가된 상징적 신오의 존재
전달자 관련	인지된 중립성, 전달자의 과거 경력, 인지된 신뢰도, 평판
상황 관련	위기상황, 갈등상황, 시대정신에 대한 의존성, 사회와 문화적 상황, 전달 상황

각 경로 내에서, 태도를 만들어내는 정신적 과정은 다른 절차를 따른다. 중심 경로는 주장의 선택, 내용의 평가, 찬반양론의 균형 그리고 태도 형성의 체계적 절차에 따라 특징지어진다. 그러나 주변 경로는 체계적 접근을 무시하고 단서들의 존재들을 언급함으로써 메시지를 신뢰하는 것이다.

불행히도 커뮤니케이션 과정은 모델에서 가정한 것보다 더 복잡하다. 첫 번째, 수용자는 주제에 대해 중심적·주변적 관심을 가진 사람들로 혼재되고 구성될 것이다. 주변적 관심을 뒤섞기 위해 의도적으로 사용된 많은 단서들은 예를 들어, 중심적 관심을 가진 사람들에게는 공격적인 것이 될 수 있다. 두 번째로, 대부분의 사람들이 이 주제에 대해 중심적 또는 주변적 관심을 행사하지 못하게 될 수 있다. 그것이 중심적 관심을 이끌든지 그렇지 않든 간에 그것은 오히려 메시지 그 자체에 의존할 수 있다. 세 번째, 가장 중요한 것으로 두 경로는 태도 형성과 변화의 모델이며, 분석학적으로 구분될 수 있다. 실제로 이 두 경로는 연결되어 있다. 사람들은 주로 단선들에 반응하거나 또는 나타난 주장에 반응하는 경향이 있지만, 그들은 한 가지 경로를 통해서 독점적으로 설득할 수 없다.

효과적인 위험커뮤니케이션 프로그램은 메시지의 관심을 이끌 수 있는 충분한 수의 주변 단서를 포함해야 할 뿐만 아니라, 이 주제에 대한 중심적 관심을 가진 수용자를 만족시킬 수 있는 '합리적인 충분한 주장'을 포함해야 한다. 문제는 만약 그들이 '피상적인' 단서들, 예를 들어 각각의 상품이 안전하고 건강할 것이라는 단순 주장에 직면했다면 중심적으로 관심을 갖는 사람들의 분노와 거절을 어떻게 피할 수 있는가이다. 그리고 그들이 긴 주장에 직면했을 때 주변적 관심을 가진 사람들의 흥미를 어떻게 지속시킬 수 있을까 하는 문제이다. 이 문제는 만약 메시지가 '명백한' 단서들을 피한다면 문제는 해결될 수 있으나, 수용자의 두 유형 모두 수용할 수 있는 부가적인 단서를 포함해야 한다는 것이다.

3. 위험커뮤니케이션 욕구에 대한 반응

3.1. 위험커뮤니케이션의 기능

위험커뮤니케이션의 다양한 목적은 네 개의 카테고리로 요약할 수 있다(Renn, 2002, 2008; OECD, 2002).

- ▶ 고객, 노동자, 소비자, 이해 단체, 환경 단체, 그리고 일반 공중과 같은 여타 다른 구성원들 간에 타깃 수용자의 지배적인 위험 인지 패턴을 고려하면서 인간 건강 그리고 환경과 관련된 위험을 포함하여 위험을 이해하도록 장려하는 것(계몽적 기능)
- ▶ 사람들이 개인적 건강과 삶에서 위험을 줄이기 위한 목적을 가지고 일상생활의 행동 또는 습관을 변화시키고자 하는 것을 돕는 것(행동 변화 기능)
- ▶ 위험을 조정하고 규제하는 기관들에 대한 믿음과 신뢰성을 만들어내는 것(신뢰 구축 기능)
- ▶ 대화와 갈등 해결의 대안적 방법을 위한 절차뿐만 아니라 위험 관리와 규제를 위한 효과적이고 민주적인 계획을 제공하는 것(참여적 기능)

위험커뮤니케이션에서 추구하는 제일의 목적은 사람들의 걱정과 위험 인지에 대한 더 다양한 이해에 기초하여 커뮤니케이션토록 하는 것이다 다음에 논의되는 '3.2 기능 1: 위험 인지 대처'에서는 이 쟁점을 다룰 것이다. '3.3 기능 2: 믿음과 신뢰성 향상'은 믿음과 신뢰를 증진하기 위한 소통적 방법을 다룰 것이다. 마지막에서는 다양한 이해관계자와 공중 대표자들과 함께하는 대화의 효과적이고 공정한 형태를 조직화할 수 있는 가능성에 대해서 다룰 것이다.

3.2. 기능 1: 위험 인지 대처

오늘날 사회에는 너무나 많은 정보가 제공되어서 개인이 이를 소화하기는 매우 힘들다. 일반 사람들에게 노출된 대부분의 정보는 무시되고 있다. 이것은 주어진 시간 내에서 사람이 처리할 수 있는 정보의 양을 줄이기 위한 필요에 따른 악의적 행동이 아니다. 일단 정보가 수신되면, 상식적 메커니즘은 정보를 처리하고 수신자가 추론할 수 있도록 돕는다. 이러한 과정을 직관적 휴리스틱(intuitive heuristics)이라고 부른다(Kahneman, Tversky, 1979; Slovic, 1987). 확률적 정보를 처리하는 메커니즘과 관계하기 때문에 이것은 특히 위험인지에 중요하다. 위험을 평가하기 위한 직관적 전략의 한 예는 의사결정을 위한 미니-맥스(Mini-Max)규칙[45]을 사용하는 것이다. 이 규칙은 인간이 만들어낸 위험에 노출된 많은 소비자들과 사람들이 적용하기를 선호한다(Lopes, 1983). 이 규칙은 사람들이 그것의 가능성과는 관계없이 재앙의 최소한의 잠재성에 옵션을 선택함으로써 의사결정 후에 후회를 최소화하려는 시도이다. 이 규칙의 사용은 비합리적이지 않다. 불확실성, 예를 들어 '나중에 후회하는 것보다 안전한 게 낫다'에 대처하기 위한 꽤 성공적인 전략으로 인간 행동의 오랜 혁명을 넘어 발전해왔다.

이 경험에 입각한 이 규칙은 아마도 위험에 대한 정보를 거절하거

---

45) 게임이론에서 가장 알맞은 전략을 찾아내기 위한 원리.

나 경시하는 가장 강력한 요소일 것이다. 만약 제로 또는 정의된 한 계점(최저 안전 요소)을 넘은 노출이 부정적으로 여겨진다면, 노출을 최소화하기 위한 단순하고 직관적으로 합리적인 규칙을 철저하게 만든다. 대부분의 규제 기관은 합리적으로 달성 가능한 낮은 원리(ALARA)부터 최적 가용 통제기술의 적용(BACT)에 이르는 범위까지 이 단순한 법칙을 기본으로 한다(Morgan).

심리학적 연구는 용어를 사용한 상황에 의존하여 위험의 다른 의미를 보여준다(Slovic, 1992; Boholm, 1998; Rohrmann & Renn, 2000; Jaeger, et al., 2001). 기술 과학에서 위험이란 단어는 광고효과의 가능성을 나타내지만, 일상에서의 위험의 사용은 다른 함축된 의미를 가지고 있다. 인간이 야기한 위험에 대해서 <표 3.3.>이 주요 의미론적 이미지를 보여준다(Renn, 1990).

<표 3.3.> 공중의 인지에 있어 위험의 네 가지 의미론적 이미지

임박한 위험	인공적 위험자원
	거대한 재앙 잠재성
	불공평한 위험 혜택 분배
	위협으로서 우연성 인지
슬로우 에이전트 (Slow Agents)	(인공적인) 식품성분, 물, 공기
	지연 효과: 비재앙적
	경험이 아닌 정보에 의한 대표단
	결정적 위험관리 탐구
비용 편익비율	화폐의 이익과 손실의 제한
	기대가치보다 분배의 변동에 대한 방향
	위험과 이익의 비대칭성
	확률적 생각의 지배
기분전환용 스릴	위험 정도의 개인적 통제
	주된 위험에 대한 개인의 기술 필요성
	자발적 활동
	비재앙적인 결과들

유독성, 발암성 또는 유전자 독성물질의 영향과 관련될 수 있는 물질과 연계된 위험은 대부분이 슬로우 에이전트(slow agents: 약품)의 카테고리에서 찾을 수 있다. 이것은 지대한 영향을 가져올 함축성을 가지고 있다. 이 카테고리에 속하는 대부분의 약품은 인간 감각을 무시하고 그것에 대한 지식이 없이는 사람들을 해치는 잠재적으로 해로운 물질로 간주된다. 잠재적·유전적 독성물질과 관련된 위험은 사람들에게 노출이 되었는지 여부가 발견되지 않으면서 항상 부정적인 효과와 관련을 갖는다. 이러한 이미지 사이에서 사람들은 유독성을 그 복용이나 노출 같은 양보다는 물질의 특성에 보다 의존하여 믿는 경향이 있다. 이런 이유로 식품의 잠재적 발암물질을 통제해야 할 때 그들은 결정론적 규제 접근방법을 요구한다.

대부분의 설문조사에서 사람들은 적어도 이상적 목표수준의 하나로 제로 위험 수준을 요구하는 것으로 나타났다. 높은 편재, 높은 지속성, 높은 비가역성으로 특징화된 건강위험은 엄격한 규제적 금지를 위한 방지와 소망을 요구한다. 예전의 미국 식품 규제방안들은-이른바 델라니(Delaney) 조항(발암성 식품 첨가물 등의 전면 금지법)- 이러한 공중의 정서를 반영하였다. 정말로 나쁘고 사악한 것으로 여겨지는 어떤 것은 대부분 그것의 관계적 이익을 고려하는 것과 관련되어 있다. 유일하게 제외되는 것은 '자연적'인 약품에 대한 노출일 것이다. 대부분의 사람들은 자연에 존재하는 무엇이든지 적당량을 소비한다면 사람들에게 해가 될 수 없다고 믿는다. 이것이 바로 왜 '천연'약이 이른바 화학약품에 비교하여 부정적 측면의 영향력이 거의 적거나 거의 없다는 이유이다. 좋은 것으로 여겨지는 자연 독소에 대한 인식은 자연을 보호해야 하는 인간에게 매우 귀중한 유익한 자원을 제공한 대자연에 대한 현대적 표상과 신화를 반영한 것이다. 잔류 농약이나 다른 인간이 야기한 물질은 인공적인 것과 연관되어 있고 노출량과 독립적으로 인간 건강에 대한 위협으로 여겨진다. 대화는 이러한 위험에 적절하게 대처하기 위한 규제기관의 수용력을 설명한다.

다른 위험맥락과 연결된 이미지에 더하여, 위험의 종류는 그것의 개인적 위험 측정이나 평가를 만드는 상황적 특징을 포함한다(Slovic, Fischhoff & Lichtenstein, 1981). 심리적 측정 방법들은 위험의 질적 특징을 탐구하는 데 이용되어 왔다(Slovic, 1992). <표 3.4.>는 질적 특징과 위험 인식에 미치는 이것의 영향성을 열거하고 있다.

<표 3.4.> 중요한 질적 위험 특징 리스트

질적 특성	영향력
1. 개인적 통제	위험에 대한 참을성 증가
2. 제도적 통제	제도적 수행에 대한 신뢰도에 의존
3. 자발성	위험에 대한 참을성 증가
4. 친숙성	위험에 대한 참을성 증가
5. 두려움	위험에 대한 참을성 증가
6. 위험과 혜택의 불공평한 분배	개인 유용성, 위험거부에 대한 강력한 사회적 인센티브에 의존
7. 위험자원의 인공물	위험에 대한 태도 증폭, 종종 위험 참을성 감소
8. 비난	사회적·정치적 응답에 대한 요구 증가

게다가 위험 인식은 사람들이 위험의 원인, 즉 위험한 물질의 소비, 생산 또는 사용에 대해서 갖는 태도의 한 부분이다. 태도는 자연과 결과, 역사 그리고 위험 원인의 정당화에 대한 믿음의 연속체를 아우른다. 인식적 충돌, 즉 믿음의 갈등으로 야기되는 감정적 스트

레스를 피하는 경향 때문에, 대부분의 사람들은 다른 믿음이 부정적 암시를 포함하거나 반대의 경우에도 위험을 더 심각하고 위협적인 것으로 인식하도록 기운다. 종종 위험 인식은 이러한 믿음의 원인이라기보다 오히려 이러한 기초적 믿음의 생산품이 되고 있다(Renn, 1990). 이것은 마치 사람들이 위험-위험, 또는 위험-이익의 균형을 분배하는 곳에서 아크릴아미드(acrylamide)와 같은 자연 성분에 반대로 강한 부정적 함축적 의미와 연관되어 있는 것처럼 믿으며, 화학적 첨가물에 영향을 미치고 있다.

3.3. 기능 2: 믿음과 신뢰성 향상

테크놀로지의 발달과 극소량의 위험 물질을 발견하는 과학적 방법의 진보와 함께, 위험에 대한 개인적인 경험은 점점 위험에 대한 정보에서 제도적 위험 관리에 의한 위험의 개인적 통제로 대체되고 있다. 결과적으로, 사람들은 그들이 위험에 대한 정보를 주는 사람들의 신뢰도나 성실성에 대해 더 의존하게 되었다. 그러므로 제도적 수행에서 믿음은 위험 반응의 주요 열쇠이다. 통제적 기관에 대한 믿음은 심지어 부정적 위험 인지를 보상할 수 있고, 불신은 사람들이 작은 것으로 인지한 위험조차도 반대할 수 있게 한다. 사실상, 일부 연구들은 낮은 위험 인지와 공중의 믿음 그리고 불신에는 직접적 상관관계가 있다는 것을 명백하게 보여주었다(Kasperson, Golding & Tuler, 1992).

신뢰는 여섯 가지 영역으로 나눌 수 있다. 이러한 영역은 <표 3.5.>에서 열거하여 설명하고 있다. 신뢰는 여섯 가지 영역에 달려 있지

만, 한 가지 속성에 대한 준수의 결핍은 다른 속성의 목표 성취의 과
잉에 의해 보상될 수 있다. 만약에 객관성과 사심을 없애는 것이 성
취 불가능하다면, 메시지의 공평함과 자원의 좋은 의도에 대한 믿음
이 대체할 것이다. 능숙함 또한 신뢰와 불신에 의해 보상될 것이다.
일치성은 믿음을 얻기 위해 늘 필요한 것은 아니지만, 지속되는 불
일치성은 공통 기대와 행동적 반응의 역할 모델을 파괴한다.

<표 3.5.> 신뢰의 영역

영역	설명
인지된 능숙도	제도적 권한과 만나는 기술의 전문성 정도
객관성	타인에게 인지된 정보와 수행의 편향성 결핍
공평성	인정과 모든 관련된 관점의 적절한 표현
일치성	과거 경험과 이전 커뮤니케이션 노력을 기초로 한 행동과 주장의 예측 가능성
성실성	겸손함과 열린 마음
신뢰	실행과 커뮤니케이션의 '선의' 자각

위험 논쟁에서 신뢰에 대한 논쟁은 제도와 그들 대표자들을 발전
시킨다. 위험에 대한 사람들의 반응은 무엇보다도 위험을 시작하고
통제하는 기관에 대해 그들이 갖는 신뢰에 의존한다(Slovic, et al.,
1991). 위험 개념이 우연한 행위가 사고 또는 손실을 일으킨다는 것
을 함축하기 때문에, 암 또는 불임과 같은 부정적 건강 효과에 직면
했을 때 위험 관리 기관들은 항상 그들의 대응 또는 무대응을 정당
화하길 강요받는다. 반면에 그들은 우연히 발생된 사고라고 주장(할
수 없거나 불가항력적인 것으로 표시)함으로써 그들의 잘못된 관리
를 덮을 수 있다. 다른 한편으로 그들은 사전에 보호 조치를 취할 수

없는 사건이라고 탓을 돌린다(Luhmann, 1990, 1993). 위험의 확률적 본질은 위험 평가자, 위험 관리자와 위험 소지자들 사이에 신뢰할 만한 관계를 필요로 한다. 왜냐하면 하나의 사건들이 평가 실수나 관리 실수를 입증하거나 그것이 아님을 입증할 수 없기 때문이다.

개인 회사나 정부 기관들에 의한 위험의 관리는 조치를 위한 개인들의 동원 비율을 설명하는 것이 중요하다. 더 많은 개인들은 위험이 적절히 운영되지 않고 있으며 오히려 심각한 위협으로 인지할수록 정치적 행동으로 될 가능성이 높다. 원자력 세대에서 원자력에 대한 환멸뿐만 아니라 핵 규제 기관에 대한 불신이 높아짐과 동시에 반원자력 정책의 정치적 대리인으로 성장하는 많은 사람들은 이러한 예를 보여준다(Baum, Gatchel & Schaeffer, 1983). 부정적인 태도는 필요하지만 행동적 반응을 위한 충분한 이유가 될 수는 없다. 제도적 활동에 대한 공중의 신뢰는 행동적 반응을 일으키는 더 중요한 요소이다.

신뢰를 구축하고 획득하는 것은 기계적으로 특정한 운영지침을 적용함으로써 단순히 성취될 수 없는 복잡한 과업이다. 신뢰를 생산하는 단순한 공식은 없다. 신뢰는 신뢰성의 경험과 함께 성장한다. 만약에 목적이 오로지 커뮤니케이션에 대한 신뢰를 향상시키는 것이라면 아무도 홍보책자를 읽지 않을 것이고, 강의에 참석하거나 대화에 참여하지 않을 것이다. 믿음은 쟁점과 걱정의 성공적이고 효과적인 커뮤니케이션의 귀중한 생산품이다. 커뮤니케이션 과정에 대한 신뢰가 낮게 나타날수록, 쟁점이 지속되거나 생산될 가능성이 더 많다. 신뢰 구축을 위한 유일한 일반적 규칙이 있다. 바로 공중의 고려사항을 경청하고, 만약 요구되면 즉각적으로 커뮤니케이션에 참여하는 것이다. 오로지 정보만으로 신뢰를 구축하거나 유지하기에는 충분치 않다. 체계적인 피드백이나 대화 없이는 신뢰를 향상시키는 분위기를 만들 수 없다.

3.4. 기능 3: 이해당사자들과의 소통

이해당사자들과의 대립이 점점 더 조직화될지라도, 그리고 이 같은 대립과 도전들이 일어나지 않을 것이라고 보장할 수 없을지라도 위험 평가와 관리 과정에서 이해당사자와 공중의 참여는 의사결정의 질을 향상시키고 위험과 의사결정 후에 시간 소비적인 대치를 피하는 데 도움을 준다(Yoise & Herbst, 1998). 이해당사자의 참여의 강도와 범위는 쟁점과 논쟁의 규모에 좌우된다. 이해당사자들의 참여로부터 위험 관리자들은 무엇을 기대할 수 있을까? 맥락과 찬반논쟁의 수준에 따라, 이해당사자들의 참여는 다음과 같이 위험 관리를 돕는다(Welber & Renn, 1995; Renn, 2004b).

- ► 분석 데이터나 제공하거나 입증되지 않은 증거를 제시
- ► 위험에 대한 과거 경험에 대한 배경 정보 제공
- ► 혜택과 위험의 균형을 맞추고, 수용 가능한 판단에 도달
- ► 위험과 이익(균형)의 다른 유형 사이의 선호되는 정보 제공
- ► 분배적이고 공평한 논쟁에 대한 논평
- ► 결과의 공식화에 참여하고, 그럼으로써 의사결정 과정의 신뢰도 향상

이해당사자 참여의 시점은 이해당사자가 위험 관리 과업에 효과적으로 참여할지 아닐지를 결정하는 중요한 요소이다(Connor, 1993). 비정부조직체(NGO)와 같이 조직화된 집단의 대표자들은 위험 관리 과정의 초기 단계에서 거론되어야, 그들 스스로 참여에 대한 준비를 할 수 있고, 최종 결정을 내리기 전 초기 단계에서 조언과 논평을 제공할 수 있다. 평등주의자들의 고려사항을 주장하는 데 특히 중요하다. 많은 이해당사자 집단들이 불규칙적으로 만나거나, 데이터를 모으거나 요구된 날짜 이전에 서류를 검토할 수 있는 팀을 가질 수 없다는 것을 깨달아야만 한다. 더 일찍 그들이 통지받을수록, 더 많은 조언을 만들어낼 수 있다. 조금 다른 타이밍 전략은 영향을 받는 개인들 또는 이웃 집단들을 포함하도록 요구한다. 충분한 이익이 만들어지지만 결정이 여전히 계류 중이거나 변화의 가능성이 있을 때 공중 참여의 기회는 시간에 따라 계획될 필요가 있다.

더불어, 참여의 목적은 시점을 다스려야 한다. 만약 이익이 위험과 그것의 영향에 대한 더 많고 좋은 지식을 얻기 위해서라면, 참여는 위험 특성과 평가와 함께 시작하는 과정에서 동시에 조직화되어야 한다. 만약 참여가 우선사항을 정하고 인내가능하거나 수용 가능한 노출 수준을 결정하는 데 위험 관리자가 도울 수 있는 것으로 간주된다면, 참여는 평가가 완료된 후에 직접적으로 이루어져야 한다. 만약 결정의 결과에 의해 영향을 받은 집단의 대표자 또는 개인들이 참여를 목적으로 한다면, 시점은 논쟁의 강도에 의존한다. 만약에 모든 활동이 논쟁적이라면, 초기 단계의 참여는 권장할 만하다. 만약 애매모호한 것들이 비가역물질의 낮은 수준을 수용하는 것처럼 위험 관리에 필요한 부가사항으로 여겨진다면, 부가사항을 만들고 평가하는 시간은 명백하게 참여적 연습을 위한 가장 좋은 기회이다.

시점과 더불어 참가자의 선택은 잠재적 참가자의 욕구와 감정 그리고 효용성과 개방성 사이의 올바른 균형에 대한 민감성이 요구되는 중요한 과제이다(Chess, Dietz & Shannon, 1998). 효과적인 참여를 위해서는 30명 이상의 집단들은 권장하지 않는다. 만약 더 많은 이해당사자들이 포함되기를 원한다면 비슷한 목표와 관점을 가진 집단의 동맹을 형성하거나 또는 참여하는 주요 단체에 보고하는 추가적인 회원으로 구성되는 특정 하위집단을 만들 수 있다. 다음에 열거된 사람은 위험 관리 결정에 도움을 줄 잠재적 초청 인사가 될 수 있다.

- ► 추가적 전문성 또는 각 위험 영역에서 관련 경험을 제시할 수 있는 사람(다른 산업에 종사하는 전문가, 대학에 있는 전문가, NGO 등)
- ► 위험 결정의 결과에 의해 영향을 받는 공익단체의 대표자(산업, 소매업자, 소비자 보호 단체, 환경 단체 등)
- ► 그들의 조직화에 관계없이 의사결정 과정의 결과에 의해 직접적으로 영향을 받을 수 있는 사람(일반 소비자)
- ► 이 과정에 참여하거나 배제될 수 없는 사람들을 대표할 수 있는 사람(차세대 또는 동물에 대한 관심을 갖는 사람)

이해당사자 참여와 공중의 참여에 대한 더 많은 세부적 접근방법들이 복합적이거나 또는 체계적인 위험 관리 방법을 존중하는 연구자들에 의해 발전되어 왔다(Renn, 2001, 2004b, 2008). 이러한 접근방법의 출발점은 위험 논쟁의 현상학적 요소의 특징이다. 이것은 복잡하고, 불명확하고, 애매모호한 것에 대한 도전이다. 복합성은 다수의 잠재적 후보와 특정한 부정적인 효과 간의 우연적인 연결을 확인하고 수량화하는 어려움을 말한다. 이 어려움의 본질은 이러한 후보자들(상조작용과 적대감) 사이의 상호적인 효과와 원인 그리고 효과 사이의 오랜 연장 기간과 개인 간의 차이, 변수들 간의 차이 등을 추적하는 것이다. 원인 효과 관계가 명백하거나 직접적으로 관찰될 수 없기 때문에 정교한 과학적 조사의 필요성이 만들어내는 복합성이다. 복합성은 과학적 측정 과정과 추정과 비선형 회기와 또는 퍼지 이론과 같이 수학적 정의의 결합이 요구된다. 복합성과 소통하기 위해서는 과학적 전문가와 기술들이 필요하다.

불확실성은 복합성과는 다르다. 확률성이 그들 스스로 불확실한 사건을 예측하기 위한 근사치로 보인다는 것은 명백한 것이다. 이러한 예측은 무지, 불확정성, 불확실성 등과 같이 문헌에서 다양한 용어로 표기된 추가적 불확실 영역으로 특징지어진다. 모든 이러한 다른 요소들은 공통적으로 한 가지 모습을 갖는다. 바로 불확실성은 측정된 원인과 효과의 고리에 대한 신뢰의 강도를 경감시킨다. 만약에 복합성이 과학적 방법에 의해 해결되지 않는다면, 불확실성은 증가한다. 그러나 만약 기본 지식이 불확정하고 효과가 본질에 따라 확률적이라면 심지어 단순한 관계들도 높은 불확실성과 연결될 수 있다. 만약 불확실성이 중요한 역할을 한다면, 특히 불확정성 또는 지식의 결핍이 그러하다면, 공중은 위험의 가능한 영향에 대해서 걱정하게 될 것이다. 이러한 우려는 관리 부가사항을 선택할 때 논의된 요청에서 자동적으로 표현될 것이다.

이러한 맥락에서 마지막 용어는 애매모호함 또는 모순이다. 이 용어는 동일한 관찰 또는 데이터 측정을 기본으로 한 정당한 해석의 가변성을 나타낸다. 위험 분석과 관리의 영역에서 대부분의 과학적 논쟁은 방법론, 측정법 또는 용량 반응 기능의 차이를 말하지 않지만, 인간 건강과 환경 보호를 위한 모든 방법의 질문을 말한다. 위험 데이터는 논쟁할 수 없다. 그러나 대부분의 전문가들은 특정 위험이 환경 또는 인간의 건강에 대해 심각한 위협을 가할 수 있는지 논쟁한다.

이러한 측면에서, 네 가지 다른 위험 등급으로 구분할 수 있다. 즉, 단순 위험 문제, 복잡한 위험 문제, 불확실한 위험 문제, 애매모호한 위험 문제이다. 이 등급은 참가자의 다른 형태를 요구한다 (Renn, 2008; IRGC, 2005).

- **단순한 위험 문제:** 단순 위험 문제를 판단하기 위해서는 잠재적 피해자들을 포함하는 정교한 접근법이 필요치 않다. 예측된 결과가 대략적으로 명백하기 때문에 대부분의 행위자들은 참여하려 애쓰지 않는다. 협조적 전략에 관해서는 기관의 직원들, 직접적으로 영향을 받은 집단(생산품 또는 활동 제공자와 즉각적으로 노출된 개인들)뿐만 아니라 집행인원들 사이의 **도구적 담론은** 권장할 만하다. 그러나 종종 단순한 것으로 나타난 위험이 근본적으로 평가됨에 따라 더 복잡하고 불확실하고 애매한 것으로 밝혀질 수 있다. 그러므로 이러한 위험은 규칙적으로 재논의하고 주의 깊게 결과를 감시하는 것이 필수적이다.

- **복잡한 위험 문제:** 위험승인과 위험관리의 복잡성을 적절히 조정하는 것은 비용편익의 두 측면에서 한도를 형성해온 지식요소에

대한 주체적 판단과 포함시키는 것을 투명하게 할 필요가 있다. 참을 수 있음과 수용할 수 있음의 판단 그리고 위험 관리와의 직접적 연결과 함께 평가 단계 동안에 복잡함을 해결하는 것은 분산된 절차를 필요로 한다. 복합성을 통제하기 위한 행위조치는 고려의 대상이 되는 위험의 특징에 대한 가장 좋은 평가를 찾으려는 목적적 **지식담론**을 유발할 수 있다. 이러한 담론은 다른 과학 캠프나 전문가나 지식인들의 참가에 의해 고무될 수 있다. 이것은 학계, 정부, 산업, 그리고 시민사회로부터 나오지만 그들의 참여는 교섭 테이블에 새롭거나 추가적인 지식을 가지고 올 수 있다는 주장에 의해 정당화될 수 있다. 그 목표는 인지적 갈등을 해결하는 것이다. 델파이(Delphi),[46] 집단델파이(Group Dephi), 의견을 구하는 워크숍들은 지식적 담론의 목적을 이루기에 가장 추천할 만하다(Welber, Levine, Rakel & Renn, 1991; Gregory, McDaniels & Fields, 2001).

- **미해결의 높은 불확실성에 기인한 위험 문제:** 위험을 특징화하고 위험을 평가하며 위험 감소를 위한 선택권을 계획하는 것은 위험 추정에 대한 높은 불확실성의 상황에서 특별한 도전 과제를 설정하는 것이라 할 수 있다. 잠재적 위험과 그것의 가능성이 알려지지 않았거나 꽤 불확실할 때, 어떻게 상황의 심각성을 판단할 수 있을까? 이런 딜레마에서 위험 관리자는 주요 이해당사자들이 평가 과정에 참여할 수 있도록 권장하고 그들이 잠재적·재앙적 결과를 피하는 교환적인 행위에 투자할 수 있는 안전에 대한 별도의 한계점에서 의견

---

46) 델파이 방식(Delphi method): 의견 제시·회람·정리의 순서를 되풀이해 총의를 얻는 의사 결정·미래 예측법이다.

일치를 찾도록 요구한다. **성찰적 담론**이라고 불리는 이 신중한 유형은 과잉 또는 보호의 가능성의 균형에 대한 집단적 반영에 좌우된다. 만약에 너무 많은 보호들이 요구되면, 혁신은 방해되거나 **빼앗**기게 될 것이다. "안전이 얼마나 충분한지"라는 고전적 질문은 '주행위자가 주어진 혜택과 교환을 받아들일 수 있으려면 얼마만큼의 불확실성과 무지함일까'라는 질문으로 교체될 것이다. 정책 입안자, 각 이해당사자 단체의 대표자들 그리고 과학자들은 이 담화 유형에 참여해야 한다. 성찰적 담론은 상이한 형태의 포럼을 가져올 수 있다. 바로 원탁회의, 공개 포럼, 협상적 규칙 제정 모임, 중재 또는 과학자와 이해당사자를 포함한 혼합된 자문위원회를 들 수 있다(Amy, 1983; Perritt, 1986; Rowe & Frewer, 2000).

- **높은 애매모호함에서 기인된 위험 문제:** 만약 애매모호한 부분들이 위험문제와 관련 있다면, 그것은 위험규제기관이 공중의 우려를 받아들이고 많은 사람들이 염려하는 이슈를 설명하는 것으로 충분하지 않다. 이러한 경우에 위험 평가 과정은 공중의 조언과 새로운 형태의 신중함을 받아들일 필요가 있다. 이것은 적절한 프레임에 대한 문제를 다시 제기하면서 시작한다. 이 쟁점이 정말로 위험한 문제일까? 또는 사실상 라이프스타일의 쟁점이나 미래 비전일까? 목표는 위험과 이익을 비교하고 찬반양론의 균형을 맞추기 위해 설명될 필요가 있는 애매모호함의 차원에서 합의를 찾는 것이다. 높은 애매모호함은 직접적으로 영향을 받은 단체들뿐만 아니라 간접적인 영향은 받은 사람들이 이 논쟁에 어떤 식으로든 기여하기 때문에 참여를 위한 포괄적인 전략이 필요하다. 위험 논쟁에서 애매모호함을

해결하기 위해서는 논쟁, 믿음과 가치들이 자유롭게 논의될 수 있는 플랫폼인 **참여적 담론**이 요구된다.

　이러한 갈등적인 예상을 해결하기 위한 기회는 공통된 가치를 확인하고 사람들이 다른 사람의 비전과 타협하지 않으며, '좋은 생활'에 대한 자체의 비전으로 살도록 하고, 공통된 자원에 관해서 공평하고 정당한 분배를 찾고, 모든 포괄적 혜택을 획득할 수 있는 공통의 복지에 도달하는 제도적 방법을 활성화시키는 과정에 존재한다. 이용 가능한 일련의 신중한 과정은 시민 패널, 배심원, 합의 컨퍼런스, 행정관찰관(옴부즈맨), 시민자문위원회 그리고 비슷한 참여적 도구들을 포함토록 한다(Dienel, 1989; Fiorino, 1990; Durat & Joss, 1995; Armour, 1995; Applegate, 1998).

　위험을 질과 이용 가능한 정보에 따라 분류하는 것은 물론 이해당사자들 사이에서 논란이 되어 왔다. 위험 쟁점이 단순한지, 복잡한지, 불확실한지, 애매모호한지 누가 결정할 수 있을까? 의견 불일치는 특정 위험을 어디에 위치시켜야 할지에 합의하지 못할 가능성이 있다. 각 위험 쟁점을 적절한 관리와 참여 채널에 할당하기 위한 위험 검열을 수행하는 것은 신중해야 한다. 이 과제를 위해 요구된 담론의 유형은 **디자인 담론**이라고 불린다. 그것은 적절한 위험 평가 정책을 선택하고, 위험 관리의 우선권을 정의하고, 적당한 참여 절차를 조직하고, 위험 관리 과정이 수행될 앞으로의 과정 아래 조건들을 확인하는 것이 목표이다.

　<그림 3.3.>은 디자인 담론과 위험 문제의 네 가지 유형을 위한 이해당사자 관여와 참여를 위한 다른 필요조건들의 개요를 보여준

다. 모든 분류의 종류에 따라 이 계획들은 관여 과정의 단순화된 모습을 나타낸다. 이런 절차의 결론을 끌어내기 위하여, 이 단순한 개요의 목적은 일반적인 방향을 제시하고 참여를 위한 엄격한 처방을 제공하기 보다는 이상적인 경우들 사이의 포괄적 차이를 설명하도록 해야 한다.

<그림 3.3.> 위험 관리 증감과 이해당사자 관여

담론의 이러한 다른 유형들은 결합될 필요가 있고 또는 심한 논쟁적 위험일 때는 통합될 필요가 있다. 그러나 우리의 경험은 계류 중인 문제를 해결하기 위해 필요한 담론의 형태를 구별하는 것이 필수적이라고 주장한다. 동물 데이터를 이용하기 위한 올바른 추정방법

과 같은 인지적 질문은 참여적 담론으로 해결될 수 없다. 비슷하게 가치 갈등은 지식적 담론의 설정으로 해결될 수 없다. 위험을 해결하기 위해서는 다른 유형들이 필요하기 때문에, 다른 담론 활동의 복잡성, 불확실성, 애매모호성의 처리를 분리하는 것이 바람직하다. 종종 그들은 다른 참가자를 필요로 한다.

이해당사자의 관여와 공중참여는 관여 행위가 끼어들 수 있고 통합될 수 있는 다양한 절차들을 조직적으로나 혹은 제도적으로 만들어내는 것을 요구한다. 참여를 향상시키기 위한 담론의 선택을 제도의 유기적 가능성과 조화를 이루고 쟁점이 논의되는 사회-정치적 환경에 맞추는 것이 중요하다. 그러므로 아래에서 묘사한 어떤 절차를 결정하기 전에 맥락분석을 통하여 행하는 것이 필수적이다. 이해당사자들이 명심해야 할 가장 중요한 측면은 최종 결정이 내려지기 전에 해야 할 위험커뮤니케이션 유형이다. 누구도 조직자가 먼저 결정한 것에 찬성하도록 참여하는 것을 좋아하지 않는다. 참여의 시점은 중요한 과제이다.

인식적 담론은 위험 특징 그리고 평가와 함께 시작한 과정의 시작에서 조직화되어야 한다. 성찰적 담론은 찬반양론의 균형을 맞추고 올바른 관리 선택사항을 선택할 때 평가 과정을 완성한 후에 바로 배치되어야 한다. 참여적 담론은 위험 평가와 관리 계획에 맞추도록 하는데 더 어렵다. 더 많은 것들이 애매모호함의 본질에 좌우된다. 안전 요소가 위험을 참을 수 있는 또는 받아들일 수 있기에 적당한지에 대한 일반적인 결정처럼, 만약 모든 활동이 논쟁적이라면 초기의 관여 단계에서 추천되어야 한다. 만약 애매모호함이 잠재적 독성 효과와 관련한 상품의 라벨링과 같이 관리 옵션이라면, 옵션을 만들고 평가하는 시간은 참여적 행위를 위한 가장 좋은 기회가 될 것이다.

4. 결론

본 장의 목표는 두 가지였다. 첫 번째는 위험커뮤니케이션에 관해서 타깃 수용자의 욕구와 걱정을 이해하기 위해서는 필수적인 배경지식을 제공해야 한다는 것을 강조하는 것이었다. 두 번째는 성공적인 위험커뮤니케이션을 위한 잠재적 문제들과 장애물들에 대한 특정 정보를 제공하는 것이었다.

본 장에서 강조한 주요 메시지는 **위험커뮤니케이션이 공중정보와 공중관계를 넘어서야 한다는 것이다.** 위험커뮤니케이션이 위험 평가와 관리를 위한 필수적인 보완으로 간주될 필요가 있다. 광고와 메시지의 패키징은 위험커뮤니케이션을 향상하는 것을 도울 수 있지만, 그것들이 위험평가와 관리에서 공중 불신 문제를 극복하거나 소비자의 우려와 걱정 또는 안주에 대처하기에는 불충분하다. 이러한 두 문제에 대한 잠재적 치료법은 위험을 규제하거나 대처하는 모든 기관이 **더 나은 실행을 유도하고 양방향 커뮤니케이션 과정으로서 위험커뮤니케이션 프로그램을 만드는 것이다.** 이러한 실행에 관하여, 많은 위험 관리 기관들이 그들의 특정 과제가 잘 이해되지 않고 있으며, 공중의 기대가 이러한 상황에서 이용 가능한 관리 옵션의 영역 또는 권한과 조화를 이루지 못한다고 불평을 한다. 이것은 한계가 없는 소위 비역(非閾) 독성 효과(non-threshold effects)의 가능성에 대한 커뮤니케이션 프로그램에 널리 퍼져 있다. 첫 번째 위급한 쟁점인 건강과 환경은 모든 산업화된 국가들에서 공중이 가장 걱정하는 주제가 되고 있다. 잠재적으로 독소와 심지어 발암물질의 잠재적 노출이 나쁘고 반드시 피해야 한다는 기본적 믿음에 도전하게 될 때 사람들은 심각하게 걱정한다. 두 번째 위험의 확률론적인 본질은 성공과 실패의 관리 평가에 애매모호함을 부여한다. 만약에 누군가가 위험 규제기관들이 수용한 낮은 독소로부터 역효과를 경험하는 작은 기회가 있었다면, 이 낮은 제한에 대한 결정을 정당화하기 어려울 것이다. 이러한 어려움에도 불구하고 주의 깊은 관리, 공중 요구에 대한 수용성과 커뮤니케이션을 위한 지속적인 노력은 신뢰와 역량을 획득하기 위한 중요한 조건들이다. 이러한 조건들이 성공을 보장할 수 없지만, 그것을 더 가능하게 만들 수 있다.

두 번째 가장 중요한 메시지는 위험 관리와 위험커뮤니케이션은 서로가 보완할 수 있는 수평적 활동으로 여겨야 한다는 것이다. 위험커뮤니케이션은 계속 진행 중인 관리 노력을 신뢰성과 신용도를 획득하는 방법의 일환으로 지원되어야 한다. 조직 내의 실행을 주의 깊게 검토하고, 마지막 수신자의 욕구에 대한 커뮤니케이션 내용에 맞추고, 가치와 선호의 변화에 따라 메시지를 조정함으로써 위험커뮤니케이션은 위험 평가의 선택 그리고 제약의 기본적인 이해를 전달하고, 이를 통해 수용자와 커뮤니케이터 사이의 믿을 수 있는 관계의 토대를 만들 수 있다. 특별히, 다른 담론 모델의 순차적 조직화는 공중 대화와 더 나은 관리결정 간의 지속적 연결로 발전시킬 필요가 있다.

세 번째 주요 메시지는 위험 인식을 심각하게 받아들이는 것이다.

어떤 성공적 커뮤니케이션 프로그램도 위험 인식에 직면한 문제를 설명할 필요가 있다. 위험 인식 연구는 새로운 위험 자원에 대한 공중의 반응을 예측하는 것을 돕는다. 개인들이 위험감수의 어떤 카테고리에 속하는지 관계없이, 시기적절한 정보와 대화는 결국 선호될 것이다.

이와 같이 정교한 위험커뮤니케이션 프로그램은 다수의 채널과 다수의 행위자에 정향된 맞춤 정보를 기본으로 하는 접근이 필요하다. 커뮤니케이션 프로그램을 다양한 수용자들의 욕구와 만나도록 계획할 필요가 있다. 더불어 만약 쟁점이 공중 논쟁에서 다루는 핫 토픽이라면, 잠재적 이해당사자들과의 대화를 추천한다. 위험 논쟁의 세 가지 수준이 동시에 영향을 미치기 때문에 더 구조화된 접근이 필요하다. 첫째로, 이 접근방법의 과학적 혜택, 가장 좋은 벤치마킹 절차와 제안된 안전 요소에 대한 질문에 대해 지식인의 담론을 지속적으로 계획할 필요가 있다. 일단 신뢰할 수 있는 대답이 제공되면, 산업의 이해당사자, NGO들, 소비자 단체 그리고 다른 영향력 있는 단체들이 수용 가능한 규제의 틀에 대한 결정과 참을 수 있는 위험의 한계점에 대한 쟁점을 논의하고 합의를 끌어내는 데 있어 성찰적인 담론이 필수적이다. 소비자들이 어떤 규제 변화에 따라 영향을 받으면 곧바로 참여적 담론이 요구된다. 여기서 목표는 위험을 분석하고 위험 관리자들이 의견 지도자들과 상담하고 정보화된 거절이나 또는 합의를 얻는 것이다. 위험커뮤니케이션은 어떤 기적을 만들지는 않는다. 그것은 인지적 편견들을 극복하고, 논의되는 상품이나 활동의 위험 그리고 혜택에 대해 사람들을 더 민감하게 만드는 데 도움을 준다. 정보와 대화는 규제 기관이나 산업에 대한 공중의 신뢰를 만들고 유지시키는 중요한 도구이다.

효과적
위험커뮤니케이션과 전략

효과적
위험커뮤니케이션과 전략

사회 체계는 커뮤니케이션으로 구성되어 있다.
여기에는 다른 요소도 없고, 다른 물질도 아닌 커뮤니케이션인 것이다.
사회는 사람의 육체와 정신으로 만들어진 것이 아니다.
아주 단순한 커뮤니케이션의 조직인 것이다.
- 루만(Luhmann)

1. 들어가는 말

효과적 위험커뮤니케이션은 위험에 대처하는 조직의 능력에 대해 공중적 신뢰를 부여한다. 효과적 위험커뮤니케이션은 공중의 이해를 촉진하고 신뢰를 높이는 것을 목표로 하는 정보 교환의 과정을 확장하는 데 필수적이다. 미국 국가 과학원(The National Academy of Sciences)은 위험커뮤니케이션을 다음과 같이 정의한다.

...... 개인, 그룹 그리고 기관 사이의 정보 및 의견의 상호적 교환

과정이다. 위험커뮤니케이션은 위험의 본질에 대한 복수의 메시지들과 엄밀하게는 위험에 대한 것은 아니지만 위험 매니지먼트에 대한 법적 그리고 기관 협정 또는 위험 메시지에 관심이나 의견을 표하거나 반응하는 다른 메시지들을 포함한다(p.21).

많은 연구들은 사람들이 어떻게 위험이 관리되어야 하는지를 결정하는 것에 참여하고 선택을 할 수 있도록 하는 데에 있어 효율적 위험커뮤니케이션의 중요성을 강조하여 왔다. 위험커뮤니케이션은 사람들에게 시기적절하게, 정확하고, 명확하고, 객관적인, 일관된, 완전한 위험정보를 제공하는 것을 말한다. 그것은 다음과 같은 행동에 입각한 공중을 만들기 위한 시작점이다.

- 관여하는, 관심 있어 하는, 합리적인, 사려 깊은, 해법 지향적인, 협력하는,
- 그리고 공동의 위험에 대하여 적절하게 관심을 갖는,
- 적절한 행위에 좀 더 참여하도록 한다.

위험커뮤니케이션이 지니는 매우 중요한 목표가 항상 신뢰를 세우고 강화시키고 조정하기 위한 것인 반면에 그것의 구체적인 목표들은 상황에 따라 변화한다. 어떤 상황에서는 위험에 대한 인식을 높이기 위하거나 사람들이 위험에 좀 더 잘 반응하도록 하는 정보들을 그들에게 제공하는 것을 목표로 한다. 다른 경우에는 재앙이나 긴급 상황 이전, 중간, 그리고 이후에 취해야 하는 행동들에 대한 정보를 전파하는 것이 목적이다. 그러나 또 다른 경우에는 적절한 행위들 그리고 관심의 수준에 대한 대화에 사람들의 참여와 동의를 끌

어내는 것이 위험커뮤니케이션의 목적이다. 효과적 위험커뮤니케이션은 위험 정보가 어떻게 진행되는지, 위험 인식들이 어떻게 형성되는지 그리고 위험 결정이 어떻게 만들어지는지를 설명하는 다양한 모형들을 기반으로 하고 있다. 이와 함께 이러한 모형들은 효율적 위험커뮤니케이션에 대한 지적이고 이론적인 기반을 제공한다.

2. 위험커뮤니케이션 모델

효과적 위험커뮤니케이션은 어떻게 위험정보가 유통되고, 어떻게 위험인식이 만들어지는지 그리고 위험 결정은 어떻게 이루어지는지에 대한 여러 모델에 기초하고 있다. 이러한 모델은 효과적 위험커뮤니케이션을 위한 지적이고 그리고 이론적인 기초를 제공한다. 이어지는 내용에서는 몇 가지 모델을 소개한다.

2.1. 위험 인식 모형

위험 인식과 관련된 논의들에서 제시되는 가장 중요한 역설들 중하나는 사람들을 죽이거나 해치는 그리고 불안하게 하며 혼란스럽게 하는 위험들이 종종 매우 다르다는 것이다. 예를 들어 매년 예측되는 치사율 통계에 따른 위해(hazard)들의 정도와 위험들이 어떻게 사람들을 불안하게 하는지에 따른 같은 위해들의 정도 간에는 사실상 상관관계가 없다. 실제로는 거의 피해를 유발하지 않지만 많은 사람들을 걱정하게 만들고 혼란스럽게 만드는 많은 위험들이 있다. 그러나 동시에 많은 사람들을 죽이고 해칠 수 있는 위험이지만 사람들을 걱정하거나 혼란스럽게 하지 않는 위험 또한 존재한다. 이러한 역설은 위험이 사람들에게 인식되는 방법에 영향을 주는 요인들로 설명이 된다. 가장 중요한 요인들을 제시하면 다음과 같다.

- 신뢰성: 신뢰와 신용이 결여된 개인, 기관, 건강하지 못하고, 안전하지 않고 또는 환경보호 실적이 빈약한 조직들과 관련된 행위로부터 발생하는 위험들이 신뢰할 수 있는 개인, 기관, 조직과 관련된 행위들로부터 발생하는 위험들보다 더 크다고 판단된다.
- 임의성: 쓰레기나 산업시설로부터 나오는 화학물질 또는 방사선 노출에 비자발적이고 강요된 행위들로부터 발생하는 위험들이 흡연, 일광욕, 또는 등산과 같은 자발적인 행위들로부터 발생하는 위험들보다 크다고 판단되며 덜 쉽게 받아들여진다.
- 통제성: 다른 사람의 통제하에 있는 행위들로부터 발생하는 위험들이 자동차 운전 또는 자전거 타기 같은 개인의 통제하에 있는 행위들로부터 발생하는 위험들에 비해 더 크다고 판단된다.
- 친숙성: 화학물질의 누출 또는 쓰레기 처리장에서 발생하는 방사선의 누출 같은 친숙하지 않은 행위로부터 발생하는 위험들이 집안일 같은 친숙한 행위들로부터 발생하는 위험들보다 더 크다고 판단된다.
- 공정성: 산업폐기물 처리장 또는 매립지와 관련된 불공평성 같은 불공정하거나 불공정한 과정들을 포함한다고 믿는 행위들로

부터 발생하는 위험들이 예방 접종과 같은 공정한 행위들로부터 발생하는 위험들보다 더 크다고 판단된다.

- 혜택: 원자력발전소와 폐기물 처리장과 같은 불명확하고 의심스러운 개인적 또는 경제적 혜택을 가진 것으로 보이는 행위들로부터 발생하는 위험들이 직장, 금전적 혜택, 자동차 운전 같은 명확한 혜택을 가진 행위에서 발생하는 위험들보다 더 크다고 판단된다.

- 대재앙적 잠재성: 거대한 산업 사고로부터 발생하는 죽음과 부상 같은 시간과 공간에 집약적으로 많은 죽음과 부상들을 일으킬 잠재성을 가진 행위들에서 발생하는 위험들이 시간과 공간에 자유롭거나 분산되는 죽음과 부상들을 유발하는 행위들, 예를 들어 자동차 사고에서 발생하는 위험들보다 더 크다고 판단된다.

- 이해: 소량의 유독 화학물질 또는 방사선에 장기간 노출이 건강에 주는 효과와 같은 잘 이해되지 않은 위험들이 보행자 사고 또는 빙판에서 미끄러지는 것처럼 자명하거나 잘 이해된 위험들보다 더 크다고 판단된다.

- 불확실성: 생물학과 유전공학에서 생성된 위험처럼 상대적으로 알려져 있지 않거나 매우 불확실한 위험을 제기하는 행위들에서 발생하는 위험이 예를 들어 자동차 사고의 위험처럼 상대적으로 과학적인 데이터가 있고, 잘 알려진 행위에서 발생하는 위험들보다 더 큰 것으로 판단된다.

- 지연된 영향: 노출과 유해건강 효과 사이의 장기 잠복기처럼 지연된 영향을 가져 올 수 있는 행위에서 발생하는 위험들이 중독

처럼 즉각적인 영향을 가져오는 행위들에서 발생하는 위험들보다 더 큰 것으로 판단된다.

- 아이들에게 미치는 영향: 아이들이 구체적으로 위험에 노출된 것으로 보이는 행위들(예, 방사선이나 유해화학물질이 함유된 우유)로부터 발생하는 위험들이 직장 내 사고들처럼 그렇지 않은 행위에서 발생하는 위험보다 더 큰 것으로 판단된다.
- 차후세대에 미치는 영향: 유해화학물질과 방사선 노출에 따른 유해한 유전적 영향처럼 차후세대에 위협을 주는 것으로 보이는 행위들로부터 발생하는 위험들이 스키 사고같이 그렇지 않은 행위에서 발생하는 위험들보다 더 크다고 판단된다.
- 피해자 인식: 높은 수준의 유해화학물질 또는 방사선에 노출된 근로자, 맨홀에 빠진 어린이, 광산에 갇힌 광부처럼 인식 가능한 피해자를 발생시키는 행위에서 발생하는 위험들이 자동차 사고 피해자에 대한 통계적 지표처럼 통계 수치적 피해자를 유발하는 행위에서 발생하는 위험들보다 더 큰 것으로 판단된다.
- 두려움: 발암물질, AIDS 또는 유독성 질병처럼 공포, 무서움, 불안을 불러일으키는 행위들에서 발생하는 위험들이 일반적 감기, 가정 내 사고처럼 그러한 기분이나 감정을 불러일으키지 않는 행위들로부터 발생하는 위험들보다 더 큰 것으로 판단된다.
- 미디어의 관심: 원자력 발전소 사고와 누출처럼 미디어로부터 상당한 주목을 받는 행위들로부터 발생하는 위험들이 관심을 거의 받지 않는 행위들, 예를 들어 근무지 사고에서 발생하는 위험들보다 더 큰 것으로 판단된다.
- 사고에 대한 역사의 기술: 대폐기물 처리장 부지에서의 누출처

럼 대규모 사고 또는 작지만 자주 발생하는 사고에 대한 역사적 기록이 있는 행위들에서 발생하는 위험들이 DNA 복제처럼 그러한 역사적 기록이 거의 없는 행위에서 발생하는 위험들보다 더 크게 판단된다.

- 가역성: 유해물질 노출에 의한 선천적 결손증처럼 잠재적으로 되돌릴 수 없는 유해 효과들을 가진 행위에서 발생하는 위험들이 스포츠 부상처럼 되돌릴 수 있는 유해 효과를 가진 행위들에서 발생하는 위험들보다 더 크다고 판단된다.

- 개인적 이해관계: 가족과 같이 자신과 가까운 이해관계를 가진 사람들 또는 자기 자신이 직접적 그리고 개인적으로 위험에 노출된다고 보이는 행위들, 예를 들어 폐기물 처리장 근처에 거주하는 것에서 발생하는 위험들이 먼 지역의 쓰레기 매립처럼 직접적이고 개인적 위협을 주지 않는 행위에서 발생하는 위험보다 더 크다고 판단된다.

- 윤리성·도덕성: 경제적으로 낙후된 지역에서의 오염 유발 행위처럼 윤리적 또는 도덕적으로 잘못된 것으로 믿어지는 행위에서 발생하는 위험들이 약의 부작용처럼 윤리적으로 중립된 행위에서 발생하는 행위들보다 더 큰 것으로 판단된다.

- 인간 대(對) 자연: 태만, 불충분한 안전점검, 오퍼레이터의 실수에 의해 발생하는 산업 사고 같은 인간의 행위, 실패 또는 무능력에 의해 발생되는 위험에서 발생하는 위험들이 지질학적으로 생성된 라돈 또는 우주 광선처럼 자연 또는 불가항력적으로 발생되는 위험에서 발생하는 위험들보다 더 크다고 판단된다.

이러한 요인들은 위험 정보에 대한 개인의 감정적 반응을 결정한다. 예를 들어, 이 요인들은 공중의 공포, 걱정, 불안, 공포, 화 그리고 격노의 수준에 영향을 미친다. 공포, 걱정, 불안, 화, 격노의 수준은 위험이 비자발적, 불공정, 비혜택적, 개인의 통제하에 없을 경우, 신뢰할 수 없는 개인 또는 조직에 의해 운영되었을 때 가장 커지고 가장 강화되는 경향이 있다.

2.2. 인간 심리적 노이즈 모형

인간 심리적 노이즈 모형(The Mental Noise Model)은 사람들이 정신적 압박하에서 정보를 어떻게 처리하는지에 초점을 맞추고 있다. 인간 심리적 노이즈는 위험에 대한 노출과 관련한 스트레스 그리고 강한 감정 상태에 의해 유발된다. 사람들이 스트레스를 받고 혼란할 때 그들의 정보 처리 능력은 심각하게 손상될 수 있다. 높은 스트레스를 받는 상황에서 사람들은 일반적으로 정보를 듣고 이해하는 능력이 상당히 감소된다. 예를 들어, 심리적 노이즈 때문에 사람들이 스트레스를 받고 혼란스럽게 되면 그들은 일반적으로 동시에 세 가지 메시지에 집중할 수 없다. 또한 사람들은 일반적으로 (1) 그들의 교육적 수준의 넷 또는 다섯 단계 이하에서 정보를 처리하고, (2) 그들이 처음과 마지막에 들은 정보에만 관심을 두게 된다. 부정적인 심리학적 속성들(예, 비자발적, 자신의 통제하에 있지 않은, 낮은 혜택, 불공정한, 두려운 것으로 인식되는 위험들)과 연관된 위험들에 대한 노출은 사람들의 심리적 노이즈에 큰 영향을 미친다.

2.3. 부정적 통제 모형

부정적 통제 모형(The Negative Dominance Model)은 높은 관심과 감정적으로 격한 상황에서 부정적 그리고 긍정적 정보의 처리과정을 설명한다. 일반적으로 부정적 정보와 긍정적 정보 사이의 관계는 매우 큰 부담을 주는 부정적 정보에 의한 높은 스트레스 상황에서는 비대칭적이다. 부정적 통제 모형은 사람들이 이득(긍정적 결과물)보다 손실(부정적 결과물)에 더 큰 가치를 둔다는 현대 심리학의 중심 정리와 일치한다. 부정적 통제 모형의 한 가지 실용적 함의는 하나의 부정적 메시지에 균형을 맞추기 위하여 여러 가지 긍정적이거나 해결을 위한 메시지들을 취한다는 것이다. 일반적으로, 높은 관심 또는 감정적으로 높은 관심을 갖는 상황에서 하나의 부정적 메시지에 균형을 맞추기 위해 세 개 이상의 긍정적 메시지를 갖게 된다. 이 모형의 또 다른 실용적 함의는 아니오, 그렇지 않다, 전혀 아니다, 절대로 아니다 같은 부정적 내용이나 부정적 의미를 함축하고 있는 단어들을 포함하고 있는 커뮤니케이션이 긍정적 단어들을 포함한 메시지보다 더 높은 관심을 받는 경향이 있으며, 더 오랫동안 기억되며 더 큰 영향력을 가진다. 결론적으로, 높은 관심과 감정적으로 격양된 상황에서 필수적이지 않은 부정적 용어의 사용은 긍정적이고 해결 지향적 정보를 혼란스럽게 하고 의도되지 않은 효과를 가질 수 있다. 위험커뮤니케이션은 종종 사람들이 긍정적이고 건설적인 행위에 초점을 맞추고 있을 때 "어떤 일이 일어나지 않는다"보다 "어떤 일이 일어난다"에 가장 효과적인 모습을 한다.

2.4. 신뢰 결정 모형

위험커뮤니케이션 문헌들의 중심 주제는 효율적 위험커뮤니케이션에서 신뢰에 대한 중요성이다. 신뢰는 일반적으로 위험의 인식을 결정하는 가장 중요한 요인으로 인식된다. 신뢰가 세워졌을 때만 합의와 대화와 같은 다른 위험커뮤니케이션 목표들이 성취될 수 있다.

신뢰는 일반적으로 오랜 시간에 걸쳐 세워진다. 신뢰를 구축하는 것은 장기적인 누적적 과정이다. 신뢰는 쉽게 잃을 수 있으며 신뢰가 무너진 순간 이것을 다시 회복하는 것은 어렵다.

효과적인 위험커뮤니케이션에서 신뢰의 중요성 때문에 위험커뮤니케이션 연구의 상당한 부분이 신뢰의 결정 요인에 초점을 맞추고 있다. 연구들은 신뢰의 가장 중요한 결정요인으로서 다음과 같은 요인들을 제시한다. (1) 듣기, 배려, 감정이입, 연민, (2) 능숙함, 전문성, 지식, (3) 정직, 개방성, 명료성. 신뢰의 다른 결정요인들은 책임, 인내, 헌신, 전념, 민감성, 객관성, 공정성, 일관성이다(<그림 4.1.> 참조). 신뢰 결정요인들은 보통 9-30초라는 빠른 시간 안에 형성된다.

신뢰는 배려, 정직, 능숙함의 입증된 실적에 의해 만들어지며 신뢰할 수 있는 요소들로부터의 지지에 의해 향상된다. 개인 측면에서 신뢰는 그들의 인지된 속성과 언어적·비언어적 커뮤니케이션 능력에 따라 매우 달라진다. 조직 측면에서 또한 신뢰는 크게 달라진다. 예를 들어, 유럽에서 이루어진 설문조사는 많은 건강위험 논란들에 대해 가장 신뢰할 만한 개인들과 조직들이 약사, 소방관, 전문 안전요인, 간호사, 교육자, 종교 지도자, 시민 보호그룹들이라는 것을 제시한다.

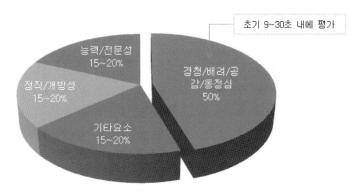

<그림 4.1.> 높은 스트레스 상황에서의 신뢰 요인

3. 효율적 위험커뮤니케이션에 대한 과제

앞의 네 가지 모형은 효과적 위험커뮤니케이션에서 가장 중요한 두 가지 도전 과제의 배경이 된다. 이 도전 과제는 다음과 같다.

· 위험에 대한 미디어 보도의 선택성과 편향성
· 위험에 대한 공중의 오인(誤認)과 오해(誤解)를 만드는 심리학적·사회학적 그리고 문화적 요소들이다.

이 같은 도전 과제를 상세히 논하면 아래와 같다.

3.1. 위험에 대한 미디어 보도의 선택성과 편향성

위험 정보의 전달에 있어 미디어는 매우 중요한 역할을 한다. 그러나 기자들은 종종 위험에 대해 기사를 보도할 때 매우 선택적이다. 예를 들어, 그들은 종종 아래와 같은 부분에 주로 초점을 맞춘다. 바로 찬반 논란, 갈등, 매우 개인적 드라마를 가진 사건들, 실패, 부주의, 추문과 범법행위, 아이들에 대한 위험 또는 위협, 악당, 피해자, 영웅에 대한 이야기처럼 대개 8가지에 초점을 둔다.

이런 선택적 기사의 많은 부분들은 전문적 그리고 조직적 요소들의 중심부에서 이루어진다. 가장 중요한 요인들을 설명하면 다음과 같다. 각 요소들은 위험에 대한 미디어 보도에서 왜곡과 부정확성을 유도한다.

▶ 보도 가치

기자들은 일반적으로 많은 수의 독자, 청취자들을 매료할 수 있는 이야깃거리들을 찾는다. 일반적으로 가장 관심을 받는 이야기들은 높은 감정적 내용을 가지고 있다. 이런 기사들은 일반적으로 평범하지 않은, 드라마틱한, 대립을 일삼는, 갈등 또는 부정적 상황에 있는 사람들을 포함시킨다. 매력적인 위험 이야기들은 일반적으로 소아암 같은 두려운 사건, 후세대에 대한 위험, 비자발성, 불분명한 혜택, 잠재적으로 되돌릴 수 없는 영향들 그리고 무능력하거나 또는 신뢰할 수 없는 위험 관리자들을 포함한다. 이러한 선택적 과정의 결과 중 하나는 위험에 대한 많은 미디어 보도들이 상당히 생략되거나 또는 과대 요약되며 왜곡된 또는 부정확한 정보들을 포함한다는 것이다. 예를 들어, 미디어는 종종 암에 대한 위험을 보도할 때 일반적 암 발생률을 비교하는데 그 목적에 맞는 적절한 통계 자료를 제공하지 못한다.

▶ 노동의 분화

많은 경우 위험 기사의 헤드라인 또는 제목은 기사를 보도하는 기자보다는 특정한 한 사람이 대개 선정한다. 헤드라인 또는 제목은 종종 기사줄거리보다 더 선정적이다. 이러한 현상이 발생하는 이유 중 하나는 일반적인 미디어 조직 내에서 수행되는 업무가 매우 다양하기 때문이다. 이러한 업무들은 종종 다른 목표를 가진 다른 개인들에 의해 수행된다. 헤드라인을 작성하는 사람이 추구하는 중요한 목표는 독자, 청취자, 시청자를 매료시키는 데 있다.

▶ 다방면의 지식을 가진 제너럴리스트

대부분의 기자들은 전문가라기보다 다방면의 지식을 가지고 있는 제너럴리스트의 성격을 갖는다. 결과적으로 위험 기사를 보도하는 대부분의 기자들은 의약, 공업, 역학, 독성학, 생태학, 그리고 통계를 포함한 위험 과학에 있어 전문성이 결여된다. 게다가 기자들은 종종 콘텐츠 영역을 핑계로 대거나 회피하는 경향이 있다. 이러한 회피현상은 종종 기자들에게 이슈에 대한 경험, 배경지식 또는 전문화된 지식이 거의 없는 상태에서 위험에 대한 기사를 보도하도록 할당되는 결과를 가져온다. 전문성과 경험의 결여는 종종 위험에 대한 미디어 보도에서 왜곡과 부정확성을 만들어낸다.

▶ 자원

대부분의 미디어 기관들은 심층적인 위험 기사를 쓰기 위해 필요한 자원들을 가지고 있지 않다.

▶ 객관성과 균형

기자들은 일반적으로 다양한 관점에서 다양한 정보자료를 인용함으로써 객관성과 균형을 성취하려고 노력한다. 그러나 기자들에 의해 인용된 정보자료들은 종종 그들 자신의 전문성과 객관성에 따라 매우 변화 가능하다.

▶ 경력 향상

기자들은 일반적으로 작은 미디어 시장에서 더 큰 미디어 시장으로 이동함에 따라 자신의 경력을 높인다. 결과적으로 스태프의 이직률이 높아지게 되며 스태프 이직률의 상승은 다시 이슈에 대해 친숙하지 않은 기자들이 기사를 작성하도록 하는 결과를 초래한다.

▶ 감시견

많은 기자들은 산업과 정부의 감시인으로 자신을 보며 잘못된 행위에 관심을 둔다.

▶ 정보자료에 대한 종속성

기자들은 보도가치가 있는 정보에 대한 꾸준하고 신뢰할 만한 흐름을 만들기 위해 개인과 조직에 매우 높게 의존한다. 권위 있는 정보자료들로부터 꾸준한 정보 유입이 확보되지 않을 때 기자들은 종종 권위가 덜한 정보자료에 의존하게 된다. 게다가 기자들은 종종 과도하게 신중하고 전문적 언어를 사용하는 과학자들 또는 의사결정자들을 비호의적으로 본다. 그러한 경우, 기자들은 정보자료가 명성이 덜하고 잘 알려져 있지 않더라도 위험 이슈에 대해서 확실하게 말해주기를 선호하는 정보자료에 의존하려 한다.

▶ **경쟁**

미디어 조직들뿐만 아니라 기자들 사이에서의 경쟁은 심하다. 많은 뉴스 조직들은 독자, 시청자, 청취자를 서로 얻기 위해 엄청나게 경쟁한다. 이러한 경쟁의 대부분은 이야기 밖에서 집중적으로 이루어진다. 그리고 생략과 부정확성을 이끌 수 있다.

▶ **마감 시간**

기자들은 일반적으로 짧은 마감 시간이라는 제한된 곳에서 일을 한다. 짧은 마감시간은 정확하고 신뢰할 만한 정보를 추구하기 위한 기자들의 능력을 제한한다. 게다가 기자들에게 마감시간과 관련이 없는 권위적인 정보자료들은 종종 기자들이 비호의적으로 다루도록 하며 교체할 수 있는 대상이 된다.

▶ **정보압축**

기사 작성에 대해 할당된 시간과 공간의 한정된 양 때문에 기자들은 위험 이슈 주변에 산재한 복잡한 배경 정보들을 탐구할 능력을 제한받는다.

3.2. 위험에 대한 공중의 오인과 오해를 만드는 심리학적 · 사회학적, 그리고 문화적 요인들

효과적인 위험커뮤니케이션에 대한 두 번째 주요한 도전 과제는 위험에 대한 오인과 오해를 만드는 심리학적·사회학적, 그리고 문화적 요인들이다. 이 요인들로 인해 사람들은 편향된 판단을 하고 위험에 대한 결정을 하는 데 매우 작은 양의 정보만을 이용하게 된다.

이 요소들 가운데 가장 중요한 것의 하나가 '이용 가능성'이다. 사건의 이용 가능성(접근할 수 있고 쉽게 기억될 수 있는 것)은 종종 그것의 빈도를 과대평가토록 한다. 이용 가능성 때문에 사람들은 뉴스 미디어, 과학 문헌, 친구들과 동료들 사이의 논쟁처럼 자주 상기되는 사건들 또는 구체적 예나 드라마틱한 이미지로부터 회상하고 상상하기 쉬운 사건에 대해 발생 확률을 더 높게 평가하는 경향이 있다.

두 번째 요인은 순응이다. 이것은 모든 사람이 그것을 하기 때문에 또는 모든 사람이 그것을 믿기 때문에 특정 방법으로 행동하는 사람들의 부분이 되려는 경향이 있다. 세 번째 요인은 위험을 피하기 위한 자신의 능력에 대한 과신이다. 예를 들어, 많은 사람들은 스스로를 일반 사람보다 암에 덜 걸릴 것이고, 해고당하지 않을 것이며, 강도를 당하지 않을 것이라 생각한다. 과신은 인지된 개인적 통제의 높은 수준이 민감성의 기분을 감소시킬 때 가장 활발하게 나타난다. 예를 들어, 많은 사람들은 그들이 다른 운전자들보다 더 낫고 안전하다는 근거 없는 신념 때문에 안전벨트를 하지 않는다. 비슷하게 많은 청소년들은 상처 입지 않을 것이라는 인식, 동료들의 지지, 피해를 피할 수 있다는 자신의 능력에 대한 과신 때문에 매우 위험한 행위들, 예를 들어 음주, 운전, 흡연, 콘돔을 사용하지 않은 성행위를 한다.

네 번째 요인은 확증편향(confirmation bias)이다. 이것이 의미하는 것은 위험에 대한 신념이 형성되는 즉시 새로운 증거가 형성된 신념에 맞추어 만들어지고, 반대되는 정보는 걸러지게 되고, 애매한 데이터는 확증으로 해석되며 일치되는 정보는 증거로 인식된다는 것이다. 다섯째 요인은 불확실성에 대한 공중의 혐오이다. 이 혐오는 종종 높은 관심과 위험에 대한 발생 가능성이 아닌 진실에 대한 요구로 바뀌게 된다. 거의 이용하기가 힘든 정확한 정보를 가진 전문가의 진술에도 불구하고 사람들은 절대적인 해답을 원한다. 예를 들어, 사람들은 종종 무엇이 발생하고 무엇이 발생하지 않을 것인지에 대해 정확하게 알기를 요구한다.

여섯 번째 요인은 강하게 고정된 신념을 변화시키는 것에 대한 사람들의 주저함이다. 이러한 경향은 사람들로 하여금 자신의 신념과 반대되는 증거들을 무시하게 만든다. 위험에 대한 강한 신념은 형성되는 즉시 매우 천천히 변화한다. 이러한 강한 신념은 반대되는 증거에 대해 매우 완강하게 저항하며 유지될 수 있다.

4. 효과적인 위험커뮤니케이션을 위한 도전과제와 극복 전략들

4.1. 위험에 대한 미디어의 선택적이고 편향된 보도를 극복하기 위한 전략

위험커뮤니케이션 학자들은 미디어 보도의 질을 향상시키기 위해 다양한 전략들을 이용할 수 있다고 주장한다. 예를 들어, 위기에 앞서 아래의 전략들을 고려한다면 더 나은 미디어 기사를 만들어낼 수 있다.

- 위험 이슈 관련하여 기자들을 위해 정보적 자료들이 사전에 준비되어야만 한다.

- 미디어에 대한 신뢰성을 확립하기 위해 상급자, 전문성, 경험이 충분한 대표 대변인이 지정되어야만 한다. 대표 대변인은 위험과 불확실성을 이야기하는 데 있어 능숙해야만 한다.

- 지역 기자들과 편집자들 간의 관계가 사전에 진일보 되어야만 한다. 이것은 위험 이슈에 대해 좀 더 학습할 교육적 기회를 기자들에게 주는 것을 포함한다. 이는 기자들의 편집국 방문 또한 포함한다.

- 연합 정보 센터가 사전에 설립되어야만 한다. 이것은 재앙, 긴급 상황, 위기 동안 미디어 질문과 조사에 대한 중심으로 기능할 것이다. 연합정보센터는 일일 미디어 브리핑을 위해 독자적 공간을 가지고 있어야만 하며 또한 모든 파트너 조직으로부터 공중적 정보 제공자를 위한 작업실을 가지고 있어야만 한다.

- 포괄적인 위험커뮤니케이션 계획이 사전에 개발되어야만 한다. 위험커뮤니케이션에 있어 시간은 필수적 요소이다. 공중에게 정보를 전달하는 데 있어 매우 작은 시간의 지연이 심각한 비판을 발생시킬 수 있다. 위험의 효과적인 운영을 위한 전제조건은 적절한 양식 안에서 정보를 공유하기 위한 능력과 의지이다. 위험커뮤니케이션 계획에 있어 이러한 목적은 필수적이다. 불행하게도 대부분의 공공 그리고 사적 부문의 조직들은 검증된 포괄적 위험커뮤니케이션 계획을 가지고 있지 않다. 이것은 반대로 위기커뮤니케이션 수행에 특히 위기 상황하에서 영향을 미친다. 위험커뮤니케이션 계획은 최소한 위기커뮤니케이션 팀을

인식하고 그들의 역할과 책임을 명확하게 할 수 있어야만 한다.

- 리포터들이 가장 자주 요구하는 질문에 대한 답변이 있는 브리
  핑 가이드가 사전에 준비되어야만 한다.
- 자주 요청되는 질문에 대한 답변은 메시지 매핑의 원리에 따라
  준비되어야만 한다.
- 위험의 수와 정보의 질에 대해 정보를 제공하는 기자들에 대해
  배경 자료들이 준비되어야만 한다.

일반적으로 기자들은 위험커뮤니케이터가 아래와 같은 내용들을
제공할 때 위험에 대해 더 나은 기사를 작성할 수 있다.

· 정확하고 진실한 정보
· 증거에 기초한 정보
· 정보의 규칙적인 업데이트
· 정보의 사전 공개
· 간략하고 간결한 정보
· 경험한 정보
· 그래픽과 다른 시각적 정보
  (예, 사진, 그림, 차트, 추세선, 다이어그램, 맵, 비디오 등)
· 설명을 포함한 간단한 통계치
· 균형적인 정보
· 인간이해관계의 감동 스토리
· 전문가와 관리자에 대한 접근
· 미디어 마감 기한 안에 제공되는 정보

이러한 전략을 이용하는 것의 가치는 기자들이 파트너로 협동적으로 일함으로써 나오는 이점에 있다. 예를 들어, 기자들은 위험커뮤니케이터들이 아래와 같이 할 수 있도록 도울 수 있다.

- 공중에게 알리고 공중을 교육하도록
- 빠르게 이야기를 공개할 수 있도록
- 주요한 목표 대상자에게 접근할 수 있도록
- 지원을 얻을 수 있도록
- 지나친 공포와 불안을 막을 수 있도록
- 정확하고 필수적 정보를 제공하도록
- 잘못된 정보를 교정하도록
- 적절한 행위들을 격려하도록
- 민감한 공중을 진정시키도록

4.2. 위험에 대한 공중의 오인과 오해를 만드는 심리학적·사회학적·문화적 요인의 극복 전략

심리학적·사회학적, 그리고 문화적 요인들에 의해 발생되는 위험 정보에서의 왜곡을 극복하는 데 도움을 주기 위해 다양한 전략들이 사용될 수 있다. 가장 중요한 전략은 위험 인식 모형으로부터 도출되었다. 예를 들어, 공정성, 친숙성, 자발성 등과 같은 위험 인식 요인들이 위험 가능성의 척도이고 위험의 수용성을 판단하는 규모이기 때문에 좀 더 친숙하고 공정하고 그리고 자발적인 위험을 만드는 것에 의해 분노를 감소시키기 위한 노력이 그것 스스로 위험을 감소시키는 노력으로 유의미하다. 비슷하게, 고문 위원회(顧問 委員會)를 지지하고 세우는 것, 제3자의 연구, 감사, 검열, 모니터링을 지지하는 것과 같이 권력을 공유하려는 노력들이 위험을 좀 더 받아들일 수 있게 만들기 위한 강력한 수단이 될 수 있다.

게다가, 위험 수용성이 인지된 통제에 매우 의존적이기 때문에 그리고 인지된 통제는 가치와 의견에 의존적이기 때문에 위험은 아래의 상황에서 덜 오인될 가능성이 있다.

- 조직들이 그들의 가치와 목표에 대해 명확할 때
- 결정에 대해 개방성과 투명성이 있을 때
- 조직이 나쁜 뉴스들을 처음으로 발표할 때
- 조기 경고가 제공되었을 때
- 의사 결정들이 과학적 증거들을 명확하게 기반하고 있을 때
- 의사 결정을 위해 공중 가치와 관심 그리고 인식들이 얻어질 때
- 사람들이 정부가 그들의 가치를 공유한다고 인식할 때
- 개인들이 균형적이고 올바른 판단을 하도록 충분한 정보가 제공될 때
- 실수들이 정부에 의해 빠르게 인정되고 조치가 이루어질 때
- 행동들이 말과 일치할 때(신뢰에 대한 판단은 무엇을 말했나보다 무엇을 하는지에 더 의존함)
- 불확실성이 인정되었을 때
- 과도한 안심이 회피될 때
- '신뢰받는 목소리'가 메시지를 지지하기 위해 제공되었을 때
- 공포와 감정의 격노와 합법성이 인정되었을 때

기관들과 다른 장애물들 때문에 이러한 전략들을 시행하기 위해 강한 리더십이 요구된다. 이러한 리더십의 적절한 보기는 2001년 9월 11일 테러 사건이다. 루돌프 줄리아니(Rudolf Giuliani) 뉴욕시장은 테러리스트가 세계무역센터를 공격했을 때 미국인들이 느낀 분노를 공유하였다. 그는 연민과 화, 그리고 안심이 완벽하게 혼합된 메시지를 전달하였다. 그는 사실상 위기 속에서 효과적인 리더에게 요구되는 모든 위기커뮤니케이션 기술들을 보여주었다. 다음의 내용들을 포함하고 있었다.

- 많은 공중과 주요 이해당사자들의 공포, 불안, 불확실성들을 듣고, 인정하고 경의를 표함.
- 공중의 공포, 불안, 불확실성에 직면해 있음에도 침착과 통제를 유지함.
- 사람들에게 스스로를 보호하고 개인적 통제의 기분을 얻거나 재획득하는 방법을 제공함.
- 무엇을 알려야 할 것인지 무엇이 알려지지 않은 것인지에 초점을 맞춤.
- 만약 질문이 즉각적으로 답변될 수 없을 경우에 사람들에게 이루어져야 할 후속 조치는 무엇인지 또는 추가적인 정보를 어디에서 얻을 수 있는지를 알려줌.
- 연민과 확신 그리고 낙관론을 전달할 수 있는 권위 있는 진술과 행동들을 제공함.
- 정직, 솔직, 투명, 윤리적·개방적이어야 함.
- 이슈 또는 문제에 대한 주인의식을 가져야 함.

- 처음 인상이 지속적이라는 것을 기억함.
- 이슈를 하찮게 보이게 하거나 배려하지 않는 것처럼 해석될 수 있는 유머를 피함.
- 절대적인 의미를 가진 것으로 해석될 수 있는 단어들, 예를 들어 절대 또는 항상과 같은 단어를 말하는 데 극도로 신중함.
- 나쁘거나 좋은 뉴스를 공유하는 첫 번째 사람이 됨.
- 세 개 또는 그 이상의 긍정적·건설적인 또는 해결책 기반 메시지를 가지고 나쁜 뉴스와의 균형을 맞춤.
- 혼재되거나 불일치하는 언어적·비언어적 메시지를 피함.
- 가시적이고 쉽게 이용 가능함.
- 주요한 함정과 위험들의 회피(예를 들어, 극도로 악화되었을 경우에 대한 추측)를 포함한 언어적 그리고 비언어적 미디어 기술들을 보여줌. 예, 확실한 것은 없습니다. 드릴 말씀이 없습니다와 같은 것 등.
- 각 주요한 관심에 대해 세 개의 간결한 주요 메시지를 제공함.
- 지속적으로 준비된 주요한 메시지를 반복하기 위한 기회를 찾음.
- 특수 용어나 두음 언어에서 벗어난 비기술적 언어를 명확하게 이용함.
- 시각적 자료, 개인적 그리고 독자의 흥미를 끄는 이야기, 인용구, 비유, 일화를 확정적으로 그러나 적절하게 사용함.
- 누가 인터뷰되고 있는지를 파악하고 적절하게 조정을 함.
- 인터넷과 많은 미디어에서 무엇이 이야기되고 있는지를 모니터링함.
- 다른 의무사항들을 제쳐두고 긴급 상황의 첫날을 매우 심각하

게 받아들임.

- 사실의 정확성을 검토와 재검토를 통해 추측을 피함.
- 제공되는 사실이 명확한 과정을 통해 진행되었음을 보장함.
- APP 모형(anticipate/prepare/practice)을 이용하여 사전에 위험과 위기커뮤니케이션 프로그램을 잘 계획함. 바로 시나리오 계획을 수행, 중요한 이해당사자들을 확인, 질문과 관심사항들을 예상, 대변인을 준비, 메시지 준비, 메시지 사전 테스트, 후속 질문들을 예상, 반응들을 재심리함.
- 지속적 그리고 자주를 기반으로 정보를 제공함.
- 파트너(내부와 외부)에게 하나의 목소리를 내겠다고 보장함.
- 파트너(내부와 외부)가 동의하지 않을 때 긴급하게 대처할 계획을 가지고 있음.
- 가능한 메시지에 대한 반응을 결정하는 데 도움이 되는 연구를 이용함.
- 공중이 참여하는 회의는 신중하게 계획함. 신중하고 통제되고 능숙하게 이행되지 않는 한 역효과를 낳을 수 있고 공중 분노와 좌절을 증가시킬 수 있기 때문임.
- 전문가 유용성 세션, 워크숍, 포스터 기반 정보 교환 등을 포함한 면대면 커뮤니케이션 방법을 이용하도록 격려함.
- 다른 신뢰할 만한 정보 자료들을 인용할 수 있도록 함.
- 실수가 발생했을 때 책임이 있음을 인정함.
- 높은 인지된 신뢰성을 가진 사람들의 신뢰성을 공격하는 것을 피함.
- 불확실성을 인정함.

- 신뢰할 만한 제3자로부터의 지지를 찾고, 섭외하고, 확장적으로
  이용함.

줄리아니 시장은 특히 근거 없거나 시기상조로 안심시키는 진술들을 하는 것에 대한 위험을 이해하고 있었다. 근거 없거나 시기상조로 안심시키는 진술들은 종종 공중을 진정시키고 혼란을 피하기 위한 정부 정책자들의 요구에 의해 동기화된다. 공황이나 히스테리는 개인 사이에서 전염적인 공포의 강화로 표현한다. 그러나 연구결과들은 대부분의 사람들이 위기 상황하에서 협력적으로 그리고 순응적으로 반응하게 된다고 제시한다. 공황이나 히스테리를 유발하는 위험 요소들 중에는 다음과 같은 것들이 있다.

- 도망갈 수 있는 기회가 적다는 신념
- 심각하게 해를 끼칠 수 있고 죽음을 당할 수 있는 높은 위험에
  자신이 처해 있다고 보고 있는 것
- 이용할 수는 있지만 제한된 원조에 대한 자원들
- 선착순(first come, first served)시스템의 인식
- 재앙의 효과적인 관리의 인지된 부족
- 정부에 대한 신뢰성의 손실
- 사람들에게 중요한 행위의 결핍(예를 들어, 집단 간 상호작용,
  연결성을 증가시키는 행위들, 불안을 감싸도록 돕는 행위들)

아마도 줄리아니 시장에 의해 증명된 가장 중요한 위험커뮤니케이션 기술은 불확실성을 전달하는 능력이었다. 그는 효과적인 위험

커뮤니케이션에 대한 과제는 위험 데이터에 대한 불확실성, 복잡성, 불완전성에 기인한다는 것을 인정하였다. 이 과제들을 진술하는 데 있어 줄리아니 시장은 불확실성을 커뮤니케이션 하는 것에 대한 위험커뮤니케이션 원리들을 다음과 같이 제시하였다.

- 불확실성을 감추지 말고 인정할 것
- 많은 건강, 안전, 환경적 영향력들을 측정하는 것이 어렵기 때문에 위험 데이터가 종종 불확실하다는 것을 설명할 것
- 정보의 확실성에 대한 적절한 예약과 함께 위험 정보를 신속하게 공유할 것
- 사람들에게 당신이 믿는 것이 (a) 확실한지, (b) 거의 확실한지, (c) 알려져 있지 않은 것인지, (d) 절대 알 수 없는 것일 수도 있는지, (e) 그럴듯한지, (f) 그럴듯하지 않은지, (g) 매우 개연성이 있는지, (h) 불확실성을 감소시킬 것인지를 말해줄 것
- 사람들에게 당신이 지금 확실하다고 믿는 것이 이후에는 잘못된 것이 될 수도 있다는 것을 말해줄 것
- 문제들을 즉시 발표토록 할 것

이와 같은 위험커뮤니케이션 메시지 맵은 위험에 대한 분명하고, 간결한 메시지를 준비하는 데 유용한 틀의 보기가 된다. 이것은 미리 조치를 취하는 질문이나 관심사항에 반응을 하는 데 사용될 수 있는 세밀하고, 위계적으로 조직화된 정보로 구성되어 있다. 또한 매우 관심이 높은 이슈에 대한 조직의 메시지를 제공하는 현시적 목적을 갖는다. 메시지 맵의 원형은 예를 들어, 대변인이 미디어뿐만

아니라 공중 그리고 여타 이해관계자들에게 적절한 시간에, 정확하게, 분명하게, 간결하게, 지속적으로, 신뢰적으로 연관된 중요한 정보를 제공할 수 있도록 한다. 메시지 맵은 저널리스트나 여타 관계자가 집중적으로, 공격적으로 질문을 할 때 마치 폭풍 속의 항구와 같은 기능을 하도록 한다. 또한 메시지 맵은 조직체들이 점진적으로 위험메시지를 발전시키도록 한다. 일단 이러한 메시지가 발전되면 메시지 맵의 효과성은 포커스 집단을 통해 검증될 수 있다.

전략적인 수단이나 툴로서 메시지 맵은 다양한 이점을 제공한다. 신속하게 그리고 정확한 것이 핵심인 토픽에 대한 질문에 즉각적으로 반응을 해야만 하는 지도자나 대변인이 참조하기에 좋은 참고문헌이 된다. 우리가 메시지 맵핑 행위에서 얻을 수 있는 매우 중요한 하나의 교훈은 메시지를 생산하는 과정을 최종 생산물을 만들어내는 것처럼 중요하게 여겨야 한다는 것이다. 메시지 맵핑 행위는 과학자 팀, 커뮤니케이션 전문가, 정치적인 전문성을 가진 개인과 연관이 되고, 종종 동일한 질문, 이슈 그리고 관심사항에 대해 다양한 관점을 드러내도록 한다. 그래서 이 메시지 맵핑은 조직적인 전략이나 정책에서 필요한 변화가 무엇인지를 자주 확인시켜 준다. 메시지 맵을 구성하는 마지막 단계는 표준화된 과정을 이용하여 검증하는 시스템적인 메시지를 만들어내어 관리하는 것이다.

제 5 장

위험커뮤니케이션과
공중의 참여 그리고
정책 결정의 연계

위험커뮤니케이션과 공중의 참여 그리고 정책 결정의 연계

모든 기술은 특정 사건을 야기하고, 일으키고, 계획한다.
…… 배의 발명은 난파의 발명이었다.
증기기관과 기관차의 발명은 탈선의 발명이었다.
고속도로의 발명은 5분마다 300대의 자동차가 충돌하는 발명이었다.
비행기의 발명은 비행기 충돌의 발명이었다.
나는 앞으로, 우리가 기술과 함께 계속 나아가기를 희망한다면
(나는 신석기시대로 후퇴가 있을 것이라고는 생각하지 않는다),
우리는 반드시 본질과 사고 양쪽 모두에 대해 생각해야만 한다고 믿는다.
- 바울 비릴리오(Paul Virillio)

우리 독일인은 공포의 세계선수권자이다.
- 헬무트 슈미트(Helmut Schmidt) 수상의 연설, 1996년 5월 15일

1. 들어가는 말

위험커뮤니케이션은 종종 환자가 자신의 가정의와 건강 상담을 할 때와 같이 일대일로 이루어진다. 그러나 많은 사람들이 공공의

위험이나 환경보건문제에 관해 집단적인 논의를 하기 위해 모이는 공론장에서도 위험커뮤니케이션이 이루어진다. 이 두 가지 경우가 모두 커뮤니케이션이 태도와 행태를 어떻게 형성시키는지에 대한 주의 깊은 고려를 필요로 하지만, 후자의 경우는 사회의 역학관계와 사회적 절차가 어떻게 경쟁적이고 상호 갈등을 빚는 메시지들을 보낼 수 있는지에 대해 추가적으로 더욱 많은 생각을 요하도록 한다. 이는 의사 결정 과정에서 각 개인이 어떤 역할을 하는지에 대한 고려다. 환자는 대부분 의사의 진단에 대해서 최대한의 발언권을 가지지만, 사회와 개인 모두에게 영향을 미치는 공중 또는 환경보건 위험을 어떻게 관리할 것인지를 정할 때는 각 개인의 발언권이 상대적으로 적을 수밖에 없다.

위험을 어떻게 평가하고 관리할 것인지를 집단적으로 숙고하는 데 공중을 참여시키는 문제의 중요성을 점점 더 깨닫게 되면서 지난 30년 동안 공중 참여에 대한 체계적인 연구가 상당한 진전을 이루어왔다. 예를 들어 바이얼리와 케이포드(Beierle and Cayford, 2002), 렌(Renn)과 웨블러(Weble), 비데만(Wiedemann)의 영향력 있는 저술이나 미국 국립연구재단(NRC)의 보고서들(1989, 1996, 2005) 그리고 다양한 지식을 다루고 공중 참여의 이론과 실제에 대한 개념적·경험적 통찰력을 제공하는 수백 편의 평가 저널기사들이 그러한 결과이다. 본 장은 앞으로의 이론적·실제적 토론을 위한 토대를 만들려는 노력의 일환으로 기존 연구의 일부 논문을 담고 있다. 여기서 우리는 공중 참여를 간단히 개관하고, 시민들을 위험커뮤니케이션 평가와 관리에 연관시켜야 하는 가장 흔한 이유와 정당성을 논하고자 한다. 그다음에는 공중 참여의 설계와 시행과정에서 고려해야 할 주요 쟁점들을 조사한 연구를 요약해서 설명할 것이다. 이 설명에는 결정을 논하는 학문 분야에서의 유관한 발전과 위험 판단의 질을 높이기 위한 의사 결정 보조 기구 사용에 대한 논평을 포함한다. 본 장은 위험커뮤니케이션 연구가 지금까지 축적한 관련 지식과 이해의 한계 그리고 앞으로 위험커뮤니케이션 연구가 나아가야 할 방향에 대한 논의로 끝을 맺는다.

2. 공중 참여에 관한 개념 정의

위험커뮤니케이션에 대한 정의가 매우 다양한 것처럼 공중 참여의 의미도 매우 다양하다. 공중 참여에 대한 한 가지 극단적인 개념 정의는 단 한 번의 공청회 개최를 공중의 참여와 동일시하는 것이다. 전문가와 공중이 모두 참여하여 논쟁을 뜨겁게 벌이는 심의회를 여러 차례 반복해서 개최하는 것도 다른 한편의 극단적인 공중 참여의 한 형태라고 볼 수 있다. 또 공중 참여의 정도가 다양하듯이 그 의도도 다양하다. 이미 내려진 결정을 사람들이 잘 알도록 만들기 위한 공중 참여 노력이 있는가 하면, 위험 관리에 관한 결정의 질을 전반적으로 높이는 수단으로 참여자들의 목표와 관심을 이끌어내기 위해 공중을 참여시키는 경우도 있다.

본 장에서 공중 참여 논의는 위험의 평가와 관리에 시민들을 관여시키는 조직이나 기관을 위한 의도적인 노력에 제한한다. 이런 의미에서 우리는 공중 참여를 '정부, 시민들, 이해당사자들과 이익집단, 그리고 특정 정책결정이나 문제에 관련된 산업 사이의 커뮤니케이션을 촉진시킬 목적으로 조직된 의견교환의 장(場)으로' 본 렌, 웨블러 그리고 비데만의 개념정의에 따른다.(Renn, Webler and Wiedemann, 1995). 우리의 논의 초점은 정부 기관이 자금을 대는 지역 차원의 공중 참여이기 때문이다. 보이콧 행위나 행진, 시위 같은 시민행동은 이 논의에서 제외하였다.

공중 참여라는 용어는 이해당사자의 참여나 시민 참여와 상반된 것이라고 할 수 있다. 공중이란 용어는 거의 틀림없이 '가장 광범위한 참여자 범위'를 의미하는 것이다. 이해당사자가 훨씬 더 표적화된, 투자된 개인이나 집단을 의미하는 것과 다르다. 시민이란 용어는 명확하게 정의된 공동체의 합법적인 거주자나 구성원을 나타낸다. 우리는 위험 평가나 관리 과정에 지금 설명한 모든 잠재적 참여자를 포함시키려고, 이들의 차이를 구분하고 '공중참여'라는 용어를 사용하는 것은 아니다. 위험 평가 관리 과정은 위험의 맥락 속에 기반을 두고 있기 때문에 참여의 과정은 근본적으로 위험커뮤니케이션을 수반한다. 위험의 평가와 성격 규정, 그리고 관리에 관련된 개인과 집단, 그리고 기관들 속에서 일어나는 반복적인 정보 교환이 바로 그것이다(NRC, 1989).

어떤 연구자와 현업자들은 과정 그 자체에 초점을 맞춰 '참여'라는 용어보다 '관여'라는 용어를 더 선호하였다. 특히 로웨와 프리버(Rowe and Frewer, 2005)는 공중 소통과 공중 협의 그리고 공중 참여를 포괄하는 대단히 중요한 개념으로 '공중 관여'라는 용어를 사용할 것을 제안했다. 그들은 공중 관여의 3가지 하위 개념을 정보의 흐름에 따라 구분했다. 즉, 공중 소통은 당국으로부터 참여자로의 정보전달에 해당하는 것으로, 공중 협의는 참여자로부터 당국으로의 정보전달 그리고 공중 참여는 정보의 양방향 교환을 반영하는 것으로 보았다. 관여나 참여의 수준을 구분할 필요는 인정한다. 그러나 우리는 공중의 숙고가 이루어진 정도에 따라 분석을 하고자 한다 (<표 5.1.> 참조).

공중의 숙고란 결정이나 정보에 입각한 판단을 내리기에 앞서 관련 사실들을 의도적으로 주의 깊게 저울질하고 논의하는 것을 나타낸다. 숙고는 위험의 성격을 규정할 때 그 역할이 과소평가되었다고 주장하는 학자들이 있기는 하지만, 공중 정치 활동 참여의 중요한 요소를 대표하는 것으로 많은 학자들이 인정한(Burkhalter, Gastil & Kelshaw, 2002; Fishkin & Laslett, 2003; Gastil & Dillard, 1999), 가령 위험커뮤니케이션에 있어서의 숙고의 가치를 NRC는 다음과 같이 주장했다(1996).

"비록 숙고가 합의에까지 도달하지 못한다 하더라도 숙고는 다양한 시각의 지식과 판단을 고려하게 만들고, 그 결과 참여자들이 견해가 다른 정보에 입각한 이해를 발전시키게 된다"는 것이다 (p.74).

숙고는 "민주주의의 의미를 정확히 담아내서 의사결정을 더 이성적이고 합법적으로 만드는 데 기여한다는 점"을 NRC는 주목했다. 결국 NRC는 앞으로 더 구체적으로 논의할 위험 성격 규정에 관한 반복적이고 순환적인 형태의 분석-숙고 모델을 제안했는데, 이는 위험 평가와 위험 관리의 숙고적인 면과 사실 발견에 동등한 가치를 두는 것이다.

공중 참여 과정이 공중 숙고를 얼마나 강조하는지 그 정도를 조사하다 보면 이전의 연구를 알게 된다. <표 5.1.>은 공중 숙고 촉진 정도에 따라 핵심적인 공중 참여 연구들을 분류하였다. 표에 있는 스펙트럼의 한쪽 끝에는 공중 참여를 수반하지 않는 형태를 유용하게

<표 5.1.> 공중 숙고의 정도에 따라 공통적 공중 참여 과정을 조사한 연구현황

	참여과정	설명	인용
공중참여 덜함 / 토론지향	설문조사	거주민 태도나 욕망을 평가하기 위해 무작위 표본이나 표적표본 활용; 배경정보가 설문조사에 포함될 수 있음.	(Ballard & Kuhn, 1996; Burger, 2004; Charnley & Engelberk, 2005; Heath & Palenchar, 2000; Jardine, 2003; Maharik & Fischhoff, 1993; McComas & Scherer, 1999; Milbrath, 1981; Pellizzoni & Ungaro, 2000; Pidgeon, et al., 2005; Smith & Tyler, 1997)
	포커스 그룹 또는 기타 통제된 집단	스폰서에 의한 참가자 모집; 방문을 닫은 상태에서 토론이 진행되며, 정책결정자만 결과를 활용함.	(Charnley & Engelberk, 2005; Dietrich & Schibeci, 2003; Dilrrenberger, Kastenholz & Behringer, 1999; Jardine, 2003; Pellizzoni & Ungaro, 2000; Rowe, Horlick-Jones, Walls & Pidgen, 2005; Smith & McDough, 2001)
	초고에의 코멘트 기록내용/상호작용적인 웹사이트	관심 이슈에 대한 코멘트를 공개적으로 요청하거나 정책/행동 제안을 받음. 하드카피나 전자 포럼의 형태로 제공되며, 수차례 반복될 수 있음.	(Lidskog & Soneryd, 2000; O'Riordan,1976; Pidgen, et al., 2005; Roth, Dunsby & Bero, 2003; Rowe, et al., 2005; Scotland & Bero, 2002; Witt, Andrews & Kacmar, 2000)
	가용성 세션/ 집들이	스폰서가 파견한 대표나 전문가의 1대 1 문답.	(MacComas, 2003b)
	"전통적 공중 화합"/ 공청회	모든 시민에게 공개되나 의제는 공무원이 정함. 발표와 질의응답이 포함됨.	(Gundry & Heberlein, 1984; Hamilton, 2003; Kuhn & Ballard, 1998; Lidskog & Soneryd, 2000; McComas, 2001, 2003a; McComas & Scherer, 1998; O'Riordan, 1976)
	자문위원회/ 이해당사자 집단	실질적 집단 내 숙고를 위해 시민 집단/이해당사자를 선발함. 그러나 주로 집단 내 엘리트가 선발됨. 공개, 비공개논의가 모두 이뤄짐.	(Aronoff & Heberlein, 1994; Branch & Bradbury, 2006; Burroughs, 1999; Kinney & Leschine, 2002; McDaniels, et al., 1999; Murdoc, Wiessner & Sexton, 2005; O'Rionoan, 1976; Ruthtein, 2004; SantosChes, 2003; Wolfe & Bjornstad, 2003)
	토론 행사/ 단체 만찬/ 워크숍/ 우선순위 설정	토론을 촉진하고 진작하기 위한 공공 행사로 전통적 공중 회합보다 진정성이 있을 수 있음.	(Abelson, et al., 2003; Halvorsen, 2001, 2003; Renn, et al., 1995)
공중숙고 더함 / 논의지향	결정 보조계획/ 숙고포럼 /숙고 워크숍	전문가와 비전문가가 참여하는 공공 행사임. 결정과학의 원칙을 포함시키기 위해 숙고가 구조화됨 (참가자 목표추출, 관리방안 개발).	(Abelson, et al., 2003; Arvai & Mascarenhas, 2001; Einsiedel, 2002; Jelsoe & Breck, 2001; Goven, 2003; J. Gregory & Miller, 1998; Joss & Durant, 1995a, 1995b; Maguire & Servheen, 1992; Mayer, Jolanda & Geurts, 1995; Renn, Webler & Johnson, 1991; Rowe, Marsh & Frewer, 2004)

나타낸 조사결과들이 있고 반대편 끝에는 공중의 토론이나 숙고를 자극하기 위해 설계된 결정 보조 계획이나 숙고 포럼들이 설명돼 있다. 여기서 서로 다른 결정들은 서로 다른 정도의 숙고를 필요로 한다는 점을 인식하는 것이 중요하다. 때로는 다른 과정과 겹쳐서 한 과정을 이용하는 것이 더 적당할 수 있다. 목적에 따라 집들이를 전통적 공중 회합과 연결하거나 설문조사나 여론조사를 공중 숙의 요소로 활용할 때처럼 각기 다른 과정들이 서로 보완작용을 할 수 있는 것이다(Fishkin & Luskin, 1999; NRC, 1).

3. 공중 참여의 정당성

공중 참여에 관한 다양한 연구 접근 방법과 사상들을 더욱 잘 이해하려면 긴장을 늦추지 말고 공중 참여의 발전 과정과 시행 사례들을 끈질기게 추적할 필요가 있다. 위험커뮤니케이션에 있어서 가장 중요한 문제는 위험 관리에 관한 결정권을 기관이나 당국이 공중의 구성원에게 얼마나 양도하느냐의 문제다. 관련 공중의 참여를 일정 수준 허용해야 한다는 데 이견이 있는 사람은 거의 없을 것이다. 그러나 엄격한, 합의를 토대로 한 접근방법을 선호하는 학자들이 있다. 참여자들에게 잠재적 결정에 대한 거부권을 효과적으로 부여하는 과정을 거의 완전하게 통제해야 한다고 주장하는 대안적 분쟁 해소책이 이와 같다(Bleiker & Bleiker, 1995; Carnes, Schweitzer & Peelle, 1996). 어떤 학자들은 대조적으로 대부분의 결정이 위험 관리자의 손에 달려 있을 것이라는 사실을 인식하고, 의견일치와 불일치의 핵심을 겨냥한 숙고와 결정보조 절차를 통해 다양한 이해당사자들로부터의 조언을 이끌어내는 더 신중한 접근방법을 주장한다. 그것이 여러 위험 관리 방안 중에 어떤 것을 사람들이 지지하는지와 관련이 있기 때문이다(Aravi & Mascarenhas, 2001; Gregory, R. & Miller, 1998; Gregory, J. & McDaniel & Fields, 2001).

위험의 평가와 관리에 있어서 또 한 가지 추가적으로 중요한 문제는 여러 다른 형태의 지식들에 어떻게 가치를 부여해야 하는가 하는 문제다. 구체적으로 위험 평가와 위험 관리 결정은 과학적이거나 기술적인 조언, 기업의 이야기나 비전문가의 의견, 또는 극단적으로 전통적 지식에 어느 정도까지 의존해야 하는가?(Wynne, 1992a, 1992b). 참여 위험 평가의 맥락 속에서 이뤄진 최근의 영향력 있는 연구는 이에 대해 프로젝트 개발 초기 단계부터 다양한 집단의 구성원들과 포괄적인 상담을 시작할 것을 요청하고 있다. 미국에서 이런 과정을 선도적으로 추천한 것은 NRC(1996)와 위험에 관한 대통령위원회(1998)였다. 국제적으로는 캐나다 표준협회(1997)와 영국 의회의 과학기술 사무소(2001)가 이런 과정을 강력하게 추천했다. 그러나 위험 평가와 관리 과정의 민주화는 피상적으로만 과학적이고 기술적인 평가를 포함하는 것으로 이어질 것이라는 걱정도 여전하다. 가령 미 환경청(EPA)의 과학자문위원회(2001)는 공중 참여에 과중하게 투자하는 과정은 관련 학문을 다루는 임무를 적절하게 하지 못하는 경우가 빈번하다고 경고했다.

공중 참여의 정도와 내용에 대한 수많은 질문의 기저에는 '공중 참여의 전반적 목적이 어떤 것인가?' 하는 세 번째 문제도 깔려 있다. 공중의 참여를 지지하는 주장들은 일반적으로 도구적이거나 규범적이거나 실질적이다(Fiorino, 1990; NRC, 1996). 도구적 주장들은 시민들을 의사결정 과정에 참여시키는 것이 결과를 합법화하는데 도움이 되고, 공중이 결정의 결과를 더 잘 받아들이도록 유도한다고 주장한다. 규범적인 주장들은 공중 참여의 민주주의적 기반, 즉 정부는 피통치자의 동의를 얻어야 하고 시민들은 궁극적으로 자신들에게 영향을 미치는 정책 결정에 유의미하게 참여할 권리가 있다는 점을 강조한다. 마지막으로 실질론(substantive arguments)은 결정과 관련한 지혜는 과학 전문가나 기술 전문가에게만 있는 것이 아니며 다양한 집단의 시민들이 참여해야 사실 의사결정이 개선된다고 주장한다. 공중 참여 노력 중에는 도구적·규범적·실질적 기준을 모두 만족시키는 것들도 있지만, 특정한 참여 접근방법은 한가지 기준을 다른 기준보다 훨씬 더 강조한다. 가령 바이어를과 케이포드(Beierle and Cayford, 2001)는 공중 참여에 대한 전통적 연구 접근방법이 관리모델을 반영했다고 주장했다. 공중을 대신해서 선택할 것으로 기대하는 당국에게 의사결정권을 부여하는 모델이다. 이런 접근방법들은 정부의 의무 같은 공중 참여의 도구적 활용을 강조하는 경향이 있었다. 풀뿌리 민주주의 운동으로 다양한 개혁으로 정보자유법과 직장 건강 안전 개혁, 소비자 권리법 같은 입법 조치들이 이루어졌다는 것이다(Beierle & Cayford, 2002; Lynn, 1990). 다원주의 이론은 전문적 지식을 가진 관리들을 객관적인 의사 결정자로 보기보다는 공중의 다양한 이해를 조정하는 조정자로 간주했다. 다원주의 접근방법들은 이와는 대조적으로 규범적 목적에 맞는 경향이 있었다. 이런 방법들은 공중의 압력보다 과학적·기술적·

관리적 권위를 우선시했다. 대중 또는 참여민주주의로 불리는 최근의 접근방법들은 대부분 사회자본과 정치적 효능, 집단사회의 능력 같은 공중 참여의 실질적인 이익을 강조한다(Beierle & Cayford, 2002).

위험 평가와 관리에 있어서 공중 참여가 어떤 역할을 하는지에 대한 위험 전문가들의 생각이 진화한 것은 위험커뮤니케이션 연구접근 방법이 발전했음을 나타낸다. 피시호프(Fischhoff, 1995)와 레이스(Leiss, 1996)가 언급했듯이 초기 위험커뮤니케이션 연구는 과학적 평가나 전문지식의 우월성을 강조했다. 그러므로 위험커뮤니케이션은 시민들로부터의 정보를 찾기보다는 과학자나 기술전문가로부터 시민들이나 비전문가로의 일방적 정보 이전을 더 자주 중시했다. 다음 단계의 위험커뮤니케이션은 전문가들의 말을 시민들이 늘 받아들이려 하는 것은 아니라는 사실을 깨달았음을 입증하면서 설득적인 접근방법이 더욱 일반적으로 통용되는 시기를 열었다. 1990년대 들어 신뢰와 신용도 문제를 중심으로 발전된 유사한 연구들, 즉 설득의 중요한 개념들은 위험커뮤니케이션을 대체로 등한시했다(Slovic, 1993). 현 단계의 위험커뮤니케이션들은 '위험은 부분적으로 사회적으로 구성된 생각'이라는 인식과 신뢰가 위험을 대하는 사람들의 태도가 특정 방향으로 향하도록 하는 데 주요한 역할을 한다는 인식을 점점 더 많이 포함시키고 있음을 볼 수 있다(Cvertkovich, 2000; Leiss, 1995; Lofstedt, 2005; Slovic, 1993).

위험 평가와 관리에 있어서의 공중 참여에 대한 초기의 연구 접근 방법들을 '이미 어떤 결정이 내려졌는지를 알 권리 접근방법'으로 간주한 린(Linn, 1990)의 설명도 많은 호응을 얻었다. 초기 연구 단계의 시도들은 '공중이 이미 내려진 결정들을 받아들이게 하고, 기관들은 시민의 지시를 만족시켰다고 주장할 수 있도록 하는 데 적합'하도록 설계된 것처럼 보였다(Heberlein, 1976; Lynn, 1990). 2단계의 위험커뮤니케이션 연구들은 '결정-발표-방어' 방법론과 관련 있는 공중 참여 노력을 반영하고 있다. 이런 연구방법들은 비전문가에 대한 기술적 평가의 우월성을 인정하는 한편으로 시민들이 전문가의 말을 믿지 않으려고 하는 경우도 적지 않다는 점과 따라서 전문가들이 올바른 결정을 내렸음을 시민들에게 설득하는 데 상당한 주의가 기울여진다는 점을 인식하고 있음을 나타냈다. 현재의 연구단계는 공중 참여의 사회적 역학관계를 인식하면서 공중을 관여시키려는 노력들이 갈등을 줄이는 대신 오히려 악화시키는 등의 예기치 않은 결과를 낳을 수 있음을 나타낸다. 슬로비치는 이와 관련해 이런 주장을 폈다(Slovic, 1993).

> 위험커뮤니케이션을 둘러싼 갈등과 논란은 공중의 불합리한 언동이나 무지에 기인하는 것이 아니다. 그보다는 부작용으로 볼 수 있다. …… 주목할 만한 형태의 참여민주주의 정부와 상호작용하는 심리학적 경향성의 영향으로 받기도 하고 우리 사회의 강력한 기술적·사회적 변화에 의해 증폭되기도 한다(p.679).

슬로비치는 사람들이 소위 "신뢰 구축 사건(계획시행의 투명성, 성공적인 품질검사, 지역자문위원회 구성, 흠이 없는 안전 기록 등)"과 비교할 때 이른바 "신뢰 파괴 사건(너무 관료적인 대공중 커뮤니케이션, 안전 검사 실패, 사고, 은폐 등)"을 더 중시하는 사람들의 경향을 이런 경향성에 포함시켰다. 많은 연구자들이 여전히 전통적인 개념의 공중 참여를 연구에 작용시키고 있지만, 시민들을 수용자가 아니라 이해당사자로 볼 필요가 있음을 인식한 학자들도 있다 (Dandoy, 1990).

위험커뮤니케이션과 공중 참여에 관한 현재의 방향성을 아마 가장 주목할 만하게 보여준 것은 위험의 성격 규정에 이해당사자들을 더 많이 관여시킬 필요성을 정당화시킨 NRC(1996)의 기록일 것이다. NRC는 전통적으로 위험 평가와 위험 관리를 분리해서 논하는 것을 비판하고, 이런 태도가 효과적인 위험 성격 규정을 방해한다고 주장했다. 위험 평가란 자세히 말하자면 과학자들이 위험을 이해하고 그 특징을 규정하려고 하는 과정으로, 통상 시민이나 공중의 조언을 포함시키지 않고 행해진다. 전통적으로 가치중립적이거나 더 객관적인 것으로 추정되어 왔다. 위험 관리는 이에 비해 위험 평가와 관련된 여러 선택과 대안들을 평가하는 규제활동들을 포괄한다. 위험 평가와 위험 관리를 구분하는 것은 가령 과학자들이 정치적 압력을 피하려고 할 때 유용하다. 그러나 이를 경직되게 구분하면 숙고를 제한하므로 효과적인 위험 성격 규정을 위해서는 과학과 공중 차원에서 과학적 분석과 숙고를 통합해야 한다고 NRC는 주장했다.

4. 참여적 위험 관리 방법의 개선

관련 있는 시민들의 가치관을 정책결정에 포함시킬 방법을 조사하려는 위험커뮤니케이션 논의는 점점 증가하고 있다. 따라서 아래에서는 이해집단뿐 아니라 공중이 기술전문가나 정부대표와 나란히 효과적으로 참여할 수 있도록 제안된 여러 방법들을 설명한다. 우리는 특히 참여 위험 평가와 참여 위험 관리 과정에서 사용할 수 있는 결정보조 도구들을 개발하고 활용할 것을 지지하는 결정 과학 연구들의 관련 연구 결과에 초점을 맞추려 한다.

앞선 논의들이 시사하듯이, 위험 평가와 관리과정에서 공중 참여가 효과적으로 이루어지려면 정책결정자에게서 정보를 끌어내고, 요약하고, 정책결정자에게 전달하는 능력이 최소한 필요한 정도로는 능숙해야 할 필요가 있다. 공중 참여자와 공중참여 촉진자 그리고 분석가 모두에게 그렇다. 그러나 이것은 사람들한테서 반응을 이끌어낼 정확한 기술적 정보의 수집과 전파도 필요로 한다. 이런 정보는 전형적으로 과학적이고 기술적인 조언의 형태를 띤다. 주어진 위험에 관한 참여자들의 질문에 답하거나 사려 깊은 토론을 이끌어내기 위한 것이다. 이러한 필요성 때문에 위험 평가를 위한 진보된 분석도구의 개발을 위한 노력들이 상당히 진행되어 왔다.

애석하게도 위험 관리에 공중을 참여시킬 방법을 개선하려는 유사한 단계의 노력들은 이루어지지 않았다. 개인적·집단적 판단 과정에 대한 우리의 이해가 최근 진전을 이루었음에도 불구하고 (Koehler & Harvey, 2004; NRC, 2005), 성공적이고 품질 높은 참여 위험 관리 과정을 구성하는 요소가 무엇인지에 대해서는 의견일치가 거의 이루어지지 않고 있다. 전문가와 공중집단 양자 모두와 함께 분석가, 촉진자의 시각으로 보았을 때 하나의 중요한 이유는 이러한 것 같다. 이해당사자에게 품질 높은 정보란 어떤 것인지에 대한, 그리고 이런 정보들이 위험 관리 과정에서 어떻게 활용될 수 있는지에 대한 일반적인 이해가 위험 관리자들 사이에 없다는 것이다. 이런 상황은 기술적 또는 과학적 조언의 상황과 상당히 대조적이다. 이 경우는 학문 분야나 방법론별로 견해 차이가 있지만, 위험의 예상 영향을 어떻게 주의 깊게 과학적으로 식별하고 이 정보들을 어떻게 분석하고 설명할 것인지에 관해 전문가들 사이에 유의미한 합의가 이뤄져 있기 때문이다.

이런 결함과 관련해 최근의 연구들은 공중의 조언과 그에 따른 결정의 질을 향상시킬 수 있는 가능성을 보여줘 왔다. 이런 접근방법들은 행동 결정 연구(Kahneman, Slovic & Tversky, 1982; Kahneman & Tversky, 2000; Plous, 1993)와 우선권의 구조적 성질에 초점을 맞춘 연구에 기반을 두고 있다(Payne, Bettman & Johnson, 1993; Slovic, 1995).

위험에 관해 생각하고 대응하도록 하거나 자신들의 가치관이나 선택을 분명히 표현하도록 사람들에게 요청하는 공중 참여 노력은 여러 선택지 중에서 그들이 어떤 것을 선호하는지 결정하는 데 도움을 주는 단서를 제공한다(Arvai & Mascarenhas, 2001). 그러한 결과로서 공중 참여와 위험커뮤니케이션은 관련자들이 이전부터 마음에 갖고 있던 태도와 선호도를 드러내기 위해 정보를 제공하거나 숙고에 의존하는 일종의 "의식 고고학자"로 간주될 수는 없다. 그보다 "판단의 설계자"로 보는 것이 더 낫다. 사람들이 구조화된 절차에 따라 받는 정보가 자신들의 결정과 자신들의 행동반응이 구조화되는 방식에 영향을 미치는 그런 판단의 설계자를 말한다.

선호도에 관한 이 구조적 견해에는 물론 문제가 있다. 바라던 선호도를 알리고 특정한 행동의 동기를 부여하기 위해 위험커뮤니케이션 그리고 공중 참여가 조작될 수 있음을 나타내기 때문이다. 숙련된 공중참여 촉진자는 어떤 비시장재에 대해서도 미리 바라던 가치 판단을 내릴 수 있는 임시 평가사처럼, 미리 결정된 결과를 끌어내는 숙고를 만들어낼 수 있다(Fisher. Ury & Patton, 1991).

다른 한편으로 참여 위험커뮤니케이션 접근방법들은 위험커뮤니케이션 문제를 이해시키고 공통적 문제를 극복하도록 작동하는 일종의 지침서로 볼 수도 있다. 선택 가능한 해결방법들을 알려주기 때문이다. 가령 위험커뮤니케이션은 사람들이 낯선 맥락 속에서 복잡한 선택지를 받았을 때 직면하는 공통적 문제들을 참여자들이 인식하고 설명하는 데 도움이 되도록 설계될 수 있다. 이런 문제들은 결정의 영향을 받을 수 있는 모든 목표와 관심사들을 식별하고 명확하게 만들 때 겪게 될 어려움을 포함한다. 목표와 대안들이 불가피하게 갈등을 빚을 때, 중요한 가치의 균형을 도외시하는 경향도 그런 문제점에 속한다(Gregory, J. & Miller, 1998). 이와 비슷하게 위험커뮤니케이션 노력들은 많은 핵심적인 문제들에 직면했을 때 숙고와 이성에 의한 분석보다 정서적인 반응에 더 비중을 두게 되는 경향을 사람들이 극복하게 도와주도록 설계될 수도 있다.

이런 문제들은 다른 것들과 마찬가지로 결정 구성 도구들을 위험커뮤니케이션과 공중 참여 과정에 포함시키는 문제를 통해서 설명할 수 있다. 목표에 민감하고 옵션 선택에 따른 어려운 가치 균형에 다가가는 가용한 위험 관리 선택을 사람들이 찾아내거나 이해하고 자신들의 결정과 목표를 더 충분히 규정하도록 도와주는 도구들을 말한다(Clemen, 1996; Hammond, Keeney & Raifa, 1999; Kleindorfer, Kunreuther & Schoemaker, 1993). 이런 결정 구성 도구들은 '가치에 초점을 맞춘 사고'에 관한 키니(Keeney, 1992)의 저술과 다요소 효용 이론(Keeney & Raiffa, 1993)의 구조 분석적 이론 토대, 그리고 행동 결정 분석(von Winterfeldt & Edwards, 1986)처럼 통찰력 있는 많은 연구들에 기반을 두고 있다.

공중 참여 과정은 누구의 가치관, 누구의 관심사가 결정에 있어 중요한지를 정하는 것, 즉 어느 개인이나 어느 집단들이 포함되고 배제되느냐를 정하는 것으로부터 시작된다. 협의의 목표를 분명히 하는 것이 누구의 가치관이 필수적인지를 결정하는 데 도움이 될 것이다. 가령 소집단 면접이나 설문조사의 경우라면 지역 주민과 관련 산업, 정부 기관, 학술단체에 소속된 전문가를 모두 포함시키고, 서로 다른 견해를 가진 대표자들을 포함시키는 것이 중요할 것이다 (Edwards & von Winterfeldt, 1987). 계획의 규모 또한 중요하다. 소규모 지역사회 프로젝트의 경우는 참여자 선정이 그리 어렵지 않을지 모르지만, 규모가 더 크고 복잡한 일의 경우는 참여 이해당사자 조합에 제한을 둘 필요가 있을 것이다. 누구를 포함시킬 것인가에 대한 최종 결정은 활용할 평가 기술과 연계된다.

이런 절차를 통해 참여자를 확인한 후에 4가지 서로 연관되고 추가된 과제가 핵심으로 드러난다. 각 과제는 어떤 경우에도 숙고를 권장하고 심화시키기 위하여 특정 분석도구를 활용한다는 점이 구조적 접근 방법의 핵심 요소가 된다.

4.1. 결정 대상의 문제를 정의하기

위험 관리를 위한 결정의 질을 개선하기 위해 공중의 조언을 받아들일 것을 추구하는 접근방법은 그것이 어떤 것이든 가장 중요한 협의 대상 문제에 대해 주의 깊게 생각하는 것이 얼마나 중요한지를 강조한다. 이 과정에서 문제 해결의 실마리가 될 만한 결정이 어떤 것인지를 참여자와 함께 평가하고, 제약점이 어떤 것-현실적인 것이든 상상 속의 것이든-인지를 평가하는 일이 수반된다(Hammond, et al., 1999).

많은 공공적 결정은 특정한 옵션에 대한 대응으로 촉발된다. 가령 지역 계획 위원회가 재처리가 된 오래된 산업용지에 전국적으로 알려진 대형 트레일러 박스를 적치토록 하는 것을 허용해야 할지를 결정해야 한다고 하자. 이 문제에 대응하기 위해 초청된 사람들은 틀림없이 여러 답변으로 무장을 하고 온다. '물론 허용돼야 한다!'거나 '안 된다, 커피숍과 독립적으로 소유된 상점과 도서관이 있는 지역사회 편의시설이 대신 들어서야 한다, 같은 응답들이다. 비슷한 문제를 여러 각도에서 볼 수 있기 때문에 우리는 결정에 있어 더 근본적인 문제를 따져봐야 한다는 사실을 알고 있다. 구 산업용지 사례의 경우라면 바로 "재처리로 치유된 오래된 산업용지를 어떻게 활용해야 하는가?"라는 문제를 말하는 것이 핵심이다.

이 사례가 강조하듯이 정책결정자들과 이해당사자들은 조력자들의 권고에 따라 결정의 문제를 더 광범위하게 생각해야 할 것이다. 결정 문제를 주의 깊게 정의하기 위해 시간 여유를 갖는 전반적 목적은 '결정을 위해 생각'하는 것과 '자동적으로 생각하는 것'의 차이를 참여자와 정책 결정자들이 구분하도록 도와주기 위한 것이 되어야 한다(Dawes, 1988). 결정을 위한 생각은 목표를 더 사려 깊게 숙고할 수 있도록, 그리고 선택할 행동을 대안으로 만들어낼 수 있도록 하는 방식으로 문제를 정의하는 것과 관련이 있다. 자동적인 생각은 이와는 대조적으로 결정 대상 문제를 불완전하게 평가해서 결과적으로 손쉽게 이용할 수 있는 대안에 지나치게 의존하게 만드는 상황에서 나타난다.

4.2. 참여자의 목표 명확히 하기

구조화된 결정 과정은 또한 동의와 과정에 대한 고려 사항을 포함해 참여자들에게 중요한 것이 무엇인지를 나타낼 것을 요청한다. 참여자들에게 가장 관심거리인 위험 관리 계획의 맥락 속에서 그렇게 하도록 요청하는 것이다. 새로운 문제의 맥락 속에서 나타나는 가치관과 목표들 그리고 관심사들을 식별하고 정의하는 것은 매우 어려운 일이며 참여자 쪽의 자기성찰과 숙고를 필요로 한다. 반복적인 개념정의의 정교화 과정을 통해 이해당사자들이 자신들의 가치관을 철저히 생각하고 표현할 수 있도록 도와주는 기술도 다양하다. 가령 가치관을 이끌어내는 과정에서 만들어지는 주요 구분의 하나는 이해당사자들이 알고 있는 목적으로서의 목표와 수단으로서의 목표에 관한 것이다. 물론 이런 도식적 구분이 개념적으로는 경직됐다고 하더라도 현실적으로도 경직되게 나타나는지는 덜 분명하며, 참여자들이 여러 가능한 행동과 주요 관심사 사이의 관계에 관해 유익한 토론을 할 수 있도록 한다(Gregory, R., 2000).

조력자들이 결정을 돕기 위한 상담 과정의 일부로 목표를 찾아내고 명확히 하려면 참여자의 견해를 단순히 듣기만 하는 것을 넘어서서 숙련된 의사 소통자 그리고 분석자가 되는 것에 초점을 맞출 필요가 있다. 가령 분석자들은 이해당사자들이 '그렇지 않을 것 같다'거나 '상당히 그럴 것 같다' 같은 표현을 쓰지 않고, 비율, 확률 또는 빈도 같은 양적인 표현을 쓰도록 도울 수 있다. 이를 달성하려면 불확실성하의 의사결정이나 확률에 관한 단편 입문서가 종종 필요하다. 다른 예를 하나 더 들자면, 조력자들은 목표 달성을 위한 효과적인 측정 수단을 개발하기 위해 참여자들과 함께 상당한 시간을 보내야 할 것이다. 그렇게 해야 참여자 간의 의견 불일치를 최소화할 수 있다. 특정 목표와 바람직한 관리의 종점이 무엇을 뜻하는지를 당사자 모두가 이해할 수 있게 되기 때문이다. 가령 환경의 건강을 개선하는 목표는 사람들에게 각각 다른 뜻을 나타내곤 한다. 어떤 사람들에게는 경관의 회복이나 멸종위기종의 부활을 의미할 수 있지만, 다른 사람들에게는 하천의 어귀나 초원 같은 생태계의 전반적인 생산성 증대를 뜻하기도 하는 것이다. 목표의 의미를 구체적인 표현으로 명확히 밝히는 것은 참여자들의 조언을 통상 언어로 표현되도록 하는 것이다.

4.3. 대안적인 관리 체계를 만들어내기

수단으로서의 목표와 목적으로서의 목표를 참여자들이 구분하도록 도와주면 의사결정 평가를 위한 대안을 더 창의적으로 찾아낼 수 있게 된다. 가령 흔한 어장 관리 방법은 상업 차원의 오락적 낚시를 제한하는 것이다. 여기서 여러 가지 낚시 규제는 수단으로서의 목표인 반면, 목적으로서의 목표는 특정 어군을 부활시키는 것이다. 이 목적으로서의 목표에 초점을 맞추면 단지 낚시 규제 이외의 다른 대안(서식지 재활치료, 수동 개체 보충 기술, 산란 경로 주변의 개발 제한 등)을 찾을 수 있는 문호를 개방함으로써 단일 행동에 고착되는 것을 피할 수 있다. 수단과 목적의 구분은 간단한 과정이다. 상담의 한 부분으로 왜 그것이 중요한가?라는 질문에 따른 결정을 가지고 성취할 수 있는 것으로는 어떤 것들이 있는지를 사람들이 먼저 모두 생각해보도록 만드는 것이다. 이 경우 어떤 것이 그 자체로 중요하다는 대답이 나오면 그것은 목적으로서의 목표다. 만일 어떤 것이 그 자체로 중요하지 않지만, 중요한 다른 어떤 것으로 유도된다면, 그것은 수단으로서의 목표가 되는 것이다(Gregory, R. & Keeney, 2002).

여러 선택지에 관한 상담을 할 때는 수단으로서의 목표와 목적으로서의 목표에 관한 기왕의 작업을 토대로 해서 논의를 하는 것이 결정적으로 중요하다. 그렇게 하는 이유는 간단하다. 이해당사자의 목표는 어떤 결정을 고려할 것인지를 좌우하는 토대기 때문에 결정 과정의 첫 단계는 이해당사자들이 결정의 맥락 속에서 성취하기를 원하는 것이 무엇인지 명확히 정의함으로써 자신들의 가치관을 주의 깊게 생각하도록 하는 것이기 때문이다. 이렇게 가치에 초점을 맞추는 것은 '가장 쉽게 찾을 수 있거나 명확한 관리 옵션을 분석하고 그럼으로써 잘 정의되지 않은 기존의 기준 중에서 가장 좋은 것'을 고르는 대안 선택을 강조하는 것과는 대조를 이룬다.

4.4. 대안 선택과 균형 설명

어떤 결정을 내리든지, 특정 대안이 참여자 모두의 목표를 균등하게 충족시키지는 않을 것이다. 가용 선택지들을 전반적으로 모두 유의미하게 비교하도록 촉진하려면 각 대안들에 초점을 맞춰 이들 대안이 이해당사자의 가치관을 이끌어내는 과정에서 식별된 목표들을 어느 정도나 충족시키는지를 자세히 평가하고 분석할 필요가 있다. 이런 분석은 각 대안이 참여자의 목표에 미치는 예측된 영향을 주의 깊게 분석함으로써 수행된다.

일단 각 대안의 예측된 결과가 확립되면, 다른 대안을 버리고 한 가지 대안을 선택할 때의 가치 균형 문제를 평가하는 것을 돕기 위해 위험커뮤니케이션 참여자들이 초청돼야 한다. 최근의 연구는 경제적·환경적·윤리적·도덕적 관심사 같은 정책 유관 특성들 중에서 어떤 것을 더 중시할 것인지 가치 균형에 관한 입장을 분명히 해야 한다는 점을 강조한다(Arvai & Mascarenhas, 2001). 어느 한 정책 계획에 자원을 더 투자하면 다른 계획에는 자원을 덜 투자하게 되는 것이 그 이유의 일부분이다. 만일 이해당사자들이 이러한 가치 균형 문제의 고려를 거부한다면 기술적인 전문가들이 가치 균형을 맞추고, 이해당사자들이 가진 통찰력의 도움 없이 정책을 개발해야 할 것이다.

그러나 가치 균형 문제의 중요성에도 불구하고, 이해당사자나 공중 참여 과정 관련자들이 가치 균형을 회피하는 일은 많은 위험 관리 방법 결정 과정에서 흔한 일이다. 가치 균형이 회피되면 사람들은 그들의 목표를 부분적으로만 짚는 대안을 선택하는 상황에 놓이게 된다. 상호 갈등되는 모든 가치를 다 감안해서 대안을 평가하지 못하기 때문이다(Bohnenblust & Slovic, 1998). 마찬가지로 사람들이 가치균형문제를 짚지 않으면 강력한 대안을 기각하게 될지도 모른다. 그들이 단일 차원에 동의하지 않았기 때문이다. 요컨대 가치 균형에 대한 설명을 구조화되고 참여적인 위험 관리 과정의 한 구성요소로 명시해두면 이해당사자들이 어려운 선택을 해야 할 때 단순한 목표를 강조하게 되는 경향을 극복하는 데 도움이 된다.

대안을 둘러싼 분쟁의 해소나 협상에 토대한 해결방법을 제외한 이런 구조화된 결정문제 해결 방법은 가치 균형을 고려해야 한다는 입장을 명확히 제시한다. 이것은 모든 이해당사자 간의 갈등을 해소하기 위해 합의를 중개하려는 목적이 아니다. 구조화된 결정문제 해결 방법은 어떤 대안도 이해당사자 모두를 완전하게 만족시키지 못할 가능성을 인정하는 것이다. 이런 해결책들은 분쟁 해소보다는 공중 참여가 중요한 이해당사자의 목표를 파악할 수 있도록 통찰력이나 결정에 관한 도움을 제공하기 위한 것이다. 가치관, 신념들, 시각들, 그리고 이해당사자 집단이 선호하는 가치균형이 어떤 것인지에 대한 통찰력을 정책결정자에게 제공하는 것은 사회적으로 바람직한 목적 달성을 위한 해당 기관의 통상적인 관리 방식과 잘 어울린다.

지금까지의 경험으로 볼 때 이 4가지 단계의 과정에 참여자를 관여시키는 것은 통상적인 생각보다 어렵다. 주의 깊은 의견 청취 그이상이 필요하다. 참여자 스스로가 문제나 제안된 해결책에 대해 어떻게 느끼는지 확신하지 못하는 경우가 왕왕 있다는 점이 부분적 이유다. 그들은 그 이전에 구체적으로 생각해보기를 요청받지 않은 선택사항들과 가치 균형 문제에 대해 거의 이해하지 못하고 있을지도 모른다. 이런 평가에 모든 현업자가 동의하지는 않을 것이다. 측정 과정이 확립된 시장규칙에 맞는 한 참여자들의 필수적인 조언을 간단하게 확보할 수 있다고 믿는 사람들도 있다. 그러나 조력자나 중재자로 훈련받은 사람들은 참여자를 경청하고 자신을 그들과 결합시키는 능력이 결정문제에 초점을 맞춘 조언을 줄 것이라고 믿는다.

그러나 우리 견해로는 이 중 어느 것도 의미 있는 공중의 참여를 끌어내지 못할 것이다. 다수의 이성에 근거한 의견은 특히 새롭거나 낯선 문제가 배경이 될 때는, 앞에서 주목한 가치관을 끌어내기 전까지는 존재할 수 없기 때문이다. 다른 말로 하면 참여자들의 조언은 배경 특정적이고, 끌어내는 과정을 배경으로 해서 구조화되는 것이다. 이런 구조화된 선호도는 많은 심리학자와 결정과학자들의 연구에 의해 지지되는데(Arvai & Mascarenhas, 2001; R. Gregory & Slovic, 1997), 이런 선호도는 참여자들이 받는 정보와 안내를 곧 내려질 결정의 필요조건에 맞출 필요가 있음을 직접적으로 이야기하는 것이다.

5. 공중 참여에 대한 평가

이해당사자들을 위험커뮤니케이션과 위험 관리 과정에 관여시키라는 더 큰 압력에 수반되는 문제는 어떤 방법이 가장 효과적이고, 왜 그런지에 대한 이해에 더 주목하라는 것이다(Tuler & Webler, 1999; Webler & Tuler, 2006; Webler, Tuler & Krueger, 2001). 공중 참여 프로그램의 목적과 목표, 그 조직자, 그리고 참여자는 워낙 다양해서 평가기준을 확립하는 것은 도전할 만한 일이다. 어떤 학자들은 또한 공중 참여를 연구하는 학자들의 노력이 핵심 변수들의 의미를 적절히 정의하지 못해 가로막힌다고 주장해왔다(Rowe & Frewer, 2005).

이런 생각들을 조직하는 수단의 하나로 과정 지향적인 기준과 결과 지향적인 기준으로 나눠 평가들을 구분할 것을 제안했다(Chess & Purcell, 1999). 과정 지향적인 기준이란 프로그램 성공의 배경이 되는 특정한 기술의 시행을 중시하는 것이다. 효율성 측정수단은 참여율, 과정의 공정성, 견해의 다양성, 일대일 커뮤니케이션, 명확한 설명 등을 포함한다. 결과 지향적인 기준은 이와 비교할 때 참여 노력의 결과를 배경으로 해서 성공을 측정한다. 참여자들의 논평이 유용한 것으로 간주되었는지 여부, 그것들이 결정에 영향을 미쳤는지 여부, 참여자들이 과정에 만족했는지 여부 또는 기관과 참여자의 관계가 개선됐는지 여부 등이 성공 여부 측정에 포함되어야 한다.

우리는 조직의 정의에 관한 사회심리 이론에 입각해서 효율성 기준을 검사할 수 있는 대안의 틀을 제안한다. 이 이론은 공정성 문제와 각 개인들이 무엇을 공정한 것으로 인지하느냐에 초점을 맞추는 것이다. 콜퀴트와 그린버그 그리고 짜파타 펠란(Colquitt, Greenberg and Zapata-Phelan, 2005)은 조직의 정의에 관한 역사적 개관에서 정의에 관해 4가지 공통적 연구 의견이 있다고 설명했다. 분배적 정의와 절차적 정의, 상호작용적 정의 그리고 통합적 정의가 그것이다. 여기서 분배의 정의란 결과의 인지된 공정성에 초점을 맞추거나 직장 환경, 보상 할당과 관련이 있다. 할당 결정에 있어서는 공명정대

함(기여도에 맞는 보상), 균등성(누구나 동일한 몫을 얻는 것), 또는 필요성(수요가 더 많은 사람이 더 많은 몫을 받는 것)이 공정성의 기준이 될 수 있다(Ambrose & Arnaud, 2005).

절차적 정의는 사람들이 결과의 공정성보다 더 마음을 쓰는 것이다. 다른 말로 표현하면 목적을 실현하는 수단을 말한다. 그러므로 의사결정이나 참여 절차의 공정성은 이러한 평가에서 큰 역할을 한다. 절차적 공정성의 판단은 전형적으로 참여자들이 과정에 영향을 미칠 수 있다고 어느 정도까지 믿는지를 의미하는 참여자 통제나 참여자의 목소리를 고려하는 것까지 포함한다. 티바우트와 워커(Thibaut and Walker, 1975)는 절차적 정의에 관한 연구를 선도하면서 사람들이 과정을 더 통제하기 좋아한다고 주장했다. 그것이 결과에 대한 간접적인 통제력을 행사하도록 해주기 때문이라는 것이었다. 이런 공정성 판단은 의사결정 절차에 대한 만족도(Thibaut & Walker, 1975)와 당국의 절차 지배(Colquitt, 2001; Lauber & Knuth, 1997), 그리고 결과를 받아들일 의향의 정도(Arvai & Mascarenhas, 2001; Tyler, 1995; Weiner, Alexander & Shortell, 2002)에 영향을 미침을 보여주었다. 참여자들이 절차를 올바른 것으로 보지 않으면, 결과적으로 결정이나 정책에 대한 헌신도의 감소(Colquitt, Conlon, Wesson, Porter & Ng, 2001; Fuller & Hester, 2001; McFarlin & Sweeney, 1992)와 사람들의 자발적인 순응도의 감소(Colquitt, et al., 2001; Tyler, Degoey & Smith, 1996)를 초래할지도 모르는 것이다.

절차 통제의 수단적인 점이 공정성 평가의 중요 부분이긴 하지만, 후속 연구들은 유일하게 통제만이 절차적 정의에 대한 참여자들의 판단에 영향을 미치는 요인은 아니라고 주장했다. 당국이 참여자들을 어떻게 대하는지, 즉 자신에 대한 당국의 대우도 마찬가지로 중요하다는 것이다(Tyler & Folger, 1980). 이와 관련해서 린드와 타일러(Lind & Tyler, 1988)는 절차적 정의의 관계적 측면을 강조하는 대안 모델을 제안했다. 구체적으로 관계적 모델은 이런 가정을 세웠다. 개인들이 관계 판단을 할 때 과정을 책임지는 당국의 신뢰도와 중립성에만 주목할 뿐 아니라 당국이 자신들을 대함에 있어서 존중하는 정도에도 주목한다는 것이다(Tyler, 1989, 1994, 2000; Tyler, et al., 1996). 절차적 정의 연구의 지평을 넓힌 다른 주목할 만한 연구의 하나는 조직 의사 결정의 6가지 판단기준을 제시한 리벤탈과 동료들의 연구인데(Leventhal, 1980), (a) 일관된 적용, (b) 편향되지 않은 판단, (c) 정확한 정보의 활용, (d) 결함 있는 결정을 바로잡고자 하는 욕망, (e) 도덕성, 그리고 (f) 대표성이 판단 기준들이다.

이런 생각에서 약간 벗어나서 어떤 연구자들은 개인 상호 간 대우에 있어서의 인지된 공정성은 절차적 정의의 구성요소라기보다는 정의의 두드러진 차원으로 봐야 한다고 주장했다. 구체적으로 말해 대인 관계 차원과 정보제공 차원의 정의로 구성된다는 상호작용 관점을 지지하는 것이다(Bies and Moag, 1986; Greenberg, 1993). 존경과 대우의 타당성에 초점을 맞춘 대인관계 차원의 정의와 설명의 적정성이나 과정의 투명성, 정보 공유와 관련되는 정보 제공 차원의 정의를 말한다. 상호작용 관점의 정의는 처음 제기된 이래로 정의 평가에서 상호작용적 대우가 담당하는 역할의 중요성을 끌어낸 조직 정의 연구자들의 더 큰 호응을 받고 있다(Bies, 2005; Colquitt, 2001).

<표 5.2.>는 조직 정의의 여러 차원을 보여주는 평가 기준을 제시

한 주요 공중 참여 관련 논문의 일부를 분류한 것이다. <표 5.2.>에 나타나듯이 공중 참여의 효과를 평가하는 기준은 일반적으로 절차적 정의에 초점을 맞추고 있다. 또 대부분은 절차적 정의의 통제나 목소리 측면을 강조하고 있다.

위험 평가와 관리과정에 공중 참여와 마찬가지로 천연 자원 관리를 조사하는 연구는 절차적 정의를 중시한다는 증거를 제공해왔다 (Smith & McDonough, 2001). 가령 논의 절차의 인지된 공정성이 과정에 대한 수용자의 만족도와 결정수용에 영향을 미칠 수 있음을 관련 연구가 보여주었다. 의사결정 절차에 대한 통제권을 공유하는 것은 공정성의 인지에 중요하다(Heath, Bradshaw & Lee, 2002). 위험 관리 기구에 대한 신뢰를 유지하거나 다시 쌓으려는 여러 노력 중에서 심의 절차의 공정성이 얼마나 중요한지를 강조해온 연구들도 있다. 다른 한편으로 위험 관리자에 대한 신뢰를 쌓는 데는 공정성의 규범적 차원이 여러 사람이 모두 인지한 가치관만큼 중요하지 않다고 주장해온 연구들도 있다(Earle, 2004). 그러나 우리는 정의에 관한 기존 연구들을 강조함으로써 학자들이 공중 참여 방법들을 평가하는 과정에 더 체계적으로 관여하기를 희망한다.

<표 5.2.> 정의 프레임을 이용한 주요 논문의 공중 참여 평가기준 요약

인용	절차적 정의 -발언권/통제	절차적 정의 -관계적/대인관계적	정보제공 차원의 정의	기타
Herberlein (1976)	- 의사진행방해를 피하기 위한 시민 간여("새 위원 지명 기능") - 시민견해와 우선순위의 통합, 참여자의 대표성 유의 ("상호작용 기능")		- 프로젝트의 성질에 관한 정보 ("정보 제공 기능")	
Checkoway (1981)	- 관여시기의 적절성 - 참여자의 대표성 - 기관의 결정에 미치는 영향력		- 기술정보를 비전문가가 이해할 수 있도록 가공	
Fiorino (1990)	- 아마추어(비전문가) 참여 가능성 - 권위 공유 - 적당한 숙고와 논의		- 정보접근의 상대적 평등성	
Webler & Tuler (2000)	- 의제와 담론 규칙에 민간인이 미칠 수 있는 영향력 - 중재자 선정에 민간인이 미칠 수 있는 영향력 - 모든 이해관계자가 논의에 참여할 수 있는지 여부	- 진실 주장의 성실성·진정성에 관한 토론 증진	- 보통의 접근권 - 합의된 기준과 개념정의 - 외부 전문가에게 분쟁을 전달하는 수단- 규범적 진실 주장 평가 및 인식 수단	
Rowe & Frewer (2000)	- 참여자의 대표성 - 민간인의 조기 간여 - 민간인이 최종결정에 미칠 수 있는 영향력	- 독립성/비편향된 간여 관리 - 신뢰촉진을 위한 결정과정의 투명성	- 비전문가의 자원 접근권(i.e., 독립적 전문가 고용) - 의사결정 과정의 명료성	- 비용 대 효과 - 명확히 규정된 과제의 성질
Webler, Tuler, & Kruger (2001)	- 민간인의 과정 접근권 획득 가능성 - 과정과 결과에 영향을 미칠 수 있는 권한의 민간인 보유 - 간여구조의 구조적 상호작용 증진		- 민간인의 정보 접근권 보유 - 제시된 옵션의 적당한 분석	- 미래 공동체 과정을 위한 사회적 조건 형성
Beierle & Cayford (2002)	- 공중 가치관의 결정 통합 - 실질적인 결정의 질 향상	- 이익 갈등 해소 기관에 대한 신뢰 구축	- 공중 교육 및 공중에 대한 정보제공	
Irvan & Stansbury (2004)	- 정책과정 통제권의 민간인 일부 보유	- 신뢰/관계 구축을 위한 구조화된 간여		- 시민 교육과 기술의 개발 - 소송 회피 - 전략적 제휴 - 합법성
Branch & Bradbury (2006)	- 책임 보장과 재원 제공 준비가 돼 있는 참여자-메커니즘 중의 권한 공유 - 공정하고 공개적인 의사결정 과정과 식별 가능하고 접근 가능한 정책결정자	- 서로 존경하고 인정하는 관계 - 타인의 가치관을 배려하고 있음을 나타내는 행동	- 적시 정보 제공	

6. 시민 참여에 동기 부여

공중 참여과정을 조사할 때는 대표성의 문제가 제기될 수 있다. 대표성이란 참여자가 특정 공중 참여 과정에서 그 과정에 참여하지는 않지만, 그 결과에 이해관계가 있는 다른 사람들과 얼마나 유사한 특징(인구통계, 태도, 가치관, 옵션)을 갖는지의 정도로 정의할 수 있다. 대표성은 여러 가지 이유로 고려할 만한 가치가 있다. 규범적 의미에서 볼 때, 대표성 있는 참여자 표본을 확보하는 것은 사람들이 스스로 관리하는 발언권을 갖게 되는 것을 보장하기 때문이다. 이런 발언권은 건강한 민주주의가 기능하는 데 필수적인 것으로 간주된다. 수단적 의미에서 보았을 때는 대표성이 절차적 공정성의 중요한 판단 기준으로 간주된다(Leventhal, 1980; Renn, Webler & Kastenholz, 1996; Renn, et al., 1995). 따라서 대표적이지 않은 수용자를 확보하는 것은 결정이나 권고를 낯선 것으로 보고 기각하는 토양이 될 수 있다. 마지막으로 실질적인 의미에서 대표성은 중요한 표적 수용자나 그 대리인들이 출석해서 이해를 공유하고 위험의 평가와 관리 내용을 알 수 있도록 돕는 것을 보장할 수 있다. 그러므로 참여자의 대표성을 증가시키기 위한 노력을 알리기 위해 점점 더 많은 연구들이 참여에 영향을 미치는 요인들을 조사해야 한다.

6.1. 이성적 인센티브 정책

여기서 '이성적'이란 표현은 사람들이 매우 실제적이고 논리적인 이유로 참여하는 것을 나타내는 것이다. 가령 사람들은 공무원들에게 조언을 하거나 관심사에 목소리를 내는 공동체의 다른 구성원들의 능력을 지지하기 위하여 참여한다(Checkoway, 1981). 문제에 더 관련이 있거나, 더 위험하다고 느끼는 사람들이 위험 관리방법에 관한 논의에 더 잘 참여한다(McComas, 2003b; McComas & Scherer, 1998). 당국이 무엇을 말해야 하는지를 알고 싶어 하는 것은 참여를 위한 또 하나의 매우 합당한 이유다. 다른 시민들이 무슨 말을 하는지를 알고 싶은 것도 마찬가지다. 결정에 영향을 미치고 싶은 욕망은 또 하나의 이성적인 참가 이유가 되고 있다(Adams, 2004). 참여 기회의 시기 때문에 참여하지 않기로 결정하는 것도 역시 이성적이다. 가령, 참여의 기회가 의사결정 과정에서 너무 빨리 나오면 사람들의 참석 동기를 자극할 수 없기 때문이다. 다른 한편으로 의사결정 과정에서 참여의 기회가 늦게 오면, 결정이 이미 내려졌고 그러므로 자신들의 조언이 중요하지 않을 것이라고 믿기 때문에 사람들이 참가하지 않을 수 있다.

6.2. 사회-경제적 인센티브 정책

개인의 사회 경제적 환경은 위험의 배경과 마찬가지로 참가 여부에 영향을 미칠 수 있다고 연구자들은 주장한다. 자원 지향적인 학자들은 시민의 정치 활동 참여를 예측하는 수단으로 공중 참여의 기저를 이루는 개인 차원의 요인들을 강조해왔다. 이런 연구는 일반적으로 가장 잘 참여할 수 있을 것 같은 사람들이 교육의 수준이 높으며, 관련 정치 경험에 기인하는 참여 능력이 가장 크며, 자신들이 차이를 만들어낼 수 있는 것으로 믿는다는 사실을 발견하였다 (Almond & Verba, 1989; Rosenstone & Hansen, 1993; Verba, Scholzman & Brady, 1995). 이와 관련한 커뮤니케이션 연구들은 정치뉴스에 더 주목하고 정치 토론에 더 자주 관여하는 사람들이 더 잘 참여할 것이라는 주장을 펴면서 미디어 활용의 역할과 대인관계 논의, 그리고 공중 관여를 끌어내는 지식을 살펴보고 있다(Norris, 2000; Shah, McLeod & Yoon, 2001; Sotirovic & McLeod, 2001).

6.3. 관계적 인센티브 정책

세 번째 인센티브 정책은 시민의 참여경험이나 과정을 책임진 당국에 중심을 둔다. 우리는 이것을 이성적 장려책으로 설명하며, 이런 것들이 참여 예측 변수와 참여의 결과 사이의 중요한 관련성을 제공한다고 믿는다(Besley & McComas, 2005). 앞에서 논의한 바와 같이 절차적 정의의 관계적 측면에 관한 연구는 공정성에 대한 인지를 발전시키는 과정에서 당국이 참여자를 어떻게 대우하는지가 얼마나 중요한지를 입증해왔다. 결국 공정성에 관한 인지는 과정에 대한 만족도와 미래 활동에 참여할 의향 같은 결과에 영향을 미칠 수 있기 때문이다(Tyler, 1989, 1994, 2000; Tyler & Lind, 1992).

이러한 노선을 따라서 최근의 연구는 지역 건강 위험과 관련해 개최된 공중 회합에서의 인지된 대우는 향후의 공중 회합에 참석할지 말지를 좌우하는 참석자들의 의향과 관련이 있다는 사실을 발견하였다(McComas Trombo & Besley, 2007). 다른 연구는 당국의 공정성에 관한 인식이 지역 건강 위험에 관한 지역 공중 회합에 참석할 것인지 여부를 결정하는 데 영향을 미친다는 사실을 발견했다(McComas, Besley & Trombo, 2006).

7. 앞으로의 연구방향

공중의 위험커뮤니케이션 평가 관리 참여의 핵심적인 기여 내용은 광범위한 영역의 사람들을 그 과정에 관여시키는 것 그 이상이다. 본 장에서 논의된 참여 접근방법의 분명한 이점의 하나는 관련자들에게 영향을 미칠 수 있는 과정에 있어서 관련자들을 관여시키는 능력에 있다. 공중의 참여 노력은 복잡한 결정의 중요한 구성요소들을 구조화하고 명확하게 만드는 데 도움을 주는 방식으로 설계되어야 한다. 그렇게 함으로써 새롭고 종종 복잡하기도 한 위험 문제와 가능한 해결책의 범위는 전 영역의 참여자들에게 더 쉽게 이해될 수 있는 것이다. 한편으로 비전문직 참여자들은 흔히 공중 기대되는 환경적, 건강 관련, 경제적·사회적 영향을 더 쉽게 이해할 수 있게 된다. 관련된 기술적 정보가 그들이 표명한 가치관이나 목표, 그리고 관심사와 엮여 있기 때문이다. 다른 한편으로 전문가와 기관의 정책 결정자들도 어떤 것에 사람들이 신경을 쓰고 다양한 위험 관리 옵션 중에서 어떤 것에 대해 찬성하고 반대하는지의 차이와 그의 연계성을 더 쉽게 이해하게 된다. 이런 과정에서 이루어진 이러한 모든 참여자 사이에서의 더 높은 수준의 이해는 위험 평가와 위험 관리 옵션을 사려 깊게 선택하게 만든다. 그러나 공중 참여와 위험커뮤니케이션, 그리고 결정 보조의 원리들을 연결한 초기의 성공사례들이 있음에도 불구하고 많은 의문이 남는다(Arvai & Mascarenhas, 2001; Failing, Horn & Higgins, 2004).

가령 여러 학자들이 위험 평가와 관리 맥락 속에서의 공중 참여를 옹호하긴 하지만, 어느 지점에서 이런 과정을 끝내는 것이 적절한가? 하는 의문이 여전히 남는다. 많은 학자와 관련 현업자들은 최종적인 결정이 내려졌을 때 이런 과정이 끝나는 것으로 가정한다. 그러나 공중참여에 의존한 수많은 의사결정 과정들이 수년간 심지어 수십 년간의 작업에도 불구하고 결정에 이르지 못하고 있는데, 유전자 변형식품, 핵폐기물의 장기 저장, 멸종 위기종 관리에 관한 문제를 사례로 들 수 있다. 과연 어떤 시점에 정책결정자들이 공중의 참여를 종결하고 가용한 증거에 기초한 결정을 내릴 수 있을까?

이미 공개된 다른 의문은 위험 평가와 관리문제가 제기되는 매체와 관련이 있다. 인터넷은 우리가 20년 전에는 상상하기 어려웠던 글로벌 차원의 소통을 가능토록 하고 있다. 우리는 지금 오디오, 비디오, 데이터의 실시간 전송이 가능한 상태에서 국가 간 숙고에 서로 관여할 수 있는 능력이 있다. 전개되고 있는 숙고를 평가하고 반응할 기회가 우리에게 주어진다면, 가령 인도의 기후 과학자들은 관심 있는 당사국 국민들이 지켜보는 가운데 캐나다나 미국의 정책결정자들과 함께 집중적인 회의를 개최할 수 있는 능력이 있다. 이 모든 것이 한 명의 참여자도 집을 떠나지 않은 상태에서 일어날 수 있다. 이런 능력은 지난 몇 년간 바로 이용할 수 있게 되었지만, 이런 과정의 적합성이나 효과성, 방어 가능성을 겨냥한 어떤 연구도 실제적으로 이루어지지 못하고 있다.

여러 면에서 공중참여 과학은 현실을 따라잡으려고 애쓰고 있다. 참여 과정을 만들고 있는 사람들은 해결책을 정당화하거나 새로운 것을 시도하려는 그들의 뜻을 지지할 수 있는 이론적 기반의 증거에 목말라하고 있다. 최근 미국국가연구위원회는 경험적 연구들을 검토하고, 연방기관들의 공중 참여에 길잡이가 될 만한 제안을 개발하기 위해서 환경영향평가 부문에서 공중 참여와 의사결정에 관한 패널을 설치했다. 이런 작업은 공중 참여 분야에서 지속적 연구의 중요성을 강조하고 있다.

시스템 위험에 대한 위험커뮤니케이션

시스템 위험에 대한
위험커뮤니케이션

보팔에서 체르노빌까지,
많은 불행들이 있은 후에 우리 모두는 그것이 매우 복잡하다는 것을 알게
되었다.
…… 누가 공간을 생태학적 시스템의 일부로서 간주하며
사람들이 잠재적인 위험의 방지와 불행의 관리에 관해 말하기 위해
지적인 무엇인가를 가져야 한다고 생각하는 것은 사회학자들만의 것이
아니다.
우리들이 연속적인 위험에 직면하기 때문에
위험을 역사의 맥락으로부터 분리할 수 있다는 생각은 위험하다.
- 힐러리 로제(Hilary Rose)

1. 시스템 위험이란 무엇인가?

각 분야의 시스템이 성장하면서 새로운 사회적 문제가 발생하고
있다. 무엇보다도 '지속 가능한 성장'이라는 시대적 주제는 선진국과
후진국을 막론하고 가장 뜨거운 정책적인 대상이 되고 있다. 글로벌
화가 심화되면서 가장 글로벌한 주제는 시스템화되는 위험의 일반

화라 할 수 있다. 그래서 시스템 위험은 사회적인 문제를 복합적인 요인이라는 특정한 관점에서 접근토록 유도한다. 이 사회적인 문제는 위험이라는 관점에서 복합적으로 보도록 새로운 사고방식을 요구한다. 사회적 문제에 대한 새로운 이 같은 관점은 문제의 복합성을 줄이고 위험의 관점 안에서 고도의 객관적인 복합성을 인정하는 것이다. 이것은 문제에 적정한 탈중심적인 규제, 바로 위험 거버넌스(Risk Governance)의 기본토대를 만들어내도록 한다. 그러나 이 개념은 여전히 명확하지 못하고 서로 충돌하는 모습을 한다. 그래서 시스템적인 위험에 대한 위험커뮤니케이션 측면의 특성을 논하는 것은 매우 중요한 전제조건이다.

유럽에서 특히 독일이 주도하는 위험사회의 문제점을 해결하기 위한 프로젝트는 이러한 논의의 물고를 트는 데 있어서 매우 유효한 근거를 제공하고 있다. 독일 정부는 2008년부터 <시스템적인 위험 2008>이라는 프로젝트를 통하여 사회적 문제를 사회적 위험이라는 관점에서 접근하고 있다. 지난 20년 동안 연구된 위험커뮤니케이션의 공통점은 담론적으로 위험이 구성되는 소위 '사회적인 위험구성'이 이루어지는 커뮤니케이션 과정이라는 것이다. 이 '사회적인 위험구성'은 여러 가지 상이한 기존의 동기에서 수정되고 변화되면서 이루어진다. 이와 같은 개념정의는 미디어가 매개하는 담론에서 공적인 위험구성의 생성과정에 대한 커뮤니케이션적인 지식을 만들어내고 있으며 더불어 수용자의 행태까지 포함한다.

위험커뮤니케이션 영역에는 다양한 목적, 상황 그리고 송신자의 역할이 존재하면서 커뮤니케이션이 이루어진다. 고로 위험커뮤니케이션에서 송신자 그리고 메시지가 이해관계의 견해 차이, 객관적인 의견의 상이성 그리고 시스템적인 고유한 논리(미디어의 독특한 논리)에 종속되어 서로 경쟁을 한다. 그래서 커뮤니케이션 과정과 그 결과에 대한 중앙집권적인 조정행위는 불가능해진다. 이에 따라서 위험규제의 관점에서 원하는 모든 각각의 결과에 필요한 성공적인 커뮤니케이션 전략을 끌어내려는 기술 관료적인 기대는 항상 충족되지 않는다. 그럼에도 불구하고 송신자는 자신의 커뮤니케이션적인 목적을 실현하기 위하여 다소 정제된 풍부한 커뮤니케이션 전략을 이용하여 영향을 미치려 한다. 커뮤니케이션 과정이 점점 더 복잡해지고 있기 때문에 특정한 위험커뮤니케이션 이론을 발전시키려는 것은 큰 의미를 가질 수 없다. 위험커뮤니케이션은 기존의 커뮤니케이션학 이론과 모델을 주제와 영역에 따라 특화시키는 것이 더욱 유용할 수도 있다.

여기서 우리는 다양한 유형의 위험커뮤니케이션에서 두 가지 핵심적인 관점을 끌어내려 한다. 바로 1) 매스미디어에 의한 공적 위험커뮤니케이션, 그리고 2) 위험을 최소화시키는 개인적인 행태의 확산이다.

2. 매스미디어적인 공적인 위험커뮤니케이션

매스미디어는 위험커뮤니케이션에서 두 가지 기능을 발휘한다. 첫 번째로 매스 미디어는 특정한 문제에 사회적인 관심을 갖게 하고 그리고 상이한 사회적인 부분시스템에 공통의 '실재성(實在性)'을 만들어준다. 둘째로 매스미디어는 단기간에 여러 가지 방식으로 적은 비용으로 거대한 불특정 다수의 공중에게 메시지를 전달해준다. 매스미디어는 위험에 대한 지식을 공중에게 전달하고, 경고하며 그리고 행동변화를 요구하는데 중요하고 매우 효과적인 커뮤니케이션 채널이다.

미디어적인 공적 담론에서 사회적인 문제로서 위험에 대한 선택행위는 객관적인 위험의 크기와 미디어의 관심 간에 불일치가 있다는 논거로 인해서 부분적으로 많은 비판을 받아왔다.[47) 위험증폭 모델은 이 같은 위험선택을 사회적인 행위자(이익집단), 미디어 그리고 수용자(시청자 대중)의 상호작용의 결과로 설명하고 있다. 이 모델의 기본적인 사고는 언론학에서 일반적인 형태로 수용되는 어젠다 세팅, 프레이밍, 뉴스가치, 이슈 집중의 사이클(Issue-Attention Cycle)과 같은 이론과 비교 가능한 것으로 오랫동안 논의가 되어왔다. 이것은 매우 의미 있는 관점을 제시한다. 미디어적인 공개장은 정치행정적인 시스템에서 결정을 내리고 뿐만 아니라 '공통의 실재성'을 통하여 사회적 행위의 협력을 만들어내는 데 결정적인 역할을 한다. 그 점에서 미디어적인 공적 커뮤니케이션에 있어서의 거시 차원은 모든 위험커뮤니케이션의 영역에서 중요한 맥락의 의미를 갖는다.

위험커뮤니케이션의 맥락에서 특히 관심을 갖도록 하는 것은 소위 객관적인(학문적) 합리성을 만들어내는 행위자들의 공적인 역할이다. 우선 공적인 담론에서 특정한 관계에서는 공경심을 유발하지

---

47) 송해룡 역, 『위험보도론』, 서울: 커뮤니케이션북스, 2003 참조.

만 어떤 다른 관계에서는 이와 달리 공경심이 없이 객관적인 합리성
이 다루어지는 것을 확인할 수 있다. 학문적인 객관적 인식은 국가
규제의 정통성을 확립하는 토대로 인정되지만, 그러나 때로는 학문
적인 지식은 학문 외적으로 정치화되는 모습을 한다. 동시에 경험지
식, 상식, 정치경제적인 합리성과 같은 여타 지식형태나 합리성의
형태와 갈등을 일으킨다. 학문적인 합리성을 대변하는 행위자는 주
로 송신자의 모습을 한다. 이것을 '객관성'의 상실로 비난을 할 수
있는 있지만, 다른 한편 사회적인 지식을 통합하는 과정이나 커뮤니
케이션 파트너를 동등하게 취급하는 학문 간 대화의 실제화로 간주
한다.

학문 외적인 지식, 즉 경험, 상식과 같은 지식이 위험을 논하는 데
건설적인 기여를 한다는 것에 따른 전통적인 전문가의 역할을 벗어
나는 탈구성적인 경향에 반하여 "(사회적으로 판단하여) 중요한 위
험"을 제시하는 확인 작업에서 전통적인 전문가의 학문이 중요한 역
할을 한다는 연구가 미국에서 제시되었다(Mazur, 2004). 초기의 미
디어적인 관심은 경고가 추후에 근거로서 혹은 어떤 근거로 부각되
었는지의 여부와 관련하여 어떠한 예견적인 가치를 전혀 갖고 있지
않았다. 당연히 미디어 보도가 사회적인 반응에 역할을 했지만 말이
다. 다르게 말하여 위험을 합리적으로 다루는 데 있어서 미디어의
공적인 커뮤니케이션은 학문적 성과나 학술적인 기관의 선택에 결
정적인 영향을 미친다는 것이다. 이 같은 고전적인 학문이 만들어내
는 중심성이 여전히 시스템적인 위험에서도 부여되는지의 여부는
큰 관심을 불러일으킨다.

따라서 객관적인 합리성을 대변하는 전문가가 공적인 위험논쟁에

서 목소리를 낼 수 있고, 주변화되어서는 안 된다는 것은 중요하다. 공적인 위험 담론의 '객관화'를 위하여 무엇보다도 전문가의 비중을 강화시키는 것은 논쟁점이 된다. 이것은 전문적인 PR이라는 제도적인 차원, 그리고 송신자로서 전문가의 질적인 것을 강조하는 개인적인 차원을 갖는다. 그래서 전문가에게 미디어를 다루는 능력이 요구된다. 이 문제를 해결하는 데 여러 가지 방법이 그동안 제안되었다.

여기서 결정적인 것은 상이한 커뮤니케이션 영역의 기능적 분할과 상호 의존성에 관심을 두는 것이다. 우선 공적인 담론은 관심을 끌어내는 기능, 정통성을 부여하는 기능 그리고 조정하는 기능을 갖는 반면에 의회의 위원회, 협상테이블, 자문위원회 같은 여타 영역은 정치적으로 변화의 요구를 정확하게 실제로 전환하는 데 적합하다.

3. 위험을 경감시키는 행동의 확산

수많은 위험문제와 관련하여 국민의 건강하고 안전한 행동은 위험을 최소화하는 데 있어서 가장 중요한 역할을 한다. 흡연, 식습관과 이동행위 습관, 의약품 복용 습관은 위험을 최소화하는 논쟁의 단골 메뉴가 되고 있다. 위험에 대한 정보 그리고 미디어나 여타 팸플릿을 통한 추천행동에 대한 커뮤니케이션은 국민의 행위에 영향을 주도록 한다는 것을 쉽게 믿을 수 있다. 이 같은 기대는 또한 매번 실망감을 갖는다. 위험인식을 만들어냄에도 불구하고 이것은 종종 실제적인 행위에 최소한의 영향을 주었다. 정보캠페인이 동반하는 대중적인 효과는 매우 특별한 조건하에서만 큰 것을 볼 수 있다. 예를 들어 특별한 우선순위를 갖고 있을 때 이 같은 효과가 일어난다.

정보캠페인의 실패 원인은 목표 집단에 정보를 전달하지 못하는 커뮤니케이션 행태 그리고 채널의 선택에 놓여 있다. 여기에 바로 부족한 어떠한 커뮤니케이션 역량, 원하는 행태를 수행토록 하는 데 필요한 여타 수단(방책)의 부족이 함께한다. 커뮤니케이션의 효과가 제한되는 여러 경우를 확인할 수 있다. 문제의식의 결여, 문제에 대한 결여된 관점을 송신자의 관점에서 문제로 서술할 수 있지만 실제로 이러한 것은 종종 구조적으로 조건화되어 있으며, 이로 인해서 커뮤니케이션을 통해서 전혀 어떠한 영향을 미칠 수 없다. 그 때문에 적합한 커뮤니케이션 형태를 논하기 위하여 보완적이고 대안적인 가능성을 고려하여야만 하다. 그래서 여기서 목적집단에 정향된 커뮤니케이션, 적합한 커뮤니케이션 상황의 선택, 지역공동체를 기초로 한 커뮤니케이션 관점이 폭넓게 논해져야 한다. 무엇보다 중요한 것은 행동을 변화시키는 데 필요한 성공적인 전략으로서 변화되어야만 하는 행태를 '정착'시키는 일상적인 문화, 사회적인 조건 그리고 주관적인 인식 모델에 대한 이해가 이루어져야 한다. 행태를 변화시키는 데 잠재적인 장애물이 무엇인지를 파악하면 우리는 커뮤니케이션 과정을 성공적으로 만들어낼 수 있다.

4. 시스템적인 위험에 대한 위험커뮤니케이션의 특별한 모습

'시스템적인 위험'에 대한 커뮤니케이션에서 어떤 특수한 특징이 있으며 촉구사항이 있는지, 있다면 무엇이 있는지를 논의해볼 수 있다. 이 같은 문제제기는 두 가지 방식으로 논해볼 수 있다.

첫째, 복합적인 사회적 문제를 위험으로 틀 짓는 커뮤니케이션은 어떠한 결과를 가져오는가?

둘째, 문제에 합치되는 위험구성이 간단한 위험에서 보다 더 복합적이라는 것은 어떤 결과를 가져오는가?

21세기가 시작되면서 우리는 구조화된 위험이 얼마나 위험한지를 실제로 체험하며 살아가고 있다. 동양고전에 보면 "하늘이 내린 재앙에서는 살아남을 수 있지만, 인간이 만든 재앙에서는 헤어날 수 없다"는 말이 있다. 이는 인간이 만든 정치·경제·사회·문화 등의 시스템이 지닌 위험의 특성과 그로 인한 문제점을 매우 예리하게 설명해주는 말이다. 최근에 발생하는 모든 종류의 위험과 불확실성은 근대성이 만들어낸 산물이며, 우리가 해결해야 할 시급한 문제로서 부상하고 있다. 우리가 지속 가능한 사회에서 살기 위해서는 이제 위험사회의 본질에 폭넓은 관심을 기울여야 한다.

최근 미디어를 통해서 다양한 형태의 위험보도가 이루어지고 있다. 쓰나미, 지진, 홍수, 식품스캔들, 사이버테러 공격, 기후변화, 유전자 조작 그리고 변형된 인플루엔자 등이 가져온 위험을 미디어가 전달하면서 우리에게 공포심을 갖도록 하고 있다. 우리 모두를 패닉 상태로 만드는 드라마틱한 일들이 매년 발생하고 있다. 이러한 상황에서 우리의 정치·사회적인 시스템이 새로운 기술 발전을 통제하고, 우리의 안전한 삶을 보장할 수 있으며 더 나아가 환경과 건강에 위협이 되는 위험을 적절하게 통제할 수 있을까? 새로운 위험에 진실로 대처할 수 있을까? 이러한 물음이 제기되고 있다. 2011년 일본 후쿠시마 원전사고는 위험거버넌스와 국가의 역할을 진지하게 묻도록 하였다. 우리나라에서 세월호 사건, 메르스 발생, 가습기 살균제 문제 역시 효과적 위험거버넌스를 만들기 위해서 체계적인 시스템화가 얼마나 중요한지 일깨워주고 있다. 우리 사회가 다양한 기술위험에 점점 더 노출되고 있다. 그러나 이러한 위험을 체계적으로 관리하려는 국가적 노력은 이제 겨우 인식단계에 접어들고 있다. 여전히 우리는 위험에 대한 체계적인 연구가 부족하고 국가 관리는 매우 허술한 모습을 보이고 있다. '과연 얼마나 위험한가(기술적 문제)'에 대한 학술적 차원뿐만 아니라, '정부나 산업을 믿을 수 있는가(신뢰의 문제)' 하는 신뢰적 차원 역시 전혀 관리되지 않고 있는 것이다. 가습기 살균제 문제가 이제야 수사가 이루어지고 있는 것이 바로 그 증거이다. 이러한 일련의 위험 이슈들은 우리나라에서 위험에 대한 사회적 소통을 의미하는 '위험커뮤니케이션'의 중요성을 일깨워주고 있다. 이제 복합적이고 체계적인 범위에서 위험에 대한 논의가 필요하다. 왜냐하면 위험은 기술적인 문제이며 가치 지향적인 문제가 되고 있기 때문이다. 최근의 여러 사건에서 우리는 이것을 체험할 수 있었다. 그동안 위험관련 정보는 도구적 목적에만 정향되어 왔다. 이 문제를 해결하기 위하여 우선 전문가, 정부가 변화해야 한다.

위험논의 과정에 전문가집단(기업과 연구자 집단), 언론, 일반시민은 행위자로 작동하고, 정부는 일반적으로 규제적 행위자로 참여하였다. 하지만 사회가 복합적으로 변화되면서 언론의 역할이 점점 더 중요해지고 있다. 왜냐하면 우리 사회에서 위험을 둘러싼 의사소통이 매우 빈약하기 때문이다. 과학기술자의 사회적 인식은 매우 낮고, 공중은 과학적 지식에 취약한 것이 우리의 현실이다. 그로 인해 정보의 통제나 왜곡이 일어나고, 이에 대한 사회적 불신과 저항이 거세어져서 엄청난 사회적 비용을 지불토록 하고 있다. 최근의 여러 사건에서 우리는 이것을 체험할 수 있다. 그동안 위험관련 정보는 도구적 목적에만 정향되어 왔다. 이 문제를 해결하기 위하여 우선 전문가, 정부가 변화해야 한다.

4.1. 시스템 위험의 특징

판단 근거의 확대 그리고 위험인지 연구에서 도출한 영향을 미치는 중요한 요인을 통하여 위에서 논한 시스템적인 위험 콘셉트는 전통적인 접근 방법보다 사회생태학적인 연구에 필요한 포괄적인 판단근거를 충족시키는 데 적합하다. 울리히 벡이 주장하듯이 복합성, 불확실성 그리고 애매모호성은 근대적인 위험의 특징을 가장 잘 나타내고 있다. 그래서 OECD는 이 시스템 위험의 해결을 매우 강조하고 있다(OECD, 2003). 시스템 위험은 물리적인 피해 영역 그리고 이것이 발생한 지역을 벗어나서 생성될 수 있는 부정적인 영향까지 다룬다(Kasperson, et al., 2003). 시스템 위험은 시스템의 경계와 국가의 경계를 벗어나서 시장붕괴, 자본의 가치하락, 무역 갈등, 제도의 붕괴 그리고 정치적인 신뢰의 손상 같은 다양한 형태를 가정할 수 있다. 그래서 시스템 위험은 평가하기가 매우 힘든 폭넓은 영향 그리고 장기적인 영향과 관련된 고도로 네크워크화된 문제들과 깊은 관련이 있다. 이 문제의 서술, 평가 그리고 극복은 지식적 문제 그리고 평가의 문제와 연결되어 있다. 이러한 문제들은 다음과 같은 특징의 결합을 통해서 발생한다.

- 시간, 공간 그리고 피해범주에서 나타나는 탈경계화(脫境界化)
- 매우 높은 복합성
- 매우 높은 불안전성
- 매우 높은 애매모호성

탈경계화 또는 경계를 넘어서는 위험이라는 진단은 근대과학과 기술의 결과를 "성찰적 근대화(Reflexive Modernisierung)"의 관점에서 해석하는 사회학적인 위험분석의 핵심 요소이다(Marshall, 1999; Adam, et al., 2000). 성찰적 근대화의 이론에 따르면 산업과 기술적인 역동성으로 인해 발생한 위험의 문제는 전문적인 위험연구 집단에서 행하는 위험분석과 위험관리에서는 핵심적인 사항인 건강 보건적이며 생태학적인 결과를 별로 중요하지 않게 생각한다. 이 위험의 문제점은 이와 같은 부수적인 결과가 가져온 사회적·경제적 그리고 정치적인 부수적인 결과로 인해 나타난다(Beck, 1986, 103). 이로 인해서 위험관리의 전통적인 시스템의 부수적인 문제점이라고 의미하는 부당한 요구가 등장한다. 최근에 이 시스템 위험의 개념과 접근방법은 경제, 자본시장 또는 정치적인 기관과 같은 중심적인 사회시스템에서 불러일으키는 상호작용적인 영향으로부터 특별한 관심을 받고 있다.

'위험의 사회적 증폭(social amplification of risk)' 콘셉트는 이와 같은 직접적인 2차적 위험영향에 대한 매우 중요한 이론적이고, 실증적인 증거를 제시하였다(Renn, et al., 1992; Kasperson, et al., 2003). 이러한 분석틀은 물리적인 위험에서 시작하여 사회적이고 제도적인 과정에 미치는 영향을 들여다볼 수 있도록 한다. <그림 6.1.>은 커뮤니케이션 과정에서 위험의 사회적 증폭 콘셉트를 제시하고 있다.

사회적이고 기술적인 변화를 통해서 새로운 위험원들이 생성되고 있으며, 동시에 기존 위험을 축소시키고 변화시키는 새로운 도구들이 만들어지고 있다(Renn, et al., 1992; Renn, 1992c). 여기서 우선 위험의 파악과 산정의 기초가 되며 다른 한편 실제적인 피해를 관찰하여 나온 데이터를 만들어서 준비토록 하는 물리적이며 커뮤니케이션적인 시그널을 내보내는 출구가 생성된다. 이 시그널은 특화된 기관이 수용하고 평가를 하게 된다. 이 기관이 만든 보고서는 사적이거나 공적인 위험관리 기관에 전달이 되고 그곳에서 폭넓은 위험연구와 규제를 요구하는 반응을 야기시킨다. 이에 병행하여 이 보고서는 미디어와 관련된 집단의 관심을 불러일으키고 새로운 메시지를 준비토록 한다. 이와 같은 시그널 전송과 시그널의 전환 과정은 여러 형태로 이루어진다. 동시에 특정한 시그널은 제도나 미디어 혹은 개인적인 커뮤니케이션을 통해서 강화되거나 약화된다. 이것은 위험의 사회적 증폭 효과 테제의 핵심이다. 강화되거나 혹은 약화된 시그널은 수용자한테서 새로운 커뮤니케이션, 적절한 행동 혹은 집단적인 행위, 소위 말하는 2차 강화 효과를 발생토록 할 수 있다. 끝으로 피드백을 통해서 제3효과를 만들어내는 구조적인 상황의 변화를 이끌어낸다. 기술-산업적인 차원에서 생성된 위험의 1차, 2차 그리고 3차적 결과의 상호 결합은 현시대의 가장 근본적인 특성이라고 볼 수 있다. 이 상호 결합은 변화의 모토가 되고 있다. 상이한 손실과 피해의 범주는 내적으로 영향을 주고 상호적으로 작동하면서 시너지 효과를 발생시킨다.

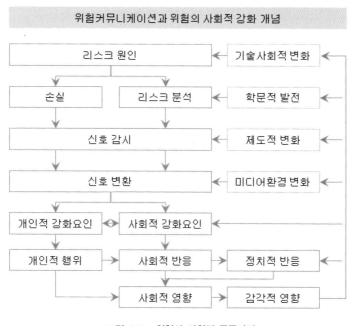

<그림 6.1.> 위험의 사회적 증폭과정

시스템 위험 콘셉트는 우선적으로 실질적인 위험 상태에 대한 관찰로부터 시작을 한다. 우선 보면 지역에 따라 편차는 있지만, 현재 기술적인 사고나 혹은 문명화라는 것에서 유도된 행위가 삶이나 건강에 피해를 줄 수 있는 개인적인 위험은 전 세계적으로 줄어들고

있다. 이와는 반대로 다른 한편 누적적인 재난의 가능성과 그것의 공간적이고 시간적인 대역은 넓어지고 있다(Streffer, et al., 2000, p.311). 이러한 것의 근거로서 근대화 과정에서 이루어지는 문명화를 지향하는 추세에서 그 증거를 들 수 있다. 주거지의 밀집화를 동반하는 도시화, 기술생산 방식의 중앙 집중화, 인간 활동의 증가하는 자연 침해 현상 그리고 가속화되는 글로벌 네트워크화를 들 수 있다. 우리는 여러 단계로 이와 같은 실제적 발전과 관련해서 핵심적이며 결합적인 의미를 제시할 수 있다. 우선 첫 단계로 기술적인 위험은 직관적인 인식과 평가에 큰 영향을 줄 수 있는 상징적인 연상의미를 갖는다는 것이다(Slovic, et al., 2002). 둘째 단계로 물리적인 잠재적 피해와 느슨한 연관 관계를 갖는 위험한 행위는 특정한 이해관계, 가치 그리고 세계관과 연결을 맺는다. 이와 관련해서 시의적인 정치적 토론을 사회정치적인 것으로 결합시키는 것이 허락된다는 것이다(Luhmann, 1993, pp.155). 셋째 단계로 문화적인 표본적 의미가 종교와 같은 순수한 상징적인 것을 침해하는 것에서부터 손실피해와 이러한 상황의 상호 결합을 유도하는 위험한 행위를 감싸고 있다는 것이다(Douglas & Wildavsky, 1982). 여론을 통해서 이루어지는 이 같은 3가지 위험처리의 구성 요소는 일반적으로 미디어 보도를 통해서 사회적으로 강화되고 있다(Kasperson, et al., 1988).

이를 통해서 위험관리에 책임이 있거나 관련이 있는 기관에 2가지 규칙의 위험이 나타난다. 실제적이거나 혹은 사람들이 인식한 위험에 관계없이 위험은 종종 계산을 할 수 없는 사회적인 위험이 정치적인 신뢰의 상실, 정통성의 박탈 혹은 낙인효과의 형태로 드러난다(Gregory & Satterfield, 2002). 확산된 건강의식, 환경과 안전의식은 무엇보다도 새로운 문화적인 지향점으로서 정치적으로 통제가 가능한 완전하고 안전한 생필품에 대한 높아지는 요구에 근거하고 있다. 바로 위험이 없는 생필품, 깨끗한 환경 그리고 안정적인 시장에 대한 요구를 들 수 있다. 다양한 위험은 결정에 좌우되는 것으로 정의가 되고 있으며, 이로 인해 정통성에 대한 의무가 요구된다 (Luhmann, 1991). 환경단체를 통한 조직화된 기술에 대한 저항은 위험을 전혀 완화시킬 수 없다는 것을 의미하는 것이다. 이러한 배경에 의해서 객관적으로 증가하는 잠재적 위험의 가능성에 대한 문제 제기는 단지 조건화된 관련성만을 갖도록 한다. 왜냐하면 위험갈등은 실제적인 위험의 잠재성에 관계없이 증가하기 때문이다. 이로 인해 발생하는 정당성의 문제는 책임 있는 기관에게 내외적으로 어떠한 행위를 하도록 압력을 가한다. 이에 따라서 위험을 통제하는 효과적이고, 정당한 조치에 대한 논쟁이 학계, 경제계 그리고 정치권에서 강력해지는 것이다. 잠재적 위험, 약품의 배합비율 효과에 따른 학술적인 위험의 특성화 같은 위험평가와 위험관리의 과정은 전통적으로 인간과 환경에 미치는 물리적인 결과를 다룬다. 시스템 위험은 기술-생태적인 위험의 2차적인 위험 영향과 국제적인 피해에 초점을 맞추어 가정할 수 있는 새로운 제도와 방법론을 요구한다. 증가된 복합성, 불확실성 그리고 애매모호성과 같은 시스템적인 위험의 핵심적인 고유성에 정향된 새로운 평가과정을 마련해야 한다는 시급성이 이것과 연결된다. 시스템 위험은 초국적 특성과 복합성, 불확실성 그리고 애매모호성으로 인해서 전통적이며 계급적인 간섭 형태의 한계점을 제시하고 문제의 정의 그리고 통제를 하는 새로운 제도적인 방식을 선호한다. 그래서 시스템 위험은 물리적인 결과 그리고 이것이 동반하는 심리적·사회적·경제적 그리고 문화적인 영향 간의 상호작용에 위험을 위치하도록 하는 문제 지향적인 접근방법의 본보기가 될 만한 전범(典範)이다.

4.2. 시스템 위험에서 복합성, 불확실성 그리고 애매모호성과 함께 하기

복합성, 불확실성 그리고 애매모호성은 시스템 위험 논의에서 3가지 문제 차원을 만들어내면서 매우 시급하게 그 특성을 다루도록 요구한다. 복합성은 원인과 결과의 관계를 병렬적으로 끌어내기 어렵다는 문제점을 말하는 것이다. 우리가 관찰 가능한 다양한 건강상의 피해는 특정한 원인에 주로 그 원인을 돌릴 수 없다. 무엇보다도 국가나 특정한 내적인 경계를 넘어서는 일의 영향을 분석하는 것은 매우 문제적이다. 또한 동시에 상이한 학술적인 가정(假定)이 빈번히 서로 경쟁을 한다. 이 같은 설명방법의 다원성은 위험맥락의 정치쟁점화 그리고 논쟁의 이데올로기화를 유도하는데 그 이유는 각각의 정치적인 방향이 소위 '잠재적인 설명의 슈퍼마켓'에서 기본적으로 신뢰적인 설명으로 간주되기 때문이다(Hilgartner, 1992; Rosa, 1998). 그래서 모순되는 설명이 서로서로 충돌을 하고, 이것은 이해관계의 갈등, 가치의 갈등으로 인식이 된다. 이로 인해서 학술적 주장은 원인의 탓을 일반화시키는 행위에서 객관적인 정통성에 대한 요구를 할 수 없는 정도로 그 권위를 상실한다.

정치화된 위험논쟁에서 그 논쟁 근거의 임의성은 결과의 불확실성을 통해서 더 강화된다. 지난 10년 전부터 '사전예방의 원칙 그리고 위험예방'이라는 표제어하에 불확실성을 파악하고 그리고 무엇보다도 시스템을 넘어서 일어나는 결과를 탐구하는 연구가 증가하고 있다(Wyne, 1992, 1996; O'Riordan & Cameron, 1995; Japp, 1999; Jasanoff, 2004). 광우병 소동, GMO를 둘러싼 규제정책 및 시장상품화 논쟁 그리고 화학물질을 둘러싼 정책 변경의 어려움의 맥락에서 여러 학자가 회복탄력 지향적 그리고 추론적인 형태의 위험관리를 결합시키는 방법을 선호하고 있다. 이러한 방향이 나온 토대는 참여와 관련된 정통성의 관점에서 어떠한 것을 결정하는 행위에 불확실성이 증가하고 있기 때문이다. 실증적인 분석의 관점에 보다 경도된 연구자는 불확실성이 사회적으로 보다 주제화되어야 하며, 환경과 기술위험에 대한 정치-행정적인 처리행위에서 실천적인 의미가 증가하고 있다는 것을 대변한다(Gill, et al., 1998; Gill, 1999). 한 국가의 차원이나 혹은 지역 차원의 환경영역이나 기술영역에서 애매모호성을 겨냥한 방법론을 많이 발전시키고 끌어들이고 있다는 것은 이해관계의 대변이나 시민참여에 대한 이노베이션적인 방법에서 더욱 분명해지고 있다(Koeberle, et al., 1997; Renn, et al., 1999b; Rowe & Frewer, 2000; Welp, et al., 2006). 이 참여적인 방법은 다양한 지식, 이해관계 그리고 가치선호가 있다는 생각에 핵심을 둔 상이하며, 갈등적인 위험해석을 성찰하는 것이다. GMO를 둘러싼 EU의 논쟁에서 우리는 이 시스템 위험논쟁에서 애매모호성이 각 나라의 상이한 위험문화 그리고 가치철학에 영향을 받는지를 확인할 수 있다. 국경을 뛰어넘는 위험의 애매모호성을 겨냥하여 처리할 수 있는 초국가적인 참여방법은 아직까지 도입되지 못하고 있다. 여전히 참여는 교섭이나 담판을 통해 갈등적인 이해관계를 중재시키는 방법에 제한되어 있다.

5. 위험커뮤니케이션과 시민사회의 역할

지금까지의 위험 문제는 우선 피해발생의 범주와 확률에 대한 매우 학술적인 논쟁에 제한된 것처럼 보인다. 위험논쟁에 대한 연구는 학술적인 토의가 사회적으로 매우 깊이 놓여 있는 정치적이거나 혹은 문화적인 정향성을 너무나 단순하게 표피적으로 설명하였다는 것을 드러내고 있다(Douglas & Wildavsky, 1982; Jasanoff, 1986; Welp & Stoll-Klemann, 2006). 인과율(因果律)의 사슬에 대한 불확실성이 수용되는지의 여부는 특별한 세계관과 가치관의 소유와 관계가 있다. 환경논쟁과 기술논쟁의 핵심인 "얼마나 안전해야 충분히 안전한가"라는 문제제기는 "얼마나 공정해야 충분히 안전한가"라는 문제제기와 불가분의 관계이다. 또 다른 문구가 있다. "어떻게 우리는 미래를 살 것인가?, "우리는 어떻게 기회와 위험을 서로 비교할 수 있을까?" 이러한 문제제기는 많은 논의를 이끌어내고 있다.

분명하지 않은 지식의 정통성을 보호하기 위하여 학술적인 위험 전문가들은 소위 말하는 '제한된 작업(boundary work)'이라는 도구에 호소한다(Jasanoff, 1990). 이러한 과정을 통해서 전문가 집단은 '순수한 학술'과 '순수한 정치'라는 이상적인 양극단 사이에 놓여 있는 수많은 문제의 관점을 이쪽이나 저쪽으로 병치(竝置)시킨다. 예를 들어 독일 정부는 <위험평가의 하모니화와 새 질서를 위한 논의위원회>에서 '위험평가'라는 개념을 '학술적인 평가' 그리고 '정치적인 관리' 사이의 연결체로 정의를 내렸다(Ad hoc Kommission, 2003). 이 연결체에서 양 시스템은 직접적인 대화로 공동의 결정을 내려야 한다. 그래서 학술적으로 정의된 문제의 관점은 정치적이거나 법적인 책임을 지는 것 없이 전문가의 이 같은 구성으로 처리될 수 있다. 이와 같은 경계선 걷어내기가 없이는 매우 지식 지향적인 위험문제는 전혀 처리될 수 없다. 그렇지만 일부 학자는 학술과 정치 간의 이와 같은 연결체의 확립에서 지식과 행위의 정통성에 대한 지배적인 구성은 다시 새롭게 발생되고 공고해져야 한다는 점을 제시하고 있다(Jasanoff, 1997, p.582). 그러한 점에서 기존의 경계선 걷어내기에 대한 지속적인 배경질문은 한 사회의 위험규제에 대한 이해에서 매우 중요하다. 이것은 전문가가 내리는 결정의 투명성을 높이고 그리고 윤리적 관점과 새로운 사회적 혹은 학술적 지식을 고려하도록 한다.

NGO, 노동조합, 종교단체와 같은 시민사회의 행위자는 일반적으로 국가가 지원하는 지식생산과정에서는 주변에 머물러 있기 때문에 기존의 위험평가나 위험측정의 방식이나 제도에서 볼 수 있는 경계선 지키기 정책에 비판적인 관찰을 하고, 대안적인 해석을 제시하는 데 가장 적합하다고 보인다. 시민사회의 조직들이 이와 같은 과정에 참여토록 하는 것이 바로 참여적 위험평가 방법의 개발이다. 시민사회의 행위자는 위험 전문가 위원회에서 학문과 정책 간의 경계선 지우기에 대한 '문제 삼기'를 통해서 경계선 걷어내기, 복합성, 불확실성 그리고 시스템 위험의 애매모호성을 인식하고 처리할 수 있는 중요한 전제조건을 만들어낼 수 있다. 한 국가에 제한되고 수직적인 계급 형태의 제어 방식은 시스템 위험에 대한 적합한 관리를 뒷받침할 수 없다. 경계선을 걷어내야 하는 구조의 문제는 집단적인 문제처리 방식이라는 독특한 형태를 요구한다. 국가 간의 강화된 협조, 국가기관과 비국가기관 행위자 간의 보다 강화된 협력 그리고 비국가기관 간의 상호적인 협약의 확대를 통한 상호 이해가 모두 집단적인 문제처리 방식에 속한다. 시민사회는 공간적이고 사회적인 경계선을 걷어내는 것을 통해서 2차적인 피해를 효과적으로 제어하려는 시스템 위험의 특성을 보다 사전 예측이 가능하고 그리고 포괄적인 위험관리 차원으로 끌어올리도록 해야 한다.

과학커뮤니케이션 모델에 대한 새로운 논점

과학커뮤니케이션 모델에 대한 새로운 논점

'과학 저널리즘'이라는 표현은 그것과 다른 종류의 저널리즘 사이에
경계가 뚜렷하고 충실하게 높이 평가되는 언론보도의 특별한 한 분야로
특징지으려는 주장으로 잘못 이끌 수 있다.
그러나 신문이나 텔레비전 뉴스 방송을 얼핏 보는 것이 현실의 상황이다.
과학적인 노력은 전형적으로 아주 복잡한 일이다.
그리고 저널리스트에 의해 '좋은 이야기'라는 이름으로
그 노력에 이야기의 순서를 강요하려는 어떤 노력이든
위험을 일으키는 타협이다.
- 스튜어트 앨런(Stuart Allan)

1. 들어가는 말

우리에게 과학기술 공공커뮤니케이션(PCST, public communication
of science and technology. 이하 PCST로 통칭함)의 과학커뮤니케이
션 모델 논쟁을 점검하는 것은 매우 유익하다. '격차모델(deficit
model)-일반적으로 과학기술사회학에서 결핍모델이라고 많이 부른

다-’에서 ‘대화모델(dialogue model)’로 과학커뮤니케이션의 형태가 전환되고 있다는 주장이 여러 곳에서 제기되고 있다. 그러나 이 주장에 대한 의문이 다른 형태로 논의되고 있다. 기존의 격차모델이 여전히 생명력을 갖고 있기 때문이다. 본 장에서는 대화모델에 대한 비판과 더불어 커뮤니케이션과 관련하여 발생하는 논쟁을 간단히 제시하면서 논의를 공적인 장으로 확대하려 한다. PCST에서는 그동안 다양한 연구방법을 주도하면서 복잡한 과학커뮤니케이션 현상과 상황을 좀 더 명확히 설명하려고 노력하고 있다. 우리는 일반적으로 커뮤니케이션 과정을 복합적이고 다양한 관점에서 논하고 있으나, 이 커뮤니케이션 모델들은 대개 상충하는 것으로 인식하고 있다. 그래서 상충보다는 공존할 수 있다는 관점에서 이 과정을 촉진하기 위한 분석틀로서 격차, 대화 그리고 참여를 기반으로 한 커뮤니케이션 모델을 논하는 것은 유익하다고 생각한다.

　과학커뮤니케이션은 거의 10년간 똑같이 반복해서 이와 같은 이론 논쟁을 해오고 있다. 그 과정을 논하면 매우 간단하다. 과학커뮤니케이션은 예전에는 전문가가 일반대중에게 일방향적으로 커뮤니케이션을 하는 격차모델을 사용하였지만, 지금은 대중들이 양방향 커뮤니케이션에 참여하고 자신의 정보와 경험을 중시하는 대화모델(dialogue model)을 강조하고 있다는 것이다. 그래서 기존의 접근 방식에서 근본적인 변화가 이루어지는 새로운 환경 속에 우리가 살고 있으며, 이것은 격차모델과 대화모델들을 포함하여 여러 모델이 공존할 수 있다는 주장을 검토하도록 강제하고 있다. 우리는 과학커뮤니케이션 행위에서 정확한 선택이 필요하며, 이런 선택들을 구조화하는 틀이 필요함을 볼 수 있다.

2. 격차모델에서 대화모델로의 전환 논의

1990년 후반에 발간한 PCST의 '거대 서사'는 과학커뮤니케이션 연구에 강력한 영향력을 주었다. 이 거대서사는 정책 설명, 학술연구, 과학계의 공적인 커뮤니케이션 토론 그리고 과학과 사회의 관계에 대한 공적인 토론에서 다양하게 이야기가 되었다. 우리는 패키지화된 과학정보가 미디어를 통하여 일방향적이며 수직적으로 흘러간다면 그것은 별로 쓸모없다는 것을 알고 있다. 미디어가 발달하면서 현재는 예전에 비해 공중들이 과학커뮤니케이션에 대해 보다 쉽게 반응할 수 있고, 역으로 과학자들은 이것에 귀 기울이면서 서로 간의 이해를 증진시킬 수 있게 되었다. 이 관점에 담겨 있는 몇 가지 주목할 만한 특징은 이 같은 모습이 전 세계적으로 정부, 과학협회, 정부 부처 간, 시민사회단체 그리고 다수의 이해관계자들에게 광범위하게 수용되고 있다는 사실이다. 학술적으로 어떠한 모습을 제시한다는 것은 사회학이나 언론학에서 보듯이 사회적 과정이 이루어지는 자연스러운 과정의 보편성을 잘못 이해시킬 위험을 안고 있다. 이론의 수정에서 이 주장은 증명이 되었는데, 가장 대표적인 것이 바로 21세기에 나온 이데올로기의 종언을 들 수 있다. 현재 우리는 새로운 이데올로기의 등장시대로 들어가고 있다.

지역적으로 특정한 변수가 존재할 수 있지만 '공중의 참여'와 같은 콘셉트로 이루어지는 논쟁의 핵심은 명확하게 공유할 수 있다. 바로 예전의 전통적인 방식은 설명력이 떨어지며 새로운 방식이 더 효율적이라는 주장이다. 이 이야기는 사회적 논쟁은 갈등을 일으키는 적대적인 관계가 아니라 격차를 줄이고 대화를 통해 더 나은 사회적 이행을 끌어낼 수 있다는 것이다. 세월이 흐르면 이 주장 역시 설득력이 약해질 수 있지만, 대화모델로의 전환은 무슨 일이 과학커뮤니케이션 과정에서 발생하였는지를 성찰하는 계기가 되고 있다. 21세기가 시작된 이후에 과학계와 정책 그리고 공공성 안에서 긴밀하게 연결된 과학계의 업무방식이 급격히 변화되고 있다. 이것이 미디어의 발달이든 혹은 사회적 구조의 발달이든지 간에 최근에 과학커뮤니케이션 과정은 더 많은 갈등에 휩싸이고 있다. 유전공학과 나노공학 그리고 정보통신 기술이 발전하면서 이러한 경향이 완연해지고 있다. 이로 인하여 과학커뮤니케이션을 선도하는 영국의 과학기술위원회(SCST)는 '대화 분위기의 조성(mood for dialogue)'을 강조하는 보고서를 제출하였다(SCST, 2000). 이 보고서는 이러한 사회적 분위기를 끌어내는 데 많은 시간을 투자해야 한다고 주장한다.

몇몇 과학커뮤니티에서 '대화 분위기의 조성'이라는 말은 이 같은 보고서가 나오기 이미 몇 년 전부터 논의가 되었다. 예를 들어 이미 1990년대에 영국의 생명공학·생물학연구협의회(BBSRC)는 일반인들이 과학과 기술에 대한 공신력을 높이고 증진시키기 위한 공개토론회를 조직하면서 과학과 과학자에게 일반 사람의 공적인 접근을 증대시키는 프로그램을 제안하였다. 영국 정부는 이 프로그램이 과학커뮤니티가 일반 대중과 소통하는 방식에 '상호성'과 '투명성'을 접목시키면서 상호 이해를 높였다고 평가하였다.[48] 바로 대화모델이 이미 중요한 분야에서 수용된 것이다.

---

48) 영국에서 돌리 양 복제가 이루어지면서 유전공학의 위험논쟁을 끌어냈다. 그래서 영국 정부는 이 같은 대화모델을 적극적으로 뒷받침하였다. http://www.bbsrc.ac.uk. 참조.

서술 차원의 격차에서 대화로의 변화라는 과정은 좀 더 질적인 설명이 필요하다. 이것은 생명공학과 생명과학의 분야가 사회와 공개적인 대화를 하라는 많은 압력이 가해졌다는 것에서 출발한다. 생명공학과 유전공학의 발전에 따른 광범위하고 때로는 매우 공격적인 사회적 반응은 단순한 과학정보의 반복만으로는 극복할 수 없다. 1980년대 말 영국의 과학 주간지인 '뉴사이언티스트(New Scientist)'의 편집장은 현재 이루어지고 있는 과학발전의 의미를 토론하는 데 미디어와 많은 대중을 관심을 끌게 할 몇 가지 계획의 필요성을 주창하였다. 그는 1994년 생물학연구협의회가 주최한 식물유전공학에 대한 영국의 국민적 합의 컨퍼런스(UK National Consensus Conference)를 예로 들었다. 이 같은 것은 일회적인 행사가 되면서 기존의 과학커뮤니케이션 모델 발전의 필요성을 제대로 끌어내지는 못하였다.

90년대 중반을 넘으면서 유럽의 전 지역에서는 유전자 변형(GM) 작물 실험에 대한 시민단체의 반발이 강력해지면서 과학자들과 생명공학, 유전공학 회사들이 유전자 변형 식품을 극렬하게 반대하는 사람들과 함께하는 공청회에 참가하였다. 테크놀로지 포사이트(A Technology Foresight)의 보고서는 유럽에서 정부가 기초과학연구에 엄청난 투자를 증가시키도록 하였다. 또한 이 보고서는 '생명공학에 대한 전 국민적 대화'라는 프로그램을 제안하였고 '생명공학의 지속적이고, 투명성이 있으며, 열린 방식의 커뮤니케이션 전략'을 촉구하였다(Technology Foresight Ireland, 1999). 유전자 변형 식품에 대한 열기가 수그러들자 이 프로그램은 관심에서 사라졌다.

우리는 물론 과학커뮤니케이션 모델의 채택과 포기에 영향을 줄 수 있는 정치적·사회적 요소를 차후에 고려해야 한다. 이 주장에 근거해서 우리는 격차모델이 갖고 있는 매우 강력한 지속성을 논하면서 격차에서 대화로의 정형화된 변화라는 새로운 관점에 문제점을 제기할 수 있다. 1990대 초에 사회학자 브라이언 윈네(Brian Wynne)는 격차모델을 강력하게 비판하였지만 최근에 다시 '대중적인 격차모델이 갖는 다차원적인 재가치성'을 주장하였다(Wynne, 2006). 그는 분명하게 대화모델이 더 큰 애매성을 지닌다는 것에 동조하는 연구자들과 의견의 일치를 보았다. "격차모델에 들어 있는 예전의 가정들이 계속해서 다시 효력을 발휘하고 있으며…… 격차모델은 사라지자마자 다시 나타났다"고 주장하고 있다(Wilsdon, et al., 2005).

낡은 격차모델을 옹호하는 가장 좋은 보기는 대중적인 작가이며 학자인 리처드 도킨스(Richard Dawkins)를 들 수 있다. 그는 개인 이상의 사람이다. 베스트셀러인 도킨스의 책『만들어진 신(The god delusion)』(2006)은 과학적이고 과학에 관심 있는 커뮤니티와 여타 조직에 엄청난 영향을 남겼다. 그는 저술, 강연, TV프로그램, 인터뷰를 통해서 과학커뮤니티의 안팎에서 폭넓은 반응을 불러일으킨 자신의 과학적 관점을 전파하고 있다. 그는 옥스퍼드 대학의 과학학과 교수지만 도킨스는 과학에 대한 대중의 다양한 이해를 거의 반영하지 않았고, 심지어 이런 대중과 함께하는 다양한 커뮤니케이션의 접근 방법을 활용하지도 않고 있다(Dawkins, 2006).

그는 점점 연구 분야를 종교비판과 사회에서 과학과 이성을 전파시키는 데 장애물로 간주되는 주제에 초점을 맞추며 글을 쓰고 있다. 도킨스를 지지하는 두 개의 웹사이트가 '명석한 오아시스(clear-thinking oasis)'라는 이름으로 운영되고 있다.[49] 도킨스는 여타 유명한 학자들을 이 캠페인에 동참시키고 있다. 그 캠페인의 내용은 이와 같다.

"계몽이 위협받고 있습니다. 이것은 이성적입니다. 이것은 진실입니다. 이것은 과학입니다. 특히 미국의 교육에서 그렇습니다. 저는 단지 과학을 실천하고 행하는 것만으로 더 이상 충분하지 않다고 느끼는 과학자 중의 하나입니다. 우리는 조직화 된 무지에서 나온 의도적인 위협으로부터 계몽을 지키기 위해 우리의 시간과 자원 중 일부를 바쳐야 합니다. 우리는 또한 온전한 정신과 근거 있는 가치를 위해 투쟁을 계속해야 합니다(Richard Dawkins Foundation for Reason and Science 2007)."

도킨스의 지지자들은 무신론자, 이상주의자, 회의주의자들이며 또한 과학을 기반으로 하는 커뮤니티 그리고 과학운동과 특별한 연관을 맺고 있다. 이러한 이익단체가 참여하는 과학운동의 확대는 한 사람의 시민이며 전문가인 과학자들에게 강력한 영향을 미치고 있다. 자연 과학자들과 의료종사자들은 이러한 조직에서 특히 돋보이고 있다. 2007년에 제13회 유럽회의론자 컨퍼런스(European Skeptics Conference)가 더블린에서 '과학에 대한 공격: 구성되는 반응'이란 주제로 개최되었다. 이 컨퍼런스에서는 "보완적이고, 대체적인 소위 대체의학에 대한 계속적인 인지도 상승, 진화 생물학자(진화론)와 지적 설계 운동(지적설계론) 간의 계속되는 마찰, 근본적인 종교 운동의 확산, 동종 요법 등과 같은 대체의학을 공부한 학생들에게 과학학사 학위수여" 등과 같은 주제가 논의되었다.[50]

---

49) http://www.richarddawkins.net and richarddawkinsfoundation.org 참조.

50) http://www.irishskeptics.net 참조.

이 같은 여타 학회와 단체는 현대문화에 함께하는 포스트모더니즘의 트렌드를 이야기하고, 과학에 대한 적대감을 넓히는 근원인 특별한 이해집단과 협력을 하고 있다. 영국에서 이 같은 운동을 지지하는 과학자들과 함께하는 집단인 센스 어바우트 사이언스(Sense About Science)는 과학, 의료와 기술에 대한 공개적인 잘못된 주장에 대응하려면 과학자와 함께 일하라고 주장하고 있다. 이 같은 프로그램에서 가장 우선시되는 것은 대화적인 모습보다는 교훈적인 공공 커뮤니케이션의 형태를 장려하고 있다는 것이다. 2007년 레이몬드 톨리스(Raymond Tallis) 교수가 센스 어바우트 사이언스에서 강의를 하면서 마음에 들지 않는 반과학적 분위기를 이렇게 이야기하였다.

'더욱 가혹한 규제 제약 조건, 인간과 동물연구 그리고 줄기세포연구에 대한 윤리적 반대, 반과학과 정크과학에 그리고 과학적 훈련이나 과학의 발표에 대한 이해가 없는 개인의 권위에 신빙성을 부여하면서……'[51)

용어를 바꾼다 해도 여기서 주장된 기본 가정들은 격차모델임을 알려주고 있다. 윈네는 과학 활동은 예전의 일반통행적인 초기 격차모델을 양방향 대화라는 것으로 교체하면서 무지한 일반인을 과학적인 차원을 갖도록 교육하는 것을 기본 바탕으로 한다며, 이 모델의 교체는 실제보다 더욱 이름뿐인 허상이라고 맹렬하게 비난하였다(Wynne, 2006). 전문 학회에서 나오는 출판물에서 볼 수 있는 공적인 커뮤니케이션의 토론을 리뷰해보면 격차모델은 많은 과학 분야에서 여전히 기본 옵션으로 남아 있어야 한다는 주장을 끌어내고

---

51) http://www.senseaboutscience.org 참조.

있다(Trench and Junker, 2001).

격차모델에 지속성을 부여하는 것은 과학커뮤니케이션은 전문지식이 없는 일반 사람에게 정보를 일방향으로 유포해서는 안 된다는 접근방법과 정의를 거부하는 주장으로 이해될 수 있다(Burns, et al., 2003). 이 같은 관점은 대화가 '더 효과적인 과학커뮤니케이션'이라는 일반적인 제안을 수용하는 것 그 이상의 의미를 갖지는 않는다. 즉, 근원적인 관점에 대한 이해 없이 특정한 사회적 결과를 끌어내려는 시도라고 볼 수 있다. 이것은 양방향 커뮤니케이션이 과학커뮤니케이션에서는 부분적이라는 것을 뜻한다.

일방적으로 정보를 전달하거나 유포하는 여러 가지 과학커뮤니케이션과 함께 일방향적인 격차모델에 토대를 둔 응용 모델은 상호작용성을 다양하게 강조하는 양방향모델과 공존하고 있다. 이러한 공존하는 상황에 대한 새로운 논의는 접근 방식의 제한점과 다른 가능성을 제기하는 차원에서 의미가 있다. 이것은 서술적이라기보다는 더 규범적인 모습을 한다. 이른바 격차모델에서 대화모델로의 변화는 포괄적이지는 않지만, 뒤집을 수는 없는 것이다.

3. 여타 영역에서 커뮤니케이션 모델

과학커뮤니케이션의 모델에 대한 토론은 비슷한 문제들이 제기된 여타 다른 분야에서 행해지는 것에 접목시킬 수 있다. 과학커뮤니케이션과 같은 새로운 연구 영역은 스스로 이 같은 논쟁을 다시 할 필요가 있다. 이 원칙은 참여와 경청의 형태로 과학커뮤니케이션에 폭넓게 수용되면서 성숙될 수 있다. 그래서 PCST와 관계를 맺는 여타 커뮤니케이션에 이론적이고 전략적인 토론을 제공하는 커뮤니케이션 모델에 대한 성찰은 큰 의미를 갖는다. 커뮤니케이션 이론 분야에서 일어난 1970년대의 커뮤니케이션 모델에 대한 비판은 이미 '대화'나 '대담'의 의미에 주목하였다. 이것은 주로 독일의 문화학자인 아도르노(Theodor Adorno)와 사회학자인 하버마스(Juergen Habermas)의 영향을 받았다. 대화와 같은 양방향 커뮤니케이션의 개념은 영국의 사회학자 기든스(Anthony Giddens)가 신봉하는 사회적이고 정치적인 이론의 핵심이 되었다. 기든스는 '타인의 상태를 있는 그대로 인정하고 평가하면서 활동적인 신뢰를 만들어내는 능력'으로서의 대화 그리고 더 실현 가능한 민주주의 형태로서 '대화 민주주의(dialogical democracy)' 개념을 발전시켰다.

일방향적인 매스미디어에 대한 비판은 독일의 극작가 브레히트(Bertolt Brecht)가 이미 1920년대에 행하였다. 자주 인용되며 통찰력 있는 것으로 평가되는 라디오에 대한 논평에서 브레히트는 '배포'와 '커뮤니케이션'의 개념을 이렇게 대비시켰다.

라디오는 배포하는 전달시스템에서 커뮤니케이션 시스템으로 전환되어야 할 것이다. 만약에 신호를 배포하여 전달할 뿐만 아니라 수용할 수 있다면, 라디오는 가장 훌륭한 매스커뮤니케이션 시스템이라 상상할 수 있고, 수용자가 듣기만 하는 것이 아니라 즉각적으로 말을 할 수 있고, 수용자를 소외시키지 않고, 연결시키는 거대한 시스템이 될 수 있다(Brecht, 1979/80).

아도르노의 문화산업 비판과 하버마스의 공개장 이론은 일반적으로 미디어 그리고 특별히 텔레비전에 적용할 수 있는 논의에 새로운 기준을 제시하였다. 양방향 과정으로서 커뮤니케이션은 미디어, 사회 그리고 문화의 많은 이론을 세우는 데 도움을 주었다. 매스미디어는 대화를 촉진시키는 것이 아니라 없애는 것으로 폭넓게 간주되도록 하였다.

그러나 매스 커뮤니케이션 이론과 연구가 도전을 받으면서 끌어낸 이론의 변화는 수용자라는 개념의 도입이었다. 수용자 개념의 미래를 논하면서 커뮤니케이션 이론가인 맥퀴일(Denis McQuail)은 초기의 커뮤니케이션 연구에서 수용자는 '정보 전송의 직선적인 과정의 끝에서 메시지를 받는 사람'의 집단으로 개념화하였다. 그러나 이러한 관점은 점차 미디어 수용자가 '다소 활동적이고, 영향에 저항적'이라는 것으로 변화되기 시작하였고, 특별한 사회적·문화적 맥락에 좌우되면서 자신의 관심을 불러내는 능동적인 것으로 파악하도록 하였다. 커뮤니케이션 과정은 "본질적으로 자문적·상호작용적이고, 처리하는 과정적인 것으로 재개념화"되었다(McQuail, 1997).

새로운 디지털 미디어와 온라인 미디어는 매스 커뮤니케이션 부분에서 매우 큰 부분을 차지하면서 수용자 관점을 '이용자'라는 관점에 자리를 내주도록 강제하고 있다. 정보 통신기술의 발전은 '이용자'의 개념과 관점을 크게 부각시키고 있다. 이와 함께 상호작용성의 관념은 폭넓은 관심을 불러일으키고 있다. 이것은 인간-컴퓨터 간, 사물과 사물 간의 상호작용을 언급할 뿐 아니라, 개인과 집단 사이에 전달되는 커뮤니케이션 과정을 새롭게 정의하는 개념어가 되었다. 저널리즘 연구자인 제임스 카레이(James Carey)는 1980년대에 이미 '대화 저널리즘(Journalism of conversation)'의 가능성을 제시하였다. 이 개념은 소위 말하는 공공저널리즘 운동에 큰 영향을 주었다. 이 공공저널리즘은 저널리스트가 타깃으로 꾀하고 설정하는 것으로 가정된 수용자의 개념을 문제시하였다. 카레이가 강조했듯이, 더 '겸손한 저널리즘(humble Journalism)'은 시민의 적극적인 참여를 지원하는 것을 의미한다(Rosen, 1999). 로젠은 1980년대에 대체로 아무도 그를 '공공 저널리스트(public journalist)'라고 부르지 않았지만, 1990년대 후반부터 웹에서 '시민 저널리즘' 그리고 저널리즘의 경계 변화와 관련한 토론에서 '새로운 전송수단과 표현 형태'가 나타나기 시작하였다는 것을 언급하고 있다.

이와 비슷한 경향들이 위험커뮤니케이션에서처럼 PCST에 더 직접적으로 관련된 커뮤니케이션 분야에서 나타나기 시작하였다. 확률과 영향이라는 객관적인 수치계산에 기초하는 위험평가의 개념을 수용하기 위하여 샌드만(Sandman)은 '주관적인' 요소들을 계산하기 위해 이미지적인 '불법행위(outrage)' 개념을 추가하였다. 전문가들이 위험이라고 의미하는 사망률을 '위해(hazard)'라 하고, 그 밖의 다른 모든 요소를 집단적으로 '불법행위(outrage)'라 명명하였다(Sandman, 1987). 그러면 위험은 위해와 불법행위의 합계가 되는 것이다. 일반 공중은 위험에 주의하지 않고 전문가들은 절대적으로 불법행위에 주의하지 않는다. 놀랍게도 이들은 위험 순위를 다르게 정한다. 위험인지학자들은 20개 이상의 불법행위 요소를 확인시켜 주었다. 이 요소에는 자발성, 통제성과 그리고 공정성이 포함되어 있다. 결과를 공식화하면, '위험＝위해+불법행위'인데 이것은 현재 폭넓게 사용되고 있다.

보건커뮤니케이션에서 전문 지식의 전달에 기초한 '의학적 모델'

은 주민에 대한 인식과 이해를 고려하는 '교육학적 모델'과는 상반된 모습을 한다. 전문가 중심적인 접근방법의 모습을 반영하면서 리와 커빈은 '일반적으로 수용된 보건커뮤니케이션의 견해는 부당하다(Lee and Garvin, 2003)'고 비평하였다. 그 이유는 송신자와 수신자 사이의 일방향적인 관계에 기초한 정보의 일방향 전달을 뜻하기 때문이라는 것이다. 이 두 사람은 3가지의 보건 커뮤니케이션 행위를 제시하였는데, 이것은 모두 '정보 수신자의 사회적 배경을 무시하고…… 매개자와 수용자의 수용응력을 부정하고 있다'는 것이다. 이 두 사람은 의사들은 반드시 단선형적인 전통적인 정보전달을 넘어서서 양방향의 '대화'에 기초한 유용하고, 적합한 정보교환의 콘셉트로 커뮤니케이션 행위를 변화시켜야 한다고 주장하였다. 이 두 사람은 이렇게 썼다.

> 이러한 방향의 전환은 어떻게 밤사이에 일어날 수 있는가! 이것은 의학계에 예전부터 뿌리내린 파워 관계에 대한 변화 없이는 이루어질 수 없는 것이다(Lee and Garvin, 2003).

가장 폭넓은 설득 커뮤니케이션의 한 분야로 인식되는 공중관계(PR)도 이러한 관점의 영향을 받았다. 이 맥락에서 커뮤니케이션은 정보교환과 상호적인 대화를 서로 이해시키는 것을 추구한다. 그래서 고전적인 커뮤니케이션 정의를 넘어서서, 과학교육에서 '수용자' 혹은 '공중'의 참여 필요성을 보다 중시하고 있다. 질문에 기초한 상호작용적이고 또는 프로젝트에 기초한 것으로 특화되는 공중관계 접근방법은 이해와 학생의 경험을 강조하는 보수주의 교육철학에서 끌어낼 수 있다. 이를 통해서 학생들은 새로운 사고를 통해서 추론하고, 자신의 견해가 지향하는 목적을 논하도록 해야 한다는 것이다(Cartlidge, 2007).

그러나 커뮤니케이션 이론에서 나오는 이러한 경향에 비판적인 목소리 또한 존재하고 있다. 피터스(John Durham Peters)는 "현대의 대화주의자들이 이야기하는 '대화'는 종교와 같은 신성한 위상을 갖는다"고 언급하고 있다(Peters, 2000). 그는 대화모델과 나란히 일방적인 모델을 비난하면서 강력한 수용자 중심적인 커뮤니케이션 스타일과 전략의 수용은 마케팅의 요구에 장단을 맞추는 것이라고 비난하였다. 대화가 활동적인 시민 참여를 발생시키지 않는다고 주장한다. 대화는 여타 다른 커뮤니케이션의 형태보다 역사, 권력 그리고 통제로부터 자유롭지 못하기 때문이라는 것이다(Peters, 2000).

대화와 대담을 비난하기 위한 과장된 피터스의 비판은 공중관계에서 '대화라는 개념에 홀딱 빠지는 상황'을 재고토록 하는 출발점이 되고 있다. 스토커와 투진스키(Stoker and Tusinski)는 일방적인 전달인 배포는 책임, 다양성 그리고 조화를 증진시킬 수 있으며, 대화는 '경제적이고 감정적인 애정'을 통해서 교환을 하는 이해관계자의 선택적인 선발에 기초하여 향상될 수 있다는 가능성을 주장하였다. 그들은 대화보다 더 열정적이고 더 윤리적인 것으로서 참여와 조화 모델을 주장하였다. 왜냐하면 이 모델은 차이점을 보다 더 중시 여기고 있기 때문이다.

공중관계에 대한 고려가 대화의 문제점을 비판하는 기초를 제공할 수 있다는 것은 놀라운 일이다. 이것은 전달의 의미를 변환시키지도 않고 또한 과학커뮤니케이션에서 우세한 격차모델을 언급하는 것도 아니다. 우리가 '참여'라고 부르는 것은 선택을 나타내는 것이라 할 수 있다. 이것은 측정 가능한 결과를 겨냥한 것이 아니라, 과정 그 자체를 말하기 때문이다.

4. 복합적인 요인과 명확한 선택

사회이론의 관점에서 개인과 집단은 지속적으로 기술과 과학의 발전이 야기한 위험과 협상을 하고 평가한다는 주장은 영향력이 있다(Beck, 1992). 우리는 이것을 바탕으로 '위험사회'에 대한 새로운 평가를 해야 한다. 이러한 전체적인 인식은 과학과 기술의 미래 발전과 관련하여 과학자, 기술자, 정책입안자, 이해집단 그리고 여타 다른 사람 간에 활동적인 참여가 있음을 의미한다.

줄기세포연구, 에너지, 기후변화 그리고 여타 다양한 위험 주제를 다루면서 과학은 윤리, 경제, 공공 서비스, 비즈니스와 관계를 깊게 갖는다. 이 같은 맥락에서 과학적 연구를 통해 얻은 지식은 주로 공공 정책을 수립하거나 또는 정책 토론을 끌어내는 소재가 되고 있다. 과학자들은 공적인 재검토를 위한 공론장에 대한 개방을 요구한다.

과학자들을 '공공전문가(public experts)'로서 공공 분야로 좀 더 끌어들이는 요인 중의 한 가지는 과학콘텐츠에 관심을 갖는 시민단체(NGO)와 시민 사회집단의 영향이 증가하고 있다는 사실이다. 1960년대부터 시작된 환경운동은 과학에 대한 공공의 태도에 지대한 영향을 미쳤다. 시민단체의 입장과 힘은 여러 나라에서 다양한 생명공학기술의 사회적 수용과 그 폭에 영향을 주고 있다. 이러한 발전은 조직을 통해서 과학 연구의제를 만들어내면서 공중의 '상향적 참여 (upstream engagement)'를 옹호하고 있다(Wilsdon and Willis, 2004). 시민사회 조직들은 합의를 끌어내는 회의체로서 집단 간의 대화기술이 이미 수용된 유럽 여러 나라에서 빠르게 정부의 관심을 받고 있다. 유럽위원회(EC)는 시민단체와의 관계에서 이런 기술을 적용하고 개발하여 운영하는 계획을 지원하고 있다. 기술 발전은 공적인 관점에 이 같은 과학의 개방을 촉진하고 있다. 과학적이고 공적인 커뮤니케이션을 활발하게 만들기 위한 인터넷의 다양한 활용은 과학과 공중 사이에 더 많은 상호작용의 기회를 만들어주고 있다. 이것은 또한 공중들이 과학자들 간에 이루어지는 소위 '무대 뒤의 대화'에도 접근할 수 있도록 한다. 그 대화에는 과학에 내재된 불확실성을 잘 처리하는 것도 포함되고 있다. 이러한 방법으로 인터넷은 과학커뮤니케이션을 '안에서 밖으로' 나오게 하는 것을 돕고 있다.

과학의 유연성을 높이고 더 큰 개방을 지지하는 대화와 참여에 기초한 접근방법을 장려하는 이와 같은 경향에 반하여, 동시에 이러한 접근방법이 야기하는 영향을 제한하려는 다른 방향도 동시적으로 나타나고 있다. 매우 이상하게도 이러한 대항적인 경향은 매우 강한 힘이 있고, 지식경제 사회 또는 지식 사회에서 공공 정책적인 책무가 되고 있다. 지난 십년 동안 이 같은 정책주제는 여러 나라에서 또는 정부 간에 중요한 사안이 되었다. 지식 경제와 관련한 정책의 보편적 특징 가운데 하나는 모든 국가가 과학과 기술 특히, 연구와 개발에 높은 우선순위를 둔다는 것이다.

한 관점에서 이 같은 모습은 과학커뮤니케이션을 고양시킨다. 과학적인 연구는 많은 관심을 받고 지원을 받는다. 새로운 과학 기관은 원래 있던 것과 합병되거나 구조조정을 통해서 새로운 목적을 갖고 설립되고 있다. 지식 사회에서 이슈가 되는 지식은 거의 독점적인 기술로 전환되고 서비스와 상품이 되기도 한다. 성찰적이고, 해석적인 인문사회과학은 거의 어떤 특징을 나타내지 않지만, 주된 수행평가 모델은 이것에 반하여 차별화되어 있다.

우리는 격차-대화 관계를 조심스럽게 논하면서 오래된 방법론이 통하는 환경이 있음을 알 수 있다. 한센은 과학커뮤니케이션의 고전적이고 대체적인 형태를 통합하는 것은 도전이라고 말했다(Hanssen, 2004). 딕슨과 같은 학자는 개발도상국가의 과학커뮤니케이션에 특별한 관심을 두면서 격차모델을 방어했다(Dickson, 2005).

격차모델의 끝은 지식의 격차가 없음을 의미하는 것이 아니다. 과학에 대한 많은 커뮤니케이션은 아직도 최신 과학 지식을 전달하는 데 주효하다. 스터기스와 앨룸(Sturgis and Allum)은 일반적으로 인정되는 격차모델에 대한 많은 비판을 언급하였고, 이것이 여러 곳에서 유효하지만, 격차모델 자체를 문제시할 수는 없다고 주장하였다.

2006년 영국에서 열린 컨퍼런스에서 참여 과학에 관한 보고서는 지식 격차모델을 강하게 부정하는 것은…… 공공 참여에 대한 좁은 시야는 정보에 대한 명백한 공적인 욕구를 무시하고 또한 과학의 본질에 대한 이해를 높이도록 하는 특성을 무시하는 것이라고 주장했다(Wellcome Trust, 2006).

아인지델(Einsiedel, 2007)은 인지격차모델과 상호적인 과학모델 둘 다를 주장하였다.

...... 공중과 과학에 대한 지속적인 논의에 기여하는 어떤 것을 가져야 한다. ...... 대화형 과학모델을 격차모델과 대비하는 것이 분석 가치가 있을 수 있지만, 누군가 그렇게 함으로써 극명한 차이가 그 둘에 있다는 것을 과장하여 강조하는 경향이 있다. 이 둘은 상호 배타적이라기보다 상호 보완적인 프레임워크가 될 수 있다 (Einsidel, 2000).

여러 각도에서 개선된 이 같은 격차모델은 공중한테 구제불능의 인지적 결함이 있다는 가정을 제거시켰다. 그리고 과학에 대한 더 많은 지식과 정보는 과학에 감사하고 지원할 것이라는 가정에서 또한 벗어나도록 하였다. 여기서 우리는 다음과 같은 것을 끌어낼 수 있다.

► 격차모델은 다양한 과학커뮤니케이션의 논의에 있어서 효과적인 토대가 된다.
► 확실한 상황하에서 소위 배포자 모델(dissemination model)을 유지시킬 수 있다.
► 대화는 과학 이슈의 다양한 스펙트럼을 볼 수 있는 다양한 선택지를 말한다.

격차와 대화라는 양극 관점은 최근의 발전을 표현하는 정확한 설명도 아니고, 현재와 미래적인 행위와 분석을 용이하게 하는 유용한 가이드도 아니다. 역사적인 흐름에서 불연속만큼 최소한 연속성이 존재하고 있다. 전달하고 보내는 것에는 다양한 것이 있는데, 그 가운데 하나가 바로 격차모델이다. 대화에는 다양한 것이 있는데 이 가운데는 참여와 협의가 있다. 협의가 있는 곳에는 대화를 상대적으로 제한된 의제를 설정하는 것으로 언급한다. 특별하게는 제한된 시간 틀 안에서, 참여는 상대적으로 개방된 의제를 포함한다. 그것은 변할 수 있는 내용이다.

<표 7.1.>은 과학커뮤니케이션의 3가지 모델을 중심으로 그 특성을 제시하였다. 이 모델은 그 다양한 적용에서 나타나는 애매모호함과 대화의 제한성을 기초로 하여 대화와 참여를 구분하고 있다. 세 가지의 모델은 다음과 같다.

- 격차: 전문가는 과학을 인식과 이해에서 격차가 있는 수용자에게 전달한다.
- 대화: 과학자와 그들의 대표자, 여타 집단 간에 커뮤니케이션이 된다. 때때로 어떻게 과학이 더 효과적으로 확산되고, 때때로 특별한 응용을 위한 컨설턴트를 행할 수 있는지를 끌어내기 위하여 커뮤니케이션이 이루어진다.
- 참여: 과학에 대한 커뮤니케이션은 모든 사람이 기여할 수 있고, 모두가 숙고하고 논의하면서 이해관계를 갖는 토대 위에서 이루어진다.

<표 7.1.> 과학커뮤니케이션 모델의 분석적 틀

커뮤니케이션 모델의 기초	이념적·철학적인 연관성	PCST에서 지배적인 모델	우월한 PCST모델에서의 변수	공중에 대한 과학의 방향
배포	과학만능주의	격차	방어(수비)	공중은 적대적이다.
				공중은 무지하다.
	테크노크라시		마케팅	공중은 설득할 수 있다.
대화	실용주의	대화	맥락	공중은 다양한 욕구를 안다.
			협의	공중은 관점을 알아낸다.
	구성주의			공중은 말에 대해 대답을 한다.
담화	참여민주주의	참여	참여	공중은 이슈에 대해 이야기한다.
				공중과 우리는 이슈를 만들어낸다.
			신중함(숙고)	공중과 우리는 의제를 설정한다.
	현실주의		비평	공중과 우리는 의미를 협상한다.

<표 7.1.>에서 과학커뮤니케이터에서 이루어지는 세 가지의 지배적인 모델의 특징을 제시하였다. 모델의 수직적인 배열과 이것과 상응하는 공중에 대한 방향은 그 과정에서 과학과 공중을 중심으로 상대적인 특성을 강조하려 한 것이다. 이 표는 지배적인 과학커뮤니케이션 모델들은 이미 존재하며 폭넓게 인지된 커뮤니케이션 모델들과 관계를 갖고 있다는 것이다.

이러한 것들은 더 많은 토론이 필요하다. 과학은 우수한 지식시스템이며, 모든 가치 있는 질문에 답할 수 있다는 과학만능주의를 지지하는 과학커뮤니티들에게 미치는 영향은 아마도 격차모델의 배포성(전달성)을 강조하는 핵심적인 요소가 될 것이다. 윈네(Wynne, 2006)는 과학만능주의가 '반(反)과학'으로서 특정한 공중의 성질을 일반적으로 특성화한 이념이라고 주장한다. 과학커뮤니케이션의 세 가지 핵심모델은 몇 가지 잘 알려진 변수를 제시하고 있다. 이 변수

들을 소개하면서 우리는 더 많은 선택의 경우를 가질 수 있고, 현재의 분석에서보다도 정밀한 의미를 끌어낼 수 있다. 이것은 과학커뮤니케이션 계획에 더 폭넓은 이야기를 제공한다.

공중에 대한 과학의 방향에서, 우세한 모델과 변수들은 과학커뮤니케이션 안에서 공중의 역할을 여러 형태로 규정하면서 모델 속으로 접목되고 있다. 이러한 전환과 접목은 과학커뮤니케이션에서 진지한 논의를 그려내고 있다. 이 연장선에서 좀 더 분명하게 표현하면 대안 모델이 가치 있는데, 이것은 능동적인 공중의 관점에서 다시 살펴보아야 할 것이다.

<용어 설명>
- 방어: 여기서 공중은 적대적인 것으로 그려진다. 하나의 예로는, 도킨스 재단의 자세이다. 이 모델은 다른 방법으로 반과학에 초점을 맞추는 커뮤니케이션으로 인식할 수 있다.
- 마케팅: 여기서는 공중을 설득하는 목적을 가지고 있다. 예를 들어, 과학과 기술을 전공하는 학생들한테 성공적인 과학자를 롤모델로 제시하고, 과학을 재미있는 것으로 표현한다.
- 맥락: 맥락적인 행위는 공중의 다양성, 다양한 경험방법 그리고 인식의 다양성을 고려하여야 한다. 이 같은 행위는 시장에서의 마케터, 또는 시장을 분할하는 행위 또는 더 문화적인 상황에 놓여 있는 기능주의자를 만들어내도록 할 수 있다.
- 협의: 공중의 의견은 메시지를 재정의하거나 또는 활용을 위한 협상이라는 관점에서 다양한 뜻으로 간주된다.
- 참여: 어떻게 공중들이 우려를 표현하는지, 질문들이 발생하는

지, 그것이 역동적으로 관련이 있는지가 보다 더 강조된다.

- 숙고: 이것은 공중참여를 대표하는 형태이다. 이것은 민주적 과정에 대한 폭넓은 이해로 불린다. '왜 그런지'와 '왜 아닌지'에 대한 공적인 기여는 결국 과학커뮤니케이션과 과학을 위한 의제를 설정하는 데 도움을 준다.
- 비평: 여기에 과학은 여타의 과학적 원리와 공중의 과학이해에 통찰력을 제공할 수 있는 문화적 행위에 근거를 두고 고려될 수 있다. 이러한 '비평'이라는 용어는 예술의 이해 그리고 여타 문화적 표현의 유추와 비슷하게 사용된다.

저널리스트와 위험 보도:

90년대 이루어진 과학저널리즘과
저널리스트의 관점을 중심으로

저널리스트와 위험 보도:
90년대 이루어진 과학저널리즘과
저널리스트의 관점을 중심으로[52]

위험 보도에 있어서 대중매체가 제대로 하는 것이 하나도 없는 것 같다. 대중매체들은 주기적으로 위험 보도와 관련해 편협성, 센세이셔널리즘, 부정확성(不正確性), 무관심 그리고 너무 단순하거나 극단적인 접근이라는 비난을 받고 있다. 만일 우리가 1970년 말의 미국의 러브운하(Love Canal)나 쓰리마일 섬(Three Mile Island)과 같은 중요한 사건 이후에 신문에 쏟아진 방대한 설명과 논평을 믿는다면, 대중매체들은 한마디로 일반 독자들에게 위험 관련보도를 보여주는 데 아주 서투른 모습을 하였다.

신문의 논평 그리고 평가와 관련한 여러 잡음은 우리가 위험커뮤니케이션을 이해하기 위한 중요한 차이들을 알기 어렵게 하고 있다. 예를 들어서 우리는 저널리스트가 어떻게 위험 메시지를 선택하고 구성하는지에 대해서 잘 알지 못한다. 우리는 또한 개개인들이 그들

---

52) 본 글은 한스 페터 페터스 교수가 2015년 10월 5일에 성균관대학교 SSK 사업단에서 강의한 내용에 기초하여 재구성되었다. 독일 율리히(Juelich) 연구소의 위험커뮤니케이션 연구와 연구 협력 차원에서 이루어졌다.

자신의 위험 판단을 만들어내기 위해서 이미 전달된 메시지들을 어떻게 사용하는지에 대해서도 잘 모른다. 이에 관한 지식은 위험 상황에 대한 미디어 보도를 질적인 면에서 평가를 하는 데 있어서 매우 중요한 요소이다. 이번 장의 주요한 과제는 우리가 과연 맨 처음 문제에 대해서 무엇을 알고 있는지를 파악해서 더 깊이 있는 탐구를 위해 개념적 지도를 제시해보는 데 있다.

저널리스트들은 어떻게 위험 기사를 구성시키는가? 여기서 선택한 개념적 지도에서는 위험 기사를 선택하고 구성하는 데 있어서 '프레임'을 강력한 틀로 정하고, 저널리스트 개인의 위험 관련 지식 정도와 언론사의 직업적 규범이라는 두 가지 각기 다른 현상이 저널리스트 개개인의 프레임 설정에 다양성을 주는 것으로 제시한다. 두 가지 현상 가운데 개념적 지도에는 직업적 규범이 더욱 강력한 힘을 발휘하는 것으로 보고, 이것이 시간과 공간을 뛰어넘어 저널리스트들의 위험관련 보도에 대한 반응의 표준화를 가져왔다고 보는 것이다. 하지만 어떤 특수한 상황에서는 저널리스트들 개개인이 이러한 직업적 규범 체계를 뛰어넘어 독단적인 취재도 할 것이 분명하다. 이러한 상황에서 개념적 지도는 기자 개개인의 과학, 수학에 대한 지식 정도 그리고 위험에 대한 수용자 인식이 기사 내용에 중요한 지침이 된다는 것을 제시한다.

위에서 제안한 개념적 지도가 실증적 검증 절차를 통과해야 함을 강조하는 것은 매우 중요한 일이다. 전체 지형을 완벽히 보여줄 수 있을 정도의 지도를 만들기에는 아직까지 위험 상황에 관한 저널리스트의 반응에 대해 충분한 연구가 이루어지지 않고 있다. 아직까지는 언론인의 뉴스제작 관행과 개개인의 의식적 판단 관행에 관한 일반적인 많은 논문들이 유용한 관점을 제공하고 있다.

1. 미디어의 위험 보도에 관한 연구

다른 토픽들에서도 마찬가지의 모습을 하지만, 과학적 그리고 기술적 위험에 대한 보도 연구는 그 위험 기사의 이야기 구성 과정보다는 위험 기사 내용 자체에 대해 초점을 맞추고 있다. 이러한 연구는 극소수의 경우를 제외하고는 보도가 어떻게 이루어지는지에 대해서 직접적인 관찰보다는 추론적으로 설명을 한다.

미디어 보도를 이처럼 분석해보면 일반적으로 기사 내용은 크게 두 가지 양식을 취하고 있다. 첫째, 연구자들이 규정한 것처럼 위험보도는 현실을 있는 그대로 보여 주지 않는다는 것이다(Combs and Slovic, 1970; Greenberg, Sachsman, Sandman and Salomone, 1989). 둘째, 학술적으로 밝혀진 것처럼 위험보도 기사는 위험에 관한 정보를 매우 적게 싣는다(Sandman, Sachsman, Greenberg and Gochfeld, 1987; Singer and Endreny, 1987).

대부분의 경우 이러한 양식이 왜 존재하는지에 대한 논의들은 이론적이며 대부분의 학자들은 그러한 이론들을 분석단위(level-of-analysis)의 문제로 보고 있다. 다시 말하면, 그들은 함축적으로 저널리스트 개개인과 언론사 그리고 그러한 조직 외적인 직업개념들을 정보선택과 기사 구성 양식에 관한 지침처럼 각각 대치시키는 상태로 정렬시키고 있다. 대부분의 학자들은 조직적이거나 혹은 직업적 변수들이 대부분 다양성을 일으키는 것이라고 결론 내리고 있다. 한 예로, 그린버그(Greenberg, et al., 1989) 등은 미국 네트워크 TV뉴스 기자들이 위험 정도에 의하기보다는 그 사건의 뉴스가치(조직적인 특성상 일반적으로 규정되는 뉴스가치)에 따라 기사 선택을 한다고 주장하고 있다. 유사하게 싱거와 앤드레이(Singer and Endreny, 1987)도 15개 언론사의 보도내용을 분석한 결과 보도 양(量)과 위험 정도가 잘 맞지 않는 것을 직업적인 새로운 판단 때문으로 설명할 수 있다고 주장하고 있다.

> 다른 요인들이 동일하다면, 드물게 발생하는 위험한 사건일수록 일반적인 것보다 뉴스 가치가 더 많아진다. 새로운 위험은 오래된 위험보다 뉴스가치가 더 있으며, 갑자기 또는 이상하게 많은 사람들을 한순간에 사망케 하는 극적인 위험이 오랜 지병보다 뉴스가치가 더 크다는 것이다(p.13).

컴브와 슬로비치(Comb and Slovic) 역시 신문에서 접하는 위험 보도의 양식은 직업적으로 조율된 사고(思考)의 결과로 보고 있다. 구체적으로 이 두 학자는 저널리스트들이 '일반 대중이 꼭 알아야 하며 또한 이를 통해서 미리 대책을 강구할 수 있거나 주의해야 하는 사회적 취약점에 대한' 위험 보도에 집중해야 할 것이라고 지적하고 있다(Comb and Slovic, 1979, p.843).

이와 같은 주제를 다룬 6개 연구 중에서 단지 한 가지 연구만이 위험 뉴스 작성에 관한 개인적 차원에서 가능한 지침을 조사했다. 미국 뉴저지 일간지들의 환경 위험보도에 관한 연구에서 샌드맨 (Sandman, et al., 1987) 등은 이 프로젝트와 관련된 26개 언론사를 각각 대표하는 기자들을 인터뷰한 결과 프로젝트에 참여한 기자들은 만일 특정 지식이 사건에 연계되어 있을 경우에 이와 관련한 화학적 지식이나, 기타 독성 물질에 관한 더 많은 전문 지식이 필요하다고 느꼈다는 것을 발견했다. 사실상 위 기자들에게 화학과 관련한 60가지 이상의 자세한 정보를 제공했을 때, 그들 대다수는 2/3 이상의 정보를 '중요하고 시급한' 종류의 정보라고 정의 내렸다.

이러한 분석단위라는 접근 방식은 뉴스제작을 이해하는 데 큰 도움을 줄 수 있다(Ettema and Whitney, 1982, 1987 참조). 이것은 뉴스제작 과정에 영향을 미치는 다양한 계층의 '실무 경험으로서의 지식'이 어떻게 발생하는지를 명확하게 보여주었다. 그리고 또한 몇몇 계층에 의해서 제공된 지식이 다른 사람들에 의한 지식들에 비해 저널리스트들의 행동에 더 많은 영향을 끼친다는 것을 보여주고 있다. 그러나 이것은 저널리스트들이 위험 상황과 마주쳤을 때 어떠한 구성 선택의 과정을 거치는지를 보여주는 매우 유용한 틀은 아니다. 다시 말하면 거시적인 측면으로 보았을 때는 분석단위가 무척 매력적인 접근 방법처럼 보이지만, 권한의 이동 과정을 연구하려면 개인이 어떻게 정보를 선택하고 구성하는지에 대한 보다 미시적인 연구는 기사작성 자체에 대한 연구의 과정에서 제기되는 개념에 근거를 두어야 한다는 것이다. 여기서 위험한 사건의 뉴스 재구성에 대한 토론의 근거로 '프레임'이라는 개념을 사용한다. 나는 프레임 선택에 영향을 주는 하나의 요인으로 분석단위 '권한(power)'이라는 요소를 제시한다.

2. 개념으로서의 프레임

프레임이란 용어는 미디어 학자들 사이에서 매우 인기가 높으며, 인기가 워낙 높다 보니 이 용어는 다른 어떠한 단순한 개념을 정의하는 데 사용할 수 없게 되었다. 현재 이 용어는 전달된 정보의 구성에 관한 연구뿐만이 아니라, 이러한 정보들이 수용자들에게서 어떻게 해석되는지에 대한 연구에서도 사용되고 있다. 후자의 문제와 관련해서는 켈러만과 임(Kellermann and Lim, 1989)을 참조하기 바란다. 전자의 경우에서 프레임은 기사 제목과 뉴스 소스 선택에서부터 정보의 편집과 관련한 단어 사용과 결정에 이르기까지 기사 구성에 관한 거의 모든 구성요소의 지침으로서 중요한 역할을 맡는다.

그렇다면 과연 프레임이란 무엇인가? 만일 인지이론가들이 옳다면, 프레임은 어떠한 자극에 의해 활성화된 뒤 저널리스트에 의해 기사 작성 과정에서 사용되는 지식구조 체계인 스키마(schema)나 휴리스틱(heuristic)으로 볼 수 있다. 지틀린(Gitlin)은 "프레임은 선택과 강조 그리고 무엇이 존재하고 무슨 일이 일어났으며, 무엇이 문제인지에 관한 묵시적 이론이 적게 구성된 표현의 원리"라고 말하고 있다(Gitlin, 1980, p.6). 유사하게 스토킹과 그로쓰(Stocking and Gross)도 저널리스트들의 세계에 대한 기존 지식이 "그 자신이 받아들이는 정보를 정리하고 이해할 수 있도록 해준다"고 주장한다(Stocking and Gross, 1989, p.13). 플라워와 헤이에스(Flower and Hayes)는 "모든 기사작성 작업을 동시에 일어나는 제약적 행위"라고 말한다(Flower and Hayes, 1980, p.31). 이러한 제약들은 글 쓰는 이가 필연적으로 대처해야 할 인지적 긴장을 불러일으키는데, 이에 대한 가장 강력한 대처 방안은 단기간 기억력에서의 의식적인 작용을 필요로 하지 않는 자동화되었거나 정례화된 절차를 따르는 것이다. 이러한 인지적인 경제적 절차가 바로 프레임이다. 만일 프레임이 정말로 위험 기사의 내용 선택과 작성에 있어서 매우 중요한 영향을 끼친다면, 학자들은 우선 저널리스트가 과학적이거나 기술적 위험을 가지고 있는 상황과 부딪혔을 때 작동되는 프레임(정신적 지도)을 명확하게 정의 내릴 필요가 있다.

프레임이 저널리즘에만 유일한 것은 아니지만, 프레임은 언론 활동에 있어서 중심적인 역할을 맡고 있다. 저널리스트와 편집자들은 빠른 결정을 요구하는 수많은 사건 사고들을 접한다. 그러한 상황에서 그들은 재빠르게 작동될 수 있는 정신적 지도를 개발해놓았다. 한 예로, 편집자는 곧 열리게 될 기자 회견에 관한 소식을 듣자마자 무엇에 관한 이야기가 될 것이고, 이에 따라 어떤 저널리스트를 그 회견장에 보내야 할지 여부를 결정할 수 있다.

사회학자인 더치만(Tuchman)은 자신이 쓴 책『뉴스 만들기(Making News)』에서 언론 행위에 있어서 뉴스 프레임의 편재성에 관한 사례 하나를 제시하고 있다. 그는 프레임을 과도한 양의 정보를 처리할 수 있는 방법, 마치 미디어 조직과 합법적인 사회제도가 모두 동의할 수 있는 의미를 외부에 단계적으로 전달하는 방법으로 묘사하고 있다. 어떤 사람은 보다 유리하게 단지 하나의 프레임보다는 다수의 프레임에 관해 생각하겠지만, 나는 전형적인 저널리스트의 프레임 창고에는 '위험 보도' 프레임이 없거나, 위험을 과학적으로 구성된 개념이라고 일깨워주는 프레임이 없다는 주장을 제시한다.

저널리스트들은 위험에 관해서 자주 기사를 쓰지만, 그들은 자신들의 보도를 위험에 관한 기사라고 정의하는 경우는 드물다. 반면, 저널리스트들은 여타 다른 프레임들을 이용해서 자신이 접한 정보를 이해한다. 정보가 위험 기사가 아닌 다른 것으로 프레임 되었을 경우에, 그 기사에는 위험 요소에 관한 정보가 적게 포함될 것이 분명하다. 반대로 처음부터 그 정보를 위험 사건으로 프레임 하였다면, 위험에 관련한 많은 양의 정보는 저널리스트 개개인의 상황 파악과 과학적 그리고 사회적 구성으로서 위험에 관한 지식에 의해 주로 결정된 정보들을 가지고 있을 것이다.

다르게 표현하자면 저널리스트가 위험 차원 기사를 보도하면서 위험에 관한 상세한 정보를 자주 제공하지 못하는 이유는 그들이 무식해서가 아니라, 해당 정보가 위험을 특징적인 요소로 간주하지 않는 지식 구조를 작동시켰기 때문인 것이다. 둘째로, 만일 기사가 위험 기사로서 프레임 되었다면 제기된 위험 정보의 형태와 범위는 기자 개인의 전문 지식에 의해 많은 영향을 받게 될 것이다. 저널리스트들이 사용하는 정신적 지도의 특성을 어떻게 설명할 수 있을까? 나는 다음과 같은 두 가지 의견을 제안한다. 1) 프레임은 과정을 지향하기보다는 다분히 개념적이며 그 개념의 영역 내에서 추상적이기보다는 구체적이다. 2) 어떤 자극으로 인해 자연 현상에 관해서가 아니라, 어떤 일에 관하거나, 또는 주어진 업무를 달성하는 방법에 관한 지식 구조가 작동된다. 더욱이 기자들이 프레임을 발전시킬 가능성이 매우 높은 '사건들'은 정보의 수용자 입장에서도 관심을 가질 가치가 있는 일로 인식하고 규정할 것이다. 과학보도의 예를 들어보자.

첫째로, 과학 저널리스트들은 과학적 절차와 연구란 드물게 시작과 끝을 가지고 계속되는 연속 행위라는 점을 잘 알고 있다. 그러나 그들은 일반적으로 진행 중인 작업이나 연구과정에 대한 기사를 쓰지 않으려고 한다. 반면에 그들은, 예를 들어 연구결과가 기자 회견장에서 발표되거나 과학 학술지에 출판될 때와 같이 적절한 종결 시점을 맞았을 때, 그 연구에 대한 기사를 쓰려 한다. 기자들은 사건 지향적이며 타이밍을 맞추려는 것처럼 마무리 시점을 선호하는 것은 독자와 정보 취재원 모두에게 필요한 것이라고 그 정당성을 주장한다. 독자들은 시의성(時宜性) 있는 기사에 더 많은 관심을 가지며, 취재원으로서 과학자들은 학술지 논문 심사가 완전히 끝날 때까지는 연구결과에 관한 보도를 자제해줄 것을 호소한다는 주장이다. 하지만 또 다른 요인이 작용하고 있을지도 모른다. 많은 과학저널리스트들은 현재 진행 중인 연구를 수용할 수 있는 적절한 지식 구조를 가지고 있지 않다. 즉, 그러한 업무 절차를 위한 적절한 프레임을 가지고 있지 않은 것이다. 반면, 그들은 '회의에서 다룬 연구 보고서' 그리고 '학술지에서 발췌한 보고서'와 같은 프레임을 가지고 있다.

둘째로, 바이쓰와 싱거(Weiss and Singer)는 다량의 사회과학 연구 관련 보도를 연구하면서 많은 저널리스트들이 독자들에게 사건에서 이용된 이론과 구체적인 방법에 대해 설명해줄 수 있는 상세한 정보를 매우 드물게 전달한다는 것을 발견했다. 그러한 누락의 한 요인으로 연구 절차에 대한 생소함을 꼽고 있다. 하지만, 이 두 학자는 또한 많은 사회과학 연구가 저널리스트나 편집자들이 정의하는 것처럼 정의되지 않는다는 것을 지적하면서 프레이밍의 문제점도 지적한다. 만일, 예를 들어 핵 발전에 대한 태도, 직장 환경의 만족도,

성 역할의 차이점들이 사회과학 연구와 관련이 없어 보인다면, 그러한 연구를 평가하고 보도하는 사회과학적 평가기준은 아무런 역할을 할 수 없을 것이라고 주장한다(Weiss and Singer, 1988, p.257). 다시 말하면, 이 두 학자는 사회과학 관련 기사에서 연구자들을 취재원이거나 진행된 연구를 토론하는 토론자로 활용한 연구정보가 매우 적다는 것을 발견했다. 이것은 기사 프레임이 사회과학 연구를 적절한 정보 영역으로 받아들이지 않았기 때문이라는 것을 의미한다.

혹자는 저널리스트들을 위한 '사회과학 프레임'이 존재한다 하더라도, 예를 들어 '별거 중인 맞벌이 부부에 관한 얘기' 프레임에 밀릴 것으로 생각할지도 모른다. 후자의 프레임이 독자들에게는 보다 친숙하고 구체적인 것으로 받아들여질 것이다.

저널리스트들이 그들의 환경에서 구체적이고 적절한 것들을 수용하기 위해 프레임을 만들었다는 주장은 위험 프레임에 반하는 것이라기보다는 필요하다는 주장이다. 무엇보다도, 어떠한 것이 위험 측정보다 더 구체적일 수 있으며, 어떠한 물질이나 환경으로부터의 위험 가능성에 대한 설명보다 독자들에게 더욱 적절한 것이 있겠는가? 그러나 이와 같은 논쟁점은 위험이 사회 인식 체계에 들어오는 형태가 조정된 연구 보고서에서 나타나는 형식적인 과학적 지식이 아닌, 어떠한 사건의 부산물이라는 것을 간과하고 있는 것이다. 기자들에게는 열차 탈선, 화학 공장의 사고 혹은 여객기 추락과 같은 사건이 가장 먼저 주의를 끌기 마련이다. 예를 들어 유독 물질 누출사건의 경우, 사고 과정에 놓여 있는 위험에 대해 주의를 기울이기 전에 이미 벌써 '사고 기사'로 명명된다. 사건을 취재하는 동안 위험 개념을 발견하더라도 그것은 기사작성에서 부수적인 위치로 치부되고 있다.

현재까지 그 어떤 연구도 위험 차원을 조금이라도 내포하고 있는 기사의 프레임을 특정 짓는 것이 무엇인지를 끌어내는 시도를 하지 않았다. 어찌했든 이렇게 미디어화된 기사에서 볼 수 있는(과학적으로 정의된 것으로서) 위험정보가 부족하다는 것은 그것의 정신적 정보 지도가 어떠하든 간에, 기자들에게 현재의 사건이 과학적 설명을 요구하는 위험 상황임을 즉시 알려주지 않는 것이다.

이러한 생각의 지도들은 어디서 생겨나는 것일까? 저널리스트 세계에서 많은 것들이 프레임을 구성하는 데 역할을 하고 있다. 여기에서 우리의 목표는 프레임 구성의 다양성을 폭넓게 설명할 수 있는 가장 강력한 요인을 찾아내는 것이다. 이것은 우리로 하여금 다시 분석단위를 상기하게끔 한다. 서두에 나왔던 개념적 로드맵은 직업적 차원과 개인적 차원이라는 두 가지 차원에서 프레이밍 과정에 강력한 역할을 하고 있음을 보여주고 있다.

3. 프레임의 직업적 지침

다른 많은 직업들과 마찬가지로 언론사들도 대부분의 저널리스트들이 준수하는 직업적 규범들을 발전시켜 왔다. 이러한 규범들은 단지 학술적인 부분에서뿐만이 아니라 직장에서 깊숙하게 자리하고 있다. 전 세계적으로 언론학 학위가 언론사 취직을 위한 필수적 요소가 되어가고 있다. 또한 대부분 대학교의 언론학 교육 방식이 매우 비슷하기 때문에 그 시스템 안에서 이루어지는 훈련은 표준화되고 규범적인 구조체계를 심어주고 있다. 오래전의 연구보고서지만 베커, 플류트와 카우딜(Becker, Fruit and Caudill, 1987)은 예상했던 것보다 언론학을 배운 학생들의 대학 교육이 전문가적 행동에 미치는 영향력이 작다고 주장했다.

저널리스트들은 일단 직장에서 일하기 시작하면 뉴스 룸에서의 규범적 사회화에 귀속된다는 오래된 증거가 있다(Breed, 1955). 신참 언론인들이 자신의 가장 중요한 구독자가 편집장이라는 것을 재빨리 깨닫는 것과 같은 어떤 부분의 사회화는 특별한 뉴스 세팅의 특수한 경우일 수 있지만, 직업적 규범의 강조는 계속해서 이어지는 것을 여전히 볼 수 있다. 언론에서 직업적 규범들은 적어도 다음과 같은 세 가지 목표들을 충족시키기 위해 개선되어 왔다. 1) 구독자에 대한 서비스 최대화, 2) 상품 구성의 효율화, 그리고 3) 외부 단체들로부터의 언론에 대한 비판의 최소화이다. 우리가 세 가지 규범들이, 예를 들어 기자들의 정신적 지도에 어떻게 영향을 미치는지를 알아보는 것은 매우 유익하다.

규범 1. 기사 선택에 있어 과정보다는 사건을 강조함

기사작성이라는 생산 과정은 언론인의 삶에 가장 큰 부분을 차지한다. 전형적인 저널리스트들은 신문 기사나 텔레비전 뉴스보도 같은 매일의 기사에 책임을 지며 모든 정보를 그날그날 평가한다. "오늘은 날 위해 어떠한 기사를 준비해왔나?"라는 편집장의 질문은 저널리스트들에게 현재 지금 무슨 일이 세상에서 일어나고 있는지를 잘 특화시키고, 정보를 압축시켰는지를 묻는 말이다.

만일 과학저널리스트가 며칠 동안 진행되는 과학 관련 회의를 취재하게 된다면 저널리스트와 편집자 모두 그 저널리스트가 적어도 하루에 한 가지 기사는 송고할 것으로 생각한다. 회의에 관해서 매일매일 기사를 송고할 것이라는 가정은 당연히 저널리스트로 하여금 그날그날 무슨 일이 일어날지에 대해서 집중하도록 만든다. 어떤 때는 연구 발표와 기자 회견이 전부다. 이 두 가지는 모두 '과학 회의에서 발표된' 연구 결과라는 것으로 오히려 효율적으로 프레임 될 수 있을 것이다. 그래서 상대적으로 시간에 구애받지 않고 정형적이지 않은 연구 프로젝트의 집합들이 독립된 기사 시리즈로 변화될 수 있다.

직업상 사건을 강조하게 되는 것은 미디어 조직 규범에 가장 중요한 제작 압박을 가하는 직업적 요인을 바꿀 시에 더욱 명확해진다. 던우디(Dunwoody, 1979)는 주요 과학 회의를 취재하는 저널리스트들의 행동을 분석하여 그러한 회의에 매우 중요한 일이 일어날 때에만 기사를 작성하라는 명확한 규범을 가진 저널리스트들은 기존의 전통적인 규범을 가지고 회의에 오는 저널리스트들과는 매우 다른 행동 양식들을 보임을 발견했다. 전자의 그룹은 후자에 비해 보다 기사 수는 적지만 긴 내용의 기사를 보내왔다.

이러한 '사건'에 대한 강조는 비위험 프레임의 가장 중요한 지침이 되고 있다. 위험은 다양한 방법으로 어떤 특정한 공동체나 문화를 통해서 그 모습을 드러낸다. 그리고 저널리스트들의 프레임에 가장 중요한 역할을 맡는 가시성(可視性)과 같은 것과 일치하는 것이 바로 사건이다. 한 예로, 정부 기관에서 라돈에 대한 보고서를 발표하면, 사건의 내용은 위험 기사가 아닌 정부 발표 기사로 프레임 되

게 된다. 마찬가지로, 유독 물질 누출을 불러온 트럭 충돌 사고 역시
위험기사보다는 사고기사로 프레임 될 수 있다.

위험 정보는 비위험 프레임으로 매우 잘 보일 수 있다. 하지만, 그
러한 정보들은 중요한 것으로 강조되지 않거나 주요한 역할을 하지
못한다. 위의 트럭 충돌 사건을 다시 한번 생각해보자. 사고 프레임
을 사용하는 저널리스트는 주로 어떤 일이 언제, 어디서 일어났으며
누가 다쳤고 현재 사고 현장의 도로는 사용 가능한지 여부에 관심을
둘 것이다. 트럭에 실려 있던 유독 물질에 관련한 정보는 사소한 것
이 아니지만 충돌 사건 기사의 핵심은 되지 못한다. 반면, 위험 프레
임을 사용하는 저널리스트의 경우에는 유독 물질이 가지고 있는 위
험성을 강조하고 사고의 실제적 과정을 부수적인 것으로 간주하고
기사를 작성할 것이다. 그 저널리스트는 병원에 그 사고로 인한 부
상자들의 상태를 묻기보다는 市의 응급상황실에 연락을 취해서 고
속도로에 누출된 유독 물질에 대해서 더 많은 것을 알려고 노력할
것이다.

규범 2. 저널리스트의 기능을 교육이 아니라 정보 전달에 둠

이 규범적 차이에 대한 흥미로운 점은 이 규범이 언론인에게 어떠
한 사건에 대해 깊이 있게 설명해야 한다는 의무를 면제시키고 있다
는 점이다. 그러므로 저널리스트들은 특정 기사가 위험에 대한 주의
를 필요로 함에도 불구하고 수용자에게 그 위험을 이해시켜야 한다
는 그 어떤 의무감을 느끼지 못한다. 많은 사람들에게 정보 전달과
교육 간의 차이가 사라지면서 언론에서 저널리스트의 기능은 정보

수용자에게 어떠한 일이 일어났는지를 알려주는 것뿐이지 그 사건을 이해시키기 위한 기본적 지식을 알려주는 것이 아니라는 것이다. 저널리스트들은 그러한 기본적 지식들은 교육 시스템에 의해서 공급되어야 하며 언론인이 아닌 독자의 의무라고 주장한다.

정보 전달이냐, 교육이냐의 차이는 문자 그대로 그냥 넘길 수 없는 것이다. 언론이란 뛰면서 글을 쓰는 것이고 기사 길이의 제약은 그 어떤 토픽에서도 대개 자세한 설명을 어렵게 만든다. 대부분의 독자나 시청자들은 기사 내용에 큰 관심을 두지 않는다. 저널리스트들도 그들의 독자들이 기사를 전부 일기보다는 대강 훑어본다는 것을 알고 자세한 사항에 대한 설명은 시간 낭비일 뿐 아니라 잠재적인 역기능을 초래할 수 있는 요인으로 보고 있다. 기사를 훑어보는 독자에게 설명적 정의로 가득한 문장은 크나큰 장애물이며, 대부분의 언론인들은 위험 감수를 하면서까지 그러한 장애물을 만나고 싶어 하지는 않는다.

정보의 교육보다는 전달에 대한 집중은 저널리스트들에게 보도는 하되 설명은 하지 않게끔 만들고 있다. 그러므로 그러한 저널리스트들은 위험 평가는 기사 내용에 포함하지만 독자들에게 그러한 위험을 알맞은 시각에서 평가할 수 있도록 설명을 해야 한다는 의무감은 들지 않을 것이며, 그러한 것에 할애할 기사 공간도 주지 않을 것이다. 요약하면, 언론인의 프레임은 설명하는 데 무관심한 것이 최선이며, 적극적인 설명은 최악이라는 것이다.

비록 위험 프레임이 저널리스트들이 위험을 명확하게 설명해주는 정보를 선택하게끔 인도한다 하여도, 독자들에게 이 위험을 이해시키기 위한 설명적 재료들을 포함시키도록 저널리스트들을 인도하기에는 다른 어떠한 프레임보다 효과적이지 못하다.

규범 3. 저널리스트는 정보의 전달뿐만 아니라 독자의 관심을 끌어내야 함

독자들은 기사라는 상품들을 꼭 수용할 필요가 없다. 그들은 신문이나 잡지의 전체 기사를 읽지 않고 지나갈 수 있고, 텔레비전 뉴스가 아닌 다른 프로그램을 찾아서 TV 수상기의 채널을 돌리거나 라디오의 주파수를 바꿀 수 있다. 그러므로 저널리스트들은 항상 자신의 상품으로 독자들을 끌어들여야 하고, 한번 자신의 상품을 보거나 듣기 시작하면 계속 그렇게 하도록 해야만 하는 도전에 직면하고 있다.

저널리스트들은 기사가 독자들의 시선을 끌도록 다양한 메커니즘을 이용하지만 대부분의 이러한 전략의 밑바탕에는 명확성이나 특수성이라는 특징을 갖는다. 기사는 구체적일수록 더욱 좋다. 그래서 저널리스트들은 단도직입적인 주장보다는 생생한 설명을 취하면서 위험기사를 시작하려 한다.

당신은 바위 표면에 절망적으로 매달려 있습니다. 흔들리는 하늘을 올려다보면서 당신의 심장 박동은 거세지고 숨은 거세집니다. 저 까마득한 아래에는 현기증 나는 초록과 갈색의 그림 같은 풍경이 보입니다. 발가락 하나만 잘못 짚어도 저 아래 바위에 곤두박질쳐서 죽을 수 있다는 생각에 당신의 몸은 굳어버립니다. 당신이 생각했던 즐거운 시간처럼 들리십니까? 대부분의 사람들에게 악몽과 같은 광경은 몇몇 날쌘 암벽 등반가들에게는 이상적인 일요일 오후의 모습이다(Weiss, 1987, p.57).

니스베트와 로스(Nisbett and Ross, 1980)가 언급했듯이, 기사가 구체적이면 구체적일수록 더욱 기억하기 쉽다. 그러므로 어떠한 것들을 구체화할지에 대한 기사의 특별한 차원 선택은 다른 이들의 이해를 배제한 채 저널리스트가 그러한 정보들에 대한 이해를 높이는 것을 의미한다.

기사 내용에 명확성을 더하기 위해 주로 사용되는 방법으로 의인화 화법이 사용된다. 주로 기사의 도입부에 사용되는 이 방법은 한 개인이 사건에 직접적으로 연관되었거나 연계되어 있는 것처럼 묘사한다. 앞에서 예를 들은 위험 감수 기사의 리드 부분이 이에 해당될 것이다. 목적은 정보를 생생하게 만들어서 수용자를 기사에 빠져들게 만든다. 위험 기사와 관련한 전형적인 그러한 노력은 1980년대 초 커피와 췌장암과의 연계성을 보도한 뉴잉글랜드 의학 저널(New England Journal of Medicine)의 기사에서 볼 수 있다. 저널리스트는 학습한 내용과 취재한 정보들을 엮기 위해서 인근의 커피숍을 찾아가서 고객들에게 췌장암 관련 뉴스가 커피를 마시지 않게 했느냐고 물었다. 그 상황에서 저널리스트나 편집자는 위험 정보를 이해하는 데 도움을 줄 수 있는 생생한 지역 정보를 집중 조명하는 프레임을 선택했었던 것이다.

4. 프레임의 개인적 지침

저널리스트 업무에 대한 몇몇 연구들에 의하면 무엇이 뉴스인가를 결정하는 데 직업적 규범이 가장 강력한 지침이라고 한다. 이것은 심지어 과학 저널리스트에게도 해당된다(Dunwoody, 1979). 상이한 매체의 저널리스트가 다룬 동일한 토픽에 대한 기사의 대략적인 비교는 직업적 요인이 이미 기사에 녹아들어 갔다는 것을 설명하는 기사가 상당히 있다는 것을 제시한다. 저널리스트들은 이와 같은 규범에 상당히 유사하게 행동한다. 그러나 직업이라는 테두리 안에서 저널리스트 개인은 때때로는 아주 미묘하게 혹은 아주 크게 동료의 기사와는 다른 기사를 쓰려고 한다.

직업적 규범과 제약들은 야생마를 가두어 두는 울타리와 같이 저널리스트들을 속박한다. 정신이 몽롱한 동물들은 처음에는 울타리에 집중해서, 이를 적으로 간주하고 이를 피하기 위해서 온갖 노력을 다한다. 하지만 시간이 지날수록 울타리에 대한 영향력은 잊고 마침내는 너무나 당연한 것으로 이것을 인식한다. 그 야생마의 세계는 울타리에 의해서 다듬어졌기보다는 그것에 의해 정의가 된 것이다.

저널리스트들에게 직업적 규범이 그들만의 울타리를 만들어낸다. 야생마와 관련한 가설과 마찬가지로 저널리스트들의 울타리 역시 직업적으로 규정된 그들의 행동에서 극단적으로 이탈하는 행동들을 막는 역할을 한다. 하지만 그렇다고 그러한 제약이 저널리스트 개개인의 차이점을 없애버리는 것은 아니다. 몇몇 사례를 보면 저널리스트 개인은 규범과 대치한 가운데서도 자신의 기사를 보도하기 위해서 울타리에 구멍을 낼 수 있는 권한을 언론사 조직 내에서 축적하기도 한다. 이러한 현상은 매우 드물게 일어난다. 나는 여기서 위험 보도를 하는 데 영향을 미치는 일련의 개인적 변수에 초점을 맞추어 본다. 특히 저널리스트의 행동에 영향을 주는 과학적 지식과 수용자

지식의 다양한 차원을 알아보고자 한다.

4.1. 과학지식

유럽이나 미국에서 대부분의 사람들은 과학과 수학을 잘 모르며 자연과학이나 공학 전공에 대한 호감도 역시 점점 줄고 있는 추세이다. 독일에서 저널리스트들이 과학이나 수학을 전공한 경우가 드물다. 심지어는 더 높은 수준의 과학과 수학 관련 교육을 받았었을 것 같은 미국의 과학 저널리스트들마저도 이 분야와 관련해서 범주가 협소한 교육을 받았다. 과학 저널리스트의 경력에 대한 최신 데이터는 존재하지 않지만, 과거의 설문들은 이들이 주로 언론학과 영문학을 주로 전공했으며 과학과 수학에 관련한 개개인의 배경에는 큰 차이가 있음을 제시했다. 과학 저널리스트들의 지적 수준에 대한 염려로 워싱턴포스트지의 베테랑 저널리스트인 빅토르 콘(Victor Cohn)은 과학 저널리스트를 위한 기초 통계 책을 저술했다.

위험 기사와 관련해서 낮은 지적 수준이란 무엇을 의미하는가? 다음과 같은 두 가지 가능한 양상을 논할 수 있다. 바로 위험에 대한 특별한 지식에서 나타나는 편차, 그리고 과학에서의 증명 법칙에 대한 인지이다.

4.1.1. 위험에 대한 지식과 위험 분석

저널리스트들이 위험을 과학적 콘셉트나, 확률이론 또는 위험평가가 이루어지는 과정으로 얼마나 이해하고 있는지에 대한 연구는 아직까지 이루어지지 못했지만, 그들이 대학에서 자연과학과 관련해서 적은 양의 공부를 했다는 것은 그것과 관련한 지식수준이 낮다는 것을 의미한다. 이 같은 무지는 저널리스트의 기사 프레임과 위험 사건과 마주쳤을 때 무엇이 기사에 적절한 정보인지를 결정하는 데 중대한 영향을 미친다고 볼 수 있다.

확실히 비과학자들의 위험 인식을 연구하는 사회과학자들은 그러한 무지가 위험의 과학적 평가와 상당히 다른 판단들을 일으킨다고 주장한다. 한 예로 슬로비치(Slovic, 1986)는 위험을 더욱 기억하기 쉽게 만드는 생생한 취재 등과 같은 모든 요인은 그 위험의 발생 확률을 상당히 과장한다고 주장한다.

위에서 언급한 것처럼 만일 위험상황을 보도하는 저널리스트들이 무식하다면, 관련 지식은 전달되는 정보의 종류에 많은 영향을 끼칠 것이다. 첫 번째 예로, 극적인 상황을 해석해야 하는 확률적 내용의 무지는 위험을 과장하게 만들 수 있다. 이는 사건을 원래 일어날 수 있는 빈도보다 더 자주 일어날 수 있다고 프레임 하는 것이다. 두 번째 예에서는, 평가과정에 대해서 잘 알지 못하는 저널리스트는 초기의 위험 평가를 진실로 받아들이고 그 평가와 다른 양상을 보이는 위험 평가와 관련된 어떠한 정보도 도외시할 것이다.

4.1.2. 과학이 증거를 어떻게 이해하며 평가하는지에 대한 이해

과학문화는 일화적(逸話的) 평가보다는 체계적인 평가를 특화시키고 있다. 그러한 면에서, 과학문화가 갖고 있는 신조(信條)는 인간이 일화적 경험으로부터 일반화하려는 경향과 상충한다(Nisbett and Ross, 1980). 그렇다면 저널리스트의 과학적 과정에 대한 이해의 폭은 무엇이 원인과 결과의 관계에 적절한 증거인지를 결정하는 것과 관계가 있을 것이다.

한 예로, 만일 한 농부가 그 지역 신문사에 집 주변에 뿌려진 살충제로 인해서 가족이 병에 시달리게 되었다고 고발하면, 그 농부를 대하는 저널리스트의 태도는 체계적 증거와 일화적 증거의 차이를 구분하는 능력에 따라 차이를 보일 것이다. 그러한 차이를 구별하지 못하는 저널리스트는 그 첫 번째 고발 자체를 원인과 결과의 관계를 보여주는 충분한 증거로 간주하고, 그가 쓰는 기사는 그러한 관계에 의문점을 가지기보다는 당연한 것으로 여기는 모습을 보일 것이다. 위의 차이를 구별할 수 있는 저널리스트는 그 농부의 진술에 동정심을 느끼더라도 원인과 결과의 관계를 당연한 것으로 치부하지 않고 정보 수집에 온 힘을 쏟을 것이다.

스토킹과 그로쓰는 일화적 정보가 어떠하든 간에 모든 사람은 첫 번째 정보를 규정하고 그것을 강화시켜 주는 정보를 찾으려는 경향이 있다고 설명한다(Stocking and Gross, 1989). 하지만, 언론의 직업적 규범은 일화적인 증거에 신뢰를 강하게 느낄 수밖에 없다. 한 예로, 언론은 그들의 정보로 맨 처음 인터뷰에 크게 의존하려는 경향이 있다. 그러한 전략은 저널리스트로 하여금 정보 수용자에게 정보를 제공하려는 방향으로 취재원에게 질문을 던지게끔 허용하는 이점을 가지고 있다. 그러나 이 방법은 개인적 해석이 큰 영향력을 가지도록 한다. 그러므로 어떤 문제에 대해서 유력한 입장이든 비정상적인 입장을 취하든지 간에 인용구를 제공하는 카리스마적 취재원이 기사를 지배할 수 있게 된다. 이러한 문제는 저널리스트가 생생하고 상세한 정보를 기사에 집어넣으려 할수록 더욱 심각해진다. 다시 말하면, 이러한 방법은 생생한 설명이 수용자들에게 더 잘 읽히고 기억되는 장점을 가진다는 것이다. 그래서인지 명확한 정보에 대한 탐색은 일화적인 것들에게 다시 우위를 부여하면서 패턴에 대한 탐색을 대체시킨다.

어떠한 노련한 선택과 증거에 대한 평가를 평면적으로 만드는 세 번째 규범은 언론 기사에서 균형성을 지키라는 압력이다. 매일매일의 보도는 저널리스트들이 어떤 정보취재원이 진실을 말하고 있는지 판단하기 어렵게 만들고 있다. 저널리스트들 대부분의 경우 타당성 확인을 위한 시간과 전문성이 없다. 그래서 직업상 다음과 같은 대안이 개발되었다. 바로 만일 당신이 어떤 사건에 대하여 누가 진실을 말하는 지를 판단할 수 없다면, 당신은 모든 가능한 입장들을 전부 기사에 포함시켜야 한다는 주장이다. 그리하면 적어도 정보 수용자들이 그러한 입장들을 인지하고 그것들의 타당성에 대해서 판단을 내릴 수 있을 것이다.

시간이 지날수록 규범이 본연의 프레임을 잃어버리고 있다. 현재 많은 뉴스 룸에서 훌륭한 기사는 주장의 확률적 타당성에 관계없이 모든 다양한 입장들에 같은 양의 시간과 공간을 할애해야 된다고 생각한다. 그러한 상황에서는 일화적인 주장이 체계적인 주장과 동급으로 취급되어 다루어질 것이다. 한 예로 테일러와 캔디트는 학교의 과학 시간에 창조론과 진화론에 같은 수업 시간을 할애해야 한다는 법에 이의를 제기한 사건에 대한 기사 분석을 들고 있다. 그들은 재판 기간 동안 저널리스트들의 두 입장에 대한 균형 잡힌 기사를 제공하려는 노력이 '수사적으로 경쟁적 담화를 동등한 담화로 탈바꿈시킨 언론 평준화를 만들어냈음을 발견했다(Taylor and Condit, 1988, p.293).'

4.2. 수용자의 지식

저널리스트는 수용자의 욕구가 무엇인지에 대해서 매우 민감할 필요가 있다. 하지만 아직까지 매우 소수의 저널리스트들만이 독자나 시청자들이 정보를 가지고 무엇을 하는지를 알고 있다. 직업 내적으로는 수용자의 행동을 이해해야한다는 주장이 그리 많은 관심을 끌지 못하고 있으며, 유능한 저널리스트들마저도 사건에 대한 흥미, 구독의사 등에 대한 평가를 이웃이나 부모, 편집자들에게 보낸 편지와 같은 것에 의존하는 것이 대부분이다. 과학 저널리스트 역시 별반 다를 것이 없음을 볼 수 있다. 흥미롭게도 그러한 불완전한 정보 수집은 아직까지도 현직 저널리스트들에게 통용되고 있다는 것이다.

만일 수용자의 요구나 원하는 것에 대한 이해가 일반적으로 부족하다면, 전형적인 저널리스트는 정보를 어떻게 사용하여 과학적이거나 기술적 위험에 대한 평가를 내리는지에 대해 잘 알지 못한다고 추측할 수밖에 없다. 그러한 무지는 당연히 저널리스트들에게만 국한된 것이 아니다. 위험 판단에서 정보가 미치는 영향에 관한 최근의 연구 역시 유럽이나 미국에서 위험 관리자나 과학자들이 여전히 교육적 추측 이상의 작업을 하지 않고 있다는 것을 보여준다. 우리는 여전히 저널리스트의 수용자에 대한 가정 그리고 수용자가 어떻게 위험을 인식하고 있는지에 대한 지식에 좌우되는 기사 구조에서 변차(變差)를 발견할 수 있다. 그래서 여기서 수용자에 대한 하나의 일반적인 가정이 미치는 영향에 대해서 간단히 논하려 한다. 그다음에는 저널리스트들이 보도된 위험 정보의 개인적 활용에 대해 논의해야 한다고 최근의 연구가 제시하는 몇 가지 가정을 열거하고자 한다.

일반적으로 저널리스트들은 기사의 내용이 대외 정책이든 아니면 일상적인 정원 일과 관련되었든 간에 전형적인 독자들은 기사의 주제에 대해 전혀 알지 못한다고 가정한다. 수용자는 단지 가끔 기사를 자세히 살펴보고 매우 적은 양만을 이해하기 때문에 이와 같은 가정은 어느 정도의 가치를 갖고 있음에 틀림없다.

저널리스트들은 과학과 수학에 대한 무지는 당연한 것으로 생각하여 과학 정보에 있어 특별히 '무지의 수용자'라는 가정을 매우 빠르게 수용한다. 사실상 과학자들과 저널리스트들 사이에 위험 전달의 모든 면에서 불일치를 보이지만, 합의가 된 유일한 가정은 위험에 대해서 잘 모른다는 것이다. 저널리스트의 직업은 설명을 통해서 수용자에게 어떤 보상을 해주는 것이 아니기 때문에, 이렇게 추정된 무지를 거스르는 것이 오히려 문제가 된다.

이러한 문제는 두 가지 방법으로 해결할 수 있다. 1) 시간과 공간을 거의 필요로 하지 않을 정도로 짧고 피상적으로 단숨에 설명하거나, 2) 다루는 기사 내에서 기사를 위험 개념과 과정으로 설명하지 않고 사건 중심의 설명으로 재정의하는 것이다. 예를 들어 다이옥신 오염을 유발하는 종이 산업에 대한 새로운 보고서에 관한 기사를 써야 하는 저널리스트는 다이옥신과 다이옥신의 노출 그리고 그 외의 다른 위험 물질의 노출을 비교한 정보를 한 문장 정도로 제공한다. 그런 후에 바로 나머지 기사를 이와 같은 보고서를 제출하게 된 사건의 설명이나 다이옥신의 규제를 요구한 예전 사건들에 대해서 지면을 할애한다. 이러한 기사 서술과 설명은 사회적 맥락을 필요로 하는 것으로 재정의 될 수 있다.

사회적 맥락에 대한 설명을 콘셉트와 과정의 설명으로 만들어내는 이 같은 종속화는 몇 가지 장점을 갖는다. 첫째로 저널리스트들이 위험에 관한 기사를 쓸 때 이에 관련된 과학적·수학적 개념의 이해를 많이 요구하지 않는다. 둘째로 과학적으로 무지한 수용자들이 이해할 수 있는 기사를 제공한다. 셋째로 편집장이 저널리스트의 관심에 적합한 것으로 정의를 내리는 사건 지향적인 맥락을 제공한다. 넷째로 제 삼자가 쉽게 편집할 수 있는 맥락을 제공한다. 제시된 사건을 잘 알지 못하는 편집장이 기사를 수정하기도 하고 줄이기도 한다. 편집장은 사회적 맥락이 장문의 과학적 개념과 과정에 대한 장문의 설명보다 훨씬 더 유용하다고 생각한다.

과연 우리의 저널리스트들은 수용자들이 대중 매체로부터 갈구하는 위험 정보를 제공해온 것일까? 현재까지의 연구는 이 질문에 대해서 쉽게 대답하지 못한다. 하지만, 몇 가지 연구는 다음과 같은 점을 적시하고 있다.

첫째로, 전형적인 수용자는 다양한 정보 채널에 접할 수 있다. 개인이 위험과 관련한 전부 혹은 대부분의 정보를 대중매체로부터 얻는다는 가정은 틀릴지도 모른다. 미디어의 의제설정 기능은 대중매체가 우리가 인지하지 못하는 현상들을 환기시켜 주는 주요한 역할을 할 수 있음을 보여준다(McComs, 1981). 일단 그러한 환기가 일어나면 개인들은 자기 재량에 맞는 관련 정보를 끌어들이는 다양한 정보 채널들을 갖는다. 일요신문에서 호수에 사는 물고기들이 오염되었을 수 있다는 것을 알게 된 낚시꾼은 신문에서뿐만이 아니라 다른 낚시꾼들과의 대화, 단속 기관에서 발송하는 안내문, 낚시용품 회사에서 발행하는 뉴스레터 등을 참고하여 위험에 관련한 지식을 얻을 수 있을 것이다.

둘째로, 특정한 정보채널의 선택은 그 채널에 접근하는 비용과 그 채널이 적절한 정보를 제공해줄 수 있다는 판단에 의해 결정된다. 개인은 특정 채널에 접근하는 데 드는 비용과 그 채널에서 유용한 정보를 얻을 확률에 기대서 특정 정보채널을 결정한다는 것이 일반적인 주장이다. 과연 독자들은 매체에서 제공하는 위험정보가 적절한 것으로 여기고 있을까? 독자들은 특별한 차원의 위험 판단에 필요한 특정한 형태의 위험정보를 발견하고 있는 것으로 드러났다. 더 정확히 표현하자면, 우리가 이미 경계하고 있는 위험 상황에 직면하게 되면, 우리는 그 위험의 사회적 영향에 대한 지식을 얻기 위해서 미디어가 보도한 메시지들을 이용한다는 것이다. 반면에 우리는 개인적 위험을 숙지하는 데 있어서는 미디어의 이용을 거부하고 있다. 다시 말하면, 우리는 위험의 전반적인 면을 알고 싶을 경우에는 대중매체의 이용을 선호하지만, 그 위험에 대해서 우리 개인적으로 어떻게 대처해야 하는지에 대한 정보는 다른 채널을 선호하는 경향이 있다는 것이다. 개인적 차원에서 위험에 대한 정보를 얻기 위해서 우리는 주로 다른 사람들과의 대화를 선호하는 것을 볼 수 있다 (Tyler and Cook, 1984; Dunwoody and Neuwirth, 1991).

개인은 위험에 관해 알기 위해서 미디어의 메시지를 이용하는 것처럼 보인다. 만일 그러한 메시지들이 위험 요소의 본질, 개인적으로 다칠 확률, 폐해를 줄이기 위한 행동 방안 등 위험에 대한 정보를 담고 있지 않다면, 독자로서 개인은 미디어를 외면한다. 저널리스트가 수용자들이 대중매체에서 찾기를 원하는 중요한 정보를 모르는 것이다.

5. 결론

우리는 저널리스트들이 어떻게 과학적이며 기술적 위험에 대해서 기사를 작성하는지 대해서 잘 알지 못한다. 여기서 주장한 설명은 비록 언론 활동에 대한 일반적인 것에 바탕을 두고 있지만 아직까지 구체화하기에는 아직 이르다. 만일 이 주장이 실증적으로 검증이 된다면, 이는 정보 자체의 본질이나 정보 구입자의 욕구와는 별로 상관이 없는 정보확산의 법칙에 의해 이끌리는 수용자의 모습을 과학자들에게 보여줄 것이다.

저널리스트는 언제나 과학자와 다르게 행동한다. 좋은 점이기도 하지만, 만약 저널리스트가 상세한 정보나 한두 명과의 대화에서 다채로운 것들을 구성하는 것에 흥미를 잃는다면 우리는 재미없고 무미건조한 기사들을 접하게 될 것이다. 우리는 과학적·기술적 위험에 관한 정보의 성공적인 의사소통 역시 과학문화로부터 수집된 체계적인 지식과, 우리가 위험 상황에 대치했을 때 어떠한 개인적인 결정을 내리는 지에 대해 더 많은 이해를 해야 한다. 불행하게도, 오늘날 저널리스트들은 이에 대한 인식의 폭이 매우 좁은 것을 볼 수 있다.

참고문헌

제1장 리스크에 관한 사회, 문화, 생태학적 고찰

송해룡, 김경희, 「리스크의 모순적 양면성」, 『헤세연구』 제29집, 2013.

Agamben, Giorgio, *Homo sacar. Die souveräne Macht und das nackte Leben*, Frankfurt am Main. 2006[1995].

Aristoteles, *Physik,* Paderborn. 1956.

Arnold, Brandford H., *Elementare Topologie. Anschauliche Probleme und grundlegende Begriffe,* Göttingen: Vandenhoeck Ruprecht. 1974[1964].

Appelsmeyer, Heide, Billmann-Mahecha, Elfriede (Hg.), *Kulturwissenschaft. Felder einer prozeßorientierten Praxis,* Velbrück Wissenschaft, Weilerswist 2001.

Bamberg, Günter, Coenenberg, Adolf. G., *Betriebswirtschaftliche Entschei dungslehre,* 9. Aufl., München 1996.

Banse, Gerhard, Bechmann, Gotthard, *Interdisziplinäre Risikoforschung,* Westdeutscher Verlag, Opladen 1998.

Bourdieu, Pierre, Wacquant, Loic J. D., Die Ziele der reflexiven Soziologie. Chicago Seminar. Winter 1987, in ders., *Reflexive Anthropologie,* Frankfurt am Main. 1996[1992].

Böhme, Hartmut, Scherpe, Klaus R. (Hg.), *Literatur und Kulturwissenschaften. Positionen, Theorien, Modelle.* Reinbek, Rowohlt 1996.

Blumenberg, Hans, *Schiffbruch mit Zuschauer.* Frankfurt am Main 1979.

Brittnacher, Hans Richard, Ermüdung, Gewalt und Opfer. Signaturen der Literatur im 1900. In: Zeitschrift für *Germanistik,* Neue Folge 1, 2000, S. 77-94.

Ders., Welt ohne Väter: Söhne um 1900. Von der Revolte zum Opfer. In: *Kursbuch 140: Die Väter,* Berlin. Rowohlt 2000, S. 19-31.

Defoe, Daniel, *The Farther Adventures of Robinson Crusoe,* London and Glasgow: Collins 1953.

Deleuze, Gilles, *Differenz und Wiederholung.* München 1992 (orig. 1968).

Döblin, Alfred, Mein Buch, "Berlin Alexanderplatz", 1932. In: ders.: *Berlin*

Alexanderplatz. Die Geschichte vom Franz Biberkopf. München 1997.

Fischhoff, Baruch, Lichtenstein, Sarah, Slovic, Paul, *Approaches to Acceptable Risk: A Critical Guide, Oak Ridge National Laboratory and U. S. Unclear Regulatory Commission,* 1980.

Foucault, Michel, Wahrheit und Macht. Interview von A. Fontana und P. Pasquino. In: Ders.: *Dispositive der Macht. Michel Foucault. Über Sexualität, Wissen und Wahrheit,* Berlin 1978.

Ders., Recht der Souveränität, Mechanismus der Disziplin. Vorlesung vom 14. Januar 1976. In: Ders.: *Dispositive der Macht. Michel Foucault. Über Sexualität, Wissen und Wahrheit,* Berlin 1978.

Ders., Von anderen Räumen, in: Dünne, Jörg, Günzel, Stephan (Hg.): *Raumtheorie,* Frankfurt am Main, 1984[1967], 317-329.

Giddens, A., *The Third Way.* Polity Press. Cambridge. p.104ff.

Günzel, Stephan, Geographie der Aufklärung. Klimapolitik von Montesquieu zu Kant, in: *Aufklärung und Kritik* 22. 2004.

Henningsen, Bernd, Schröder, Stephan Michael (Hg.), *Vom Ende der Humboldt-Kosmen. Konturen von Kulturwissenschaft.* Baden-Baden: Nomos 1997.

Kluge, F., Mitzka, W., *Etymologisches Wörterbuch der deutschen Sprache,* 20. Aufl., Berlin 1967.

Knight, Frank, *Risk, Uncertainty and Profit,* dissertation, Boston, MA 1921.

Levy-Bruhl, Lucien, *Die geistige Welt der Primitiven,* Düsseldorf, Köln 1959.

Lyotard, Jean François, *Der Widerstreit,* München 1987.

Ders., *Das postmoderne Wissen. Ein Bericht,* Graz, Wien 1986.

Luhmann, Niklas, *Gesellschaftsstruktur und Semantik. Studien zur Wissenssoziologie der modernen Gesellschaft,* 3 Bände, 1. Band, Frankfurt am Main 1980.

Ders., *Soziale Systeme. Grundriss einer allgemeinen Theorie,* Frankfurt am Main 1984.

Ders., *Erkenntnis als Konstruktion,* Bern 1988.

Ders., *Die Wissenschaft der Gesellschaft,* Frankfurt am Main 1990.

Ders., *Soziologische Aufklärung,* 5 Bände, 5. Band, Opladen 1990.

Ders., *Soziologie des Risikos*, Berlin 1991.

Mayer, Volker, *Operatives Krisenmanagement: Grundlagen, Methoden und Werkzeuge des ganzheitlichen Risk Management*, Wiesbaden 2003.

Mittelstraß, Jürgen, Die Stunde der Interdisziplinarität? In: Jürgen Kocka (Hg.): *Inter-disziplinarität. Praxis, Herausforderung, Ideologie.* Frankfurt am Main 1987.

Musil, Robert, *Der Mann ohne Eigenschaften*, Hamburg 1970.

Neumann, John, Morgenstern, Oskar, *Theory of Games and Economic Behavior,* Princeton University Press 1944.

Ravetz, Jerome R., Public Perceptions of Acceptable Risks as Evidence for Their Cognitive, Technical, and Social Structure. In: *Technological Risk: Its Perception and Handling in the European Community,* Meinolf Dierkes, Sam Edwards, Rob Coppock (Hg.), Cambridge, Mass.: Oelgeschlager, Grunn & Hain; and Königstein 1980.

Schmidt, Siegfried J., *Kalte Faszination. Medien, Kultur, Wissenschaft in der Mediengesellschaft.* Velbrück Wissenschaft, Weilerswist 2000.

Serres, Michel, *Der Parasit,* Frankfurt am Main. 1987[1980].

Wellbery, David E., Der Zufall der Geburt. Sternes Poetik der Kontingenz. In: *Kontingenz, Poetik und Hermeneutik XVII*, ed. G. von Graevenitz und O, Marquard, München 1988, S. 291-317.

Wiese, Harald, *Entscheidungs-und Spieltheorie*, Berlin 2002.

제2장 위험과 위기커뮤니케이션의 연구 방향과 쟁점

Abbott, E. & Hetzel, O. (2005). *A legal guide to homeland security and emergency management for state and local governments.* Chicago: American Bar Association.

Abkowitz, M. D. (2002, March). *Environmental risk communication: What is it and how can it work?* Environmental Risk Communication Summit, Vanderbilt University, TN.

Aguilera, D. C. (1998). *Crisis intervention: Theory and methodology* (8th ed.). St. Louis: Mosby.

Ahluwalia, R., Bumkrant, R. E. & Unnava, H. R. (2000). Consumer response to negative publicity: The moderating role of commitment. *Journal of Marketing Research, 27*, 203-214.

American Council on Science and Health. (2003). *A citizens' guide to terrorism preparedness and response: Chemical, biological, radiological, and nuclear.* New York: Author.

Beck, U. (1992). *Risk society: Towards a new modernity.* London: Sage.

Beck, U. (1995, fall). Freedom from technology. *Dissent,* 503-507.

Beck, U. (1996). Risk society and the provident state. In S. Lash, B. Szerszynski & B. Wynne (Eds.), *Risk, environment and modernity: Towards a new ecology* (pp.27-43). London: Sage.

Benoit, W. L. (1997). Image repair discourse and crisis communication. *Public Relations Review, 23*(2), 177-186.

Benoit, W. L. (2000). Another visit to the theory of image restoration strategies. *Communication Quarterly, 48*(1), 40-44.

Coombs, W. T. (1998). An analytic framework for crisis situations: Better responses from a better understanding of the situation, *Journal of Public Relations Research, 10*(3), 177-191.

Coombs, W. T. (1999). *Ongoing crisis communication: Planning, managing,and responding.* Thousand Oaks, CA: Sage.

Coombs, W. T. (2007). *Ongoing crisis communication: Planning, managing, and responding* (2nd ed.). Thousand Oaks, CA: Sage.

Covello, V. T. (1983). The perception of technological risks: A literature review. *Technological Forecasting and Social Change, 23*, 285-297.

Covello, V. T. (1992). Risk communication: An emerging area of health communication research. In S. A. Deetz (Ed), *Communication yearbook* (Vol. 15, pp.359-373). Newbury Park, CA: Sage.

Covello, V. T. & Mumpower, J. (1985). Risk analysis and risk management: An historical perspective. *Risk Analysis, 5*(2), 103-119.

Covello, V. T., von Winterfeldt, D. & Slovic, P. (1987). Communicating scientific information about health and environmental risks: Problems and opportunities from a social and behavioral perspective. InV. T. Covello, L. B. Lave, A. Moghissi & V. R. Uppuluri (Eds.), *Uncertainty in risk assessment, risk management and decision making* (pp.221-239). New York: Plenum.

Cox, R. (2006). *Environmental communication and the public sphere.* Thousand Oaks, CA: Sage.

Dean, D. H. (2004). Consumer reaction to negative publicity: Effects of corporate reputation, response, and responsibility for a crisis event. *Journal of Business Communication, 41,* 192-211.

Department of Homeland Security. (2004, December). National response plan. Retrieved March 3, 2006, from http://www.dhs.gov/xlibrary/assets/NRP_FullText.pdf

Department of Homeland Security. (2007a, Sept. 10). Draft national response framework released for public comment. Retrieved October 17, 2007, from http://www.dhs.gov/xnews/releases/pr_1189450382144.shtm

Department of Homeland Security(2007b). Emergency Support Function 2. Communication Annex. National Response Plan. Retrieved July 28, 2007, from http://www.dhs.gov.xlibrary/assets/NRP_FullText.pdf

Douglas, M. (1992). *Risk and blame: Essays in cultural theory.* London: Routledge.

Environmental Protection Agency. (1988). *Title III fact sheet emergency planning and community-right-to-know.* Washington, DC: U.S. Government Printing Office.

EPCRA. (1986). 42 U.S.C. 11001 et seq.

Epictetus. (1983). *Epictetus: The handbook.* (N. P. White, Trans.), Indianapolis, IN: Hackett.

Erikson, K. (1994). *A new species of trouble: The human experience of modern disasters.* New York: W. W. Norton.

Falkenberry, E. M. (1995). The Emergency Planning and Community Right-to-Know Act: A tool for toxic release reduction in the 90's. *Buffalo Environmental Law Journal, 3*(1), 2-36.

Fearn-Banks, K. (1996). *Crisis communications: A casebook approach.* Mahwah, NJ: Erlbaum.

Fearn-Banks, K. (2001). Crisis communication: A review of some best practices. In R. L. Heath & G. Vasquez (Eds.), *Handbook of public relations* (pp.479-486). Thousand Oaks, CA: Sage.

Fink, S. (1986). *Crisis management: Planning for the inevitable.* New York:

American Management Association.

Fischhoff, B. (1995). Risk perception and communication unplugged: Twenty years of process. *Risk Analysis, 75*(2), 137-145.

Fischhoff, B. (1990). *Risk issues in the news: Why experts and laymen disagree.* Pasadena, CAA: The Foundation for American Communities.

Fischhoff, B., Slovic, P., Lichtenstein, S., Read, S. & Combs, B. (1978). How safe is safe enough? A psychometric study of attitudes toward technological risks and benefits. *Policy Sciences, 9*(3), 127-152.

Fishman, D. A. (1999). Valujet Flight 592: Crisis communication theory blended and extended. *Communication Quarterly, 47*, 345-375.

Gaudino, J. L., Fritsch, J. & Haynes, B. (1989). If you knew what I knew, you'd make the same decision: A common misconception underlying public relations campaigns? In C. H. Botan & V. Hazelton, Jr (Eds.), *Public relations theory* (pp.299-308). Hillsdale, NJ: Erlbaum.

Geuter, G. & Stevens, A. L. (1983). *Mental modes.* Hillsdale, NJ: Erlbaum.

Golding, D. (1992). A social and programmatic history of risk research. In S. Krimsky & D. Golding (Eds.), *Social theories of risk* (pp.23-52). Westport, CT: Praeger.

Goldstein, B. D. (2005). Advances in risk assessment and communication. *Annual Review of Public Health, 26*, 141-163.

Greenpeace International, (n.d.). *Bhopal—The world's worst industrial accident.* Retrieved December 19, 2006, from http://www.greenpeace.org/international/

Griffin, R. J., Dunwoody, S. & Neuwirth, K. (1999). Proposed model of the relationship of risk information seeking and processing to the development of preventive behaviors. *Environmental Research, 80*(2), 230-245.

Hadden, S. (1989a). *A citizen's right to know: Risk communication and public policy.* Boulder, CO: Westview Press.

Hadden, S. (1989b). Institutional barriers to risk communication. *Risk Analysis, 9*(3), 301-308.

Hearne, S. A. (1996). Tracking toxics: Chemical use and the public's "right-to-know." *Environment, 38*(6), 1-11.

Heath, R. L. (2004). Telling a story: A narrative approach to communication during crisis. In D. P. Millar & R. L. Heath (Eds.), *Responding to crisis: A rhetorical approach to crisis communication* (pp.167-187). Mahwah, NJ: Erlbaum.

Heath, R. L. (2006). Best practices in crisis communication: Evolution of practice through research. *Journal of Applied Communication Research, 34*(3), 245-248.

Heath, R. L. & Millar, D. P. (2004). A rhetorical approach to crisis communication: Management, communication processes, and strategic responses. InD. P. Millar & R. L. Heath (Eds.), *Responding to crisis: A rhetorical approach to crisis communication* (pp.1-17). Mahwah, NJ: Erlbaum.

Jacobson, J. D. (2003). Safeguarding national security through public release of environmental information: moving the debate to the next level. *Environmental Law, 9*, 327-397.

Janosik, E. H. (1994). *Crisis counseling: A contemporary approach*. Boston: Jones Bartlett.

Kasperson, R. E., Renn, 0., Slovic, P., Brown, H. S., Emel, J., Goble, R., Kasperson, J. X. & Ratick, S. (1988). The social amplification of risk: A conceptual framework. *Risk Analysis, 8*(2), 177-187.

Kasperson, R. E. & Stallen, P. J. M. (1991). Risk communication: The evolution of attempts. In R. E. Kasperson & P. J. M. Stallen (Eds.), *Communicating risks to the public* (pp.1-14). Boston: Kluwer.

Kates, R. W. & Kasperson, J. X. (1983). Comparative risk analysis of technological hazards (A review). *Proceedings, National Academy of Sciences, 80*, 7027-7038.

Krimsky, S. (2007). Risk communication in the internet age: The rise of disorganized skepticism. *Environmental Hazards, 7*, 157-164.

Krimsky, S. & Golding, D. (1992). Preface. In S. Krimsky & D. Golding (Eds.), Social theories of risk (pp.xiii-xvii). Westport, CT: Praeger.

Krimsky, S. & Plough, A. (1988). *Environmental hazards: Communicating risks as a social process*. Dover, MA: Auburn House.

Laird, F. N. (1989). The decline of deference: The political context of risk communication. *Risk Analysis, 9*(2), 543-550.

Lee, B. K. (2005). Crisis, culture, community. In P. J. Kalbfeisch (Ed.), *Communication Yearbook* (Vol. 29, pp.275-309). Mahwah, NJ: Erlbaum.

Leiss, W. (1996). Three phases in the evolution of risk communication practice: *Annals of the American Academy of Political and Social Science, 545*, 85-94.

Lerbinger, O. (1997). *The crisis manager: Facing risk and responsibility.* Mahwah, NJ: Erlbaum.

Lindell, M. K. & Perry, R. W. (2004). *Communicating environmental risk in multiethnic communities.* Thousand Oaks, CA: Sage.

Lundgren, R. E. (1994). *Risk communication: A handbook for communicating environmental, safety and health risks.* Columbus, OH: Battelle Press.

Martin, R. H. & Boynton, L. A. (2005). From liftoff to landing: NASA's crisis communication and resulting media coverage following the Challenger and Columbia tragedies. *Public Relations Review, 31,* 253-261.

Marra, F. (2004). Excellent crisis communication: Beyond crisis plans. In D. P. Millar & R. L. Heath (Eds.), Responding to crisis: *A rhetorical approach to crisis communication* (pp.311-325). Mahwah, NJ: Erlbaum.

McComas, K. A. (2006). Defining moments in risk communication research: 1996-2005. *Journal of Health Communication, 11,* 75-91.

McKie, D. & Munshi, D. (2007). *Reconfiguring public relations: Ecology, equity, and enterprise.* Abindgon, Oxon: Routledge.

Meyers, G. C. (1986). *When it hits the fan: Managing the nine crises of business.* New York: Mentor.

Mitroff, I. I. (1994). Crisis management and environmentalism: A natural fit. *California Management Board, 56*(2), 101-113.

Morgan, M. G., Fischhoff, B., Bostrom, A. & Atman, C. J. (2002). *Risk communication: A mental modes approach.* New York: Cambridge University Press.

National Center for Food Protection and Defense. (2006, Jan. 25). *2005 Annual Report.* Minneapolis, MN: Author.

National Governors' Association. (1987). *Comprehensive emergency management*. Washington, DC: National Governors' Association Emergency Preparedness Project.

National Research Council. (1989). *Improving risk communication*. Washington, DC: National Academy Press.

Oepen, M. (2000). Environmental communication in a context. In M. Oepen & W. Hamacher (Eds.), *Communicating the environment: Environmental communication for sustainable development* (pp.41-61). New York: Peter Lang.

Otway, H. (1992). Public wisdom, expert fallibility: Toward a contextual theory of risk. In S. Krimsky & D. Golding (Eds.), *Social theories of risk* (pp.215-228). Westport, CT: Praeger.

Ostrow, S. D. (1991). It will happen here. *Bank Marketing, 23*(7), 24-27.

Palenchar, M. J. & Heath, R. L. (2007). Strategic risk communication: Adding value to society. *Public Relations Review, 33*, 120-129.

Pearson, C. M. & Clair, J. A. (1998). Reframing crisis management. *The Academy of Management Review, 52*(1), 59-76.

Pearson, C. M., Clair, J. A., Misra, S. K. & Mitroff, I. I. (1997). Managing the unthinkable. *Organizational Dynamics, 26*(2), 51-64.

Penrose, J. M. (2000). The role of perception in crisis planning. *Public Relations Review, 26*(2), 155-171.

Perrow, C. (1977). Three types of effectiveness studies. In P. S. Goodman & J. M. Pennings (Eds.), *New perspectives on organizational effectiveness*. San Francisco: Jossey-Bass.

Perrow, C. (1984). *Normal accidents: Living with high risk technologies*. New York: Basic Books.

Peters, R. G., Covello, V. T. & McCallum, D. B. (1997). The determinants of trust and credibility in environmental risk communication: An empirical study. *Risk Analysis, 77*(1), 43-54.

Pidgeon, N., Kasperson, R. E. & Slovic, P. (2003). Introduction. In N. Pidgeon, R. E. Kasperson & P. Slovic (Eds.), *The social amplification of risk* (pp.1-11). New York: Cambridge University Press.

Quaranlelli, E. L. (1988). Disaster crisis management: A summary of research findings. *Journal of Management Studies, 25*(4), 373-385.

Quintilian, M. F. (1951). *The institutio oratorio of Marcus Fabius Quintilianus* (C. E. Little, Trans.) Nashville, TN: George Peabody College for Teachers.

Reynolds, B. (2002, October). Crisis and emergency risk communication. Atlanta, GA: Centers for Disease Control and Prevention.

Reynolds, B. & Seeger, M. W. (2005). Crisis and emergency risk communication as an integrative framework. *Journal of Health Communication, 10,* 43-55.

Ruckelshaus, W. D. (1983). Science, risk, and public policy. *Science, 221,* 1026-1028.

Rogers, E. M. & Kincaid, D. L. (1981). *Communications networks: Toward a new paradigm for research.* New York: The Free Press.

Rowan, K. E. (1994). What risk communicators need to know: An agenda for research. In B. R. Burleson (Ed.), *Communication Yearbook 18* (pp.300-319). Thousand Oaks, CA: Sage.

Sandman, P. M. (1993). *Responding to community outrage: Strategies for effective risk communication.* Fairfax, VA: American Industrial Hygiene Association.

Sandman, P. M. (2006). Crisis communication best practices: Some quibbles and additions. *Journal of Applied Communication Research, 34*(3), 257-262.

SARA: Superfund Amendments and Reauthorization Act of 1986 (SARA), U.S. Code, vol. 42, sec. 9601, et seq. (1995).

Szasz, A. (1994). *Ecopopulism.* Minneapolis: University of Minnesota Press.

Seeger, M. W. (2005). Best practices of risk and crisis communication: An expert panel process. *Journal of Applied Communication Research, 43*(3), 323-244.

Seeger, M. W., Sellnow, T. L. & Ulmer, R. R. (2003). *Communication and organizational crisis.* Westport, CT: Praeger.

Sellnow, T. L., Seeger, M. W. & Ulmer, R. R. (2002). Chaos theory, informational needs, and natural disasters. *Journal of Applied Communication Research, 30,* 269-292.

Shrivastava, P. (1987). *Bhopal: Anatomy of a crisis.* Cambridge, MA:

Ballinger.

Shrivastava, P. (1993). Crisis theory, practice: Towards a sustainable future. *Industrial and Environmental Crisis Quarterly, 7,* 23-42.

Slovic, P. (1987). Perception of risk. *Science, 230,* 280-285.

Smith, M. B. (2001). 'Silence, Miss Carson!' Science, gender, and the reception of Silent Spring. *Feminist Studies, 27*(3), 733-752.

Society for Risk Analysis (1993). *Vision statement.* Retrieved October 27, 2007, from http://www.sm.org/about_vision.php

Streifel, R. A., Beebe, B. L., Veil, S. R. & Sellnow, T. L. (2006). Significant choice and crisis decision making: Merit Care's public communication in the Fen-Phen case, *Journal of Business Ethics, 69*(4), 389-397. Szasz, A. (1994). *Ecopopulism.* Minneapolis: University of Minnesota Press.

Tyler, L. (2005). Towards a postmodern understanding of crisis communication. *Public Relations Review, 31,* 566-571.

Ulmer, R. R., Sellnow, T. L. & Seeger, M. W. (2007). *Effective crisis communication: Moving from crisis to opportunity.* Thousand Oaks, CA: Sage.

Union Carbide (2004, October). *Chronology of key events related to the Bhopal Incident.* Retrieved February 28, 2007, from: http://bhopal.net/bhopal.con/chronology

U.S. Congress. House Committee on Science and Technology. (1979). *Authorizing appropriations to the National Science Foundation.* House Report 96-61. Washington, DC: Government Printing Office.

U.S. National Response Team. (1987). *Hazardous materials emergency planning guide.* Washington, DC: Author.

Wan, H. & Pfau, M. (2004). The relative effectiveness of inoculation, bolstering, and combined approaches in crisis communication. *Journal of Public Relations Research, 16*(3), 301-328.

Ware, B. L. & Linkugel, W. A. (1973). They spoke in defense of themselves: On the generic criticism of apologia. *Quarterly Journal of Speech, 59,* 273-283.

Witte, K., Meyer, G. & Martel, D. (2000). *Effective health risk messages.* Thousand Oaks, CA: Sage.

Wynne, B. (1992). Risk and social learning: Refinement to engagement. In S. Krimsky & D. Golding (Eds.), *Social theories of risk* (pp.275-300). Westport, CT: Praeger.

Wynne, B. (1996). May the sheep safely graze? A reflexive view of the expert-lay knowledge divide. In S. Lash, B. Szerszynski & B. Wynne (Eds.), *Risk, environment and modernity: Towards a new ecology* (pp.44-83). London: Sage.

제3장 건강 그리고 환경 위험과 관련한 위험커뮤니케이션

Allen, F. W. (1987). "Toward a holistic appreciation of risk: the challenge for communicators and policymakers", *Science, Technology, and Human Values*, 12, pp.138-143.

Amy, D. J. (1983). "Environmental mediation: An alternative approach to policy statemates", *Policy Sciences,* 15.

Applegate, J. (1998). "Beyond the usual suspects: The use of citizens advisory boards in environmental decision-making", *Indiana Law Journal*, 73, 903.

Baram M. (1984). "The right to know and the duty to disclose hazard information", *American Journal of Public Health*, 74. No.4.

Barber, B. (1983). *The logic and limits of trust.* New Brunswick: Rutgers University Press.

Baum, A., Gatchel, R. J. and Schaefer, M. A. (1983). "Emotional, behavioralm and physiological effects of chronic stress at Three Mile Island", *Journal of Consulting and Psychology*, 51, No.4.

Bohnenblust, H. and Slovic, P. (1998). "Integrating technical analysis and public values in risk-based decision making", *Reliability Engineering and System Safety*, 59, No.1.

Boholm, A. (1998). "Comparative studies of risk perception: A review of twenty years of research", *Journal of Risk Research*, 1, No.2.

Brickman R. S., Jasonoff S., Ilgen T. (1985). *Controlling chemicals: The politics of regulation in Europe and the United States.* Ithaca, NY: Cornell University Press.

Calabrese, E. J. and Baldwin, L. A. and Holand, C. D. (1999) "Hormesis L A highly generalizable and reproducible phenomenon with important implications for risk assessment", *Risk Analysis*, 19.

Cadiou, J. M. (2001). "The changing relationship between science, technology and governance", *The IPTS Report*, 52.

Chaiken, S. and Stangor, C. (1987). "Attitudes and attitude change", *Annual Review od Psychology*, 38.

Chess, C., Dietz, T. and Shannon, M. (1998). "Who should deliberate when?" *Human Ecology Review*, 5, No.1.

Covello, V. T., Slovic, P. and von Winterfeldt, D. (1986). "Risk communication: A Review of literature", *Risk Abstracts*, 3, No.4.

Dake, K. (1991). "Orienting disposition in the perception of risk: An analysis of contemporary worldviews and cultural biases", *Journal of Cross-Cultural Psychology*, 22.

Dienel, P. C. (1989). "Contributing to social decision methodology: Citizen reports on technological projects", In C. Vlek and G. Cvetkovich (eds.), *Social decision methodology for technological projects*, Dordrecht: Kluwer.

Douglas, M. and Wildavsky, A. (1982). *Risk and culture.* Berkeley: University of California Press.

Drottz-Sjöberg, B.-M. (1991). *Perception of risk. Studies of risk attitudes, perceptions, and definitions.* Stockholm: Center for Risk Research.

Durant, J. and Joss, S. (1995). *Public participation in science.* London.

Earle, T. C. and Cvetkovich, G. (1995). *Social Trust: Towards a cosmopolitan society.* Westport, CT.

Fiorino, D. J. (1990). "Citizen Participation and Environmental Risk: A Servey of Institutional Mechanisms", *Science, Technology & Human Values*, 15. No.2.

Fischhoff, B. (1995). "Risk perception and communication unplugged: Twenty years of process", *Risk Analysis*, 15. No.2.

Functowicz, S. O. and Ravetz, J. R. (1985). "Three types of risk assessment: Methodological analysis", In C. Whipple and V. T. Covello (eds.), *Risk analysis in the private sector.* New York.

Gregory, R., McDaniels, T. and Fields, D. (2001). "Decision Aiding, Not

Dispute Resolution: A New Perspective for Environmental Negotiation", *Journal of Policy Analysis and Management,* 20. No.3.

IRGC(International Risk Governance Council) (2005). *Risk governance: Towards an integrative approach.* Author.

Jaeger, C. C., Renn, O., Rosa, E. and Webler, T. (2001). *Risk, uncertainty and rational action.* London: Earthscan.

Kahneman, D. and Tversky, A. (1979). "Prospect theory: an analysis of decision under risk", *Econometrica,* 47.

Kasperson, R., Goldding, D. and Tuler, S. (1992). "Social distrust as factor in siting hazardous facilities and communicating risks", *Journals of Social Sciences,* 48.

Lee, T. R. (1981). "The public perception of risk and the question of irrationality", in: Royal Society of Great Britain(ed.), *Risk Perception,* Vol.376. London: The Royal Society.

Leiss, W., "Three phases in risk communication practice", in: Annals of the American Academy of Political and Social Science, Special Issue, H. Kunreuther and P. Slovic (eds.), *Challenges in risk assessment and risk management.* Thousand Oaks, CA.

Lopes, L. L. (1983). "Some thoughts on the psychological concept of risk", *Journal of Experimental Psychology: Human Perception and Performance,* 9.

Luhmann, N. (1986). *Oekologische Kommunikation.* Opladen.

Luhmann, N. (1990). "Technology, environment, and social risk: a systems perspective", *Industrial Crisis Quarterly,* 4.

Morgan, M. G. (1990). "Choosing and managing technology-induced risk", in: T. S. Glickman and M. Gough (eds.), *Reading in risk.* Washington, D.C.

Morgan, M. G., Fishhoff, B., Bostrom, A. and Atmann, C. J. (2002). *Risk communication. A mental model approach.* Cambridge: Cambridge University Press.

Mulligan, J., McCoy, E., and Griffiths, A. (1998). *Principles of communicating risks.* Alberta: The Macleod Institute for Environmental Analysis of the University Calgary.

National Research Council, Committee on the Insitutional Means for

Assessment of Risks to Public Health(1983). *Risk assessment in the Federal Government: Managing the process.* Washington, D.C.

National Research Council (1989). *Improving risk communication,* Washington, D.C.

Nelkin, D. (1982). "Blunders in the business of risk", *Nature,* 298.

OECD (2002). *Guidance document on risk communication for chemical risk management.* Paris: OECD.

O'Riordan, T. and Wynne, B. (1987). "Regulating environmental risks: A comparative perspective", in: P. R. Kleindorfer and H. C. Kunreuther (eds.), I*nsuring and managing hazardous risks: from Seveso to Bhopal risks.* Berlin.

Peltu, M. (1985). "The role of communications media", in: H. Otway and M. Peltu (eds.), *Regulating industrial risks.* London.

Peltu, M. (1988). "Media reporting of risk information: Uncertainties and the future", in: H. Jungermann, R. E. Kasperson and P. M. Wiedemann (eds.), *Risk communication.* Juelich.

Perritt, H. H. (1986). "Negotiated Rulemaking in Practice", *Journal of Policy Analysis and Management,* 5.

Petty, R. E. and Cacioppo, E. (1986). "The elaboration likelihood model of persuasion", *Advances in Experimental Social Psychology,* 19.

Plough, A. and Krimsky, S. (1987). "The emergence of risk communication studies: Social and political context", *Science, Technology, and Human Values,* 12.

Rayner, S. and Cantor, R. (1987). "How fair is safe enough? The cultural approach to societal technology choice", *Risk Analysis,* 7.

Rayner, S. (1990). *Risk in cultural perspective: Acting under uncertainty.* Dordrecht.

Renn, O. (1990). "Risk perception and risk management: a review", *Risk Abstracts,* 7, No.1. and No.2.

Renn, O. (1992). "Risk communication: Towards a rational dialogue with the public", *Journal of Hazardous Materials,* 29, No.3.

Renn, O. (2001). "The role of risk communication and public dialogue for improving risk management", in: S. Gerrad; R. Kerry Turner and I. J. Bateman (eds.): *Environmental risk planning and management.*

Cheltenham, UK.

Renn, O. (2002). "Hormesis and Risk Communication", *Belle Newsletter: Biological Effects of Low Level Exposures.* Special Edition on Risk Communication and the Challenge of Hormesis, Vol.11, No.1.

Renn, O. (2004a). "Perception of Risks", *The Geneva Papers on Risk and Insurance*, 29, No.1.

Renn, O. (2004b). "The Challenge of Integrating Deliberation and the Expertise: Participation and Discourse in Risk Management", in: T. L. MacDaniels and M. J. Small (eds.), *Risk analysis and society: An interdisciplinary characterization of the field.* Cambridge.: University Press.

Renn, O. (2008). Risk governance: *Coping with uncertainty in a complex world.* London.

Renn, O. and Levine, D. (1991). "Trust and credibility in risk communication", in: R. Kasperson and P. J. Stallen (eds.), *Communicating risk to th public.* Dordrecht.

Renn, O. and Rohrmann, B. (2000). "Cross-cultural risk perception research: state and challenges", in: O. Renn and Rohrmann (eds.), *Cross-cultural risk perception. A survey of empirical studies.* Dordrecht.

Rohrmann, B. and Renn, O. (2000). Risk perception research-An introduction, in: O. Renn and B. Rohrmann (eds.), *Cross-cultural risk perception. A survey of empirical studies.* Dordrecht.

Rowe, G. and Frewer, L. (2000). "Public participation methods: An evaluative review of the literature", *Science, Technology,and Human Values*, 25.

Sandmann, P. M. (1989). "Hazard versus outrage: A conceptual frame for describing public perception of risk", H. Jungermann, R. E. Kasperson and P. M. Wiedemann (eds.), *Risk communication.* Juelich.

Schwarz, M. and Thompson M. (1990). *Divided we stand: Redefining politics, technology, and social choice.* Philadelphia.

Sjöberg, L. (1997). "Explaining risk perception: An empirical evaluation of cultural theory", *Risk, Decision and Policy*, 2.

Sjöberg, L. (2000). "Factors in risk perception", *Risk Analysis*, 20.

Slovic, P. (1987). Fischhoff, B.,and Lichtenstein, S. (1981). "Perceived risk: psychological factors and social implications", in: Royal Society(ed.), *Proceedings of the Royal Society.* A376. London.

Slovic, P. (1987). "Perception of risk", *Science*, 236.

Slovic, P. (1992). "Perception of risk: Reflections on the psychometric paradigm", in: S. Krimsky and D. Golding (eds.), *Social theories of risk.* Westport, CT.

Slovic, P. (1993). "Perceived risk, trust and democracy", *Risk Analysis*, 13.

Slovic, P., Layman, M. and Flynn, J. (1991). "Risk perception, trust, and nuclear power: Lessons from Yucca Mountain", *Environment,* 33.

Stern, P. C. and Fineberg, V. (1996). *Understanding risk: Informing decisions in a democratic society. National Research Council, Committee on Risk Characterization.* Washington, D.C.

Thompson M., Ellis W. and Wildavsky A. (1990). *Cultural theory.* Boulder, CO.

Webler, T. (1999). "The Craft and Theory of Public Participation: A Dialectical Process", *Risk Research*, 2, No.1.

Webler, T. and Renn, O. (1995). "A brief primer on participation: Philosophy and practice", in: O. Renn, T. Webler and P. M. Wiedemann (eds.), *Fairness and competence in citizen participation. Evaluating new models for environmental discourse.* Dordrecht.

Webler, T., Levine, D., Rakel, H. & Renn, O. (1991). "The group Delphi: A novel attempt at reducing uncertainty", *Technological Forecasting and Social Change*, 39.

Wildavsky, A. and Dake, K. (1990). "Theories of risk perception: Who fears what and why?", *Daedalus*, 119.

Yosie, T. F. and Herbst, T. D. (1998). "Managing and communicating stakeholder-based decision making", *Human and Ecological Risk Assessment,* 4.

제4장 효과적 위험커뮤니케이션과 전략

Benett, P. & Calman, K. (1999). (eds.). *Risk communication and public health,* New York: Oxford University Pres.

Benett, P. & Coles, D. & McDonald, A. (1999). (eds.). Risk communication as a decision process. In P. Bennett & K. Calman (eds.), *Risk communication and public health,* New York: Oxford University Pres.

Brunk, D. (2003). Top 10 lessons learned from Toronto SARS outbreak: A model for preparedness. *International Medicine News,* 36(21), 4.

Cava, M. Fay, K., Beanlands, H., McCay, E. & Wignall, R. (2005). Risk perception and compliance with quarantine during the SARS outbreak *Journal of Nursing Scholarship,* 37(4), 343-348.

Centers for Disease Control and Prevention (2002). *Emergency and risk communication.* Atlanta, GA: CDC.

Chess C., Hance B. J. & Sandman P. M. (1986). *Planning dialogue with communities: A risk communication workbook.* New Brunswick, NJ: Rutgers University, Cook College, Environmental Media Communication Research Program.

Covello, V. T. (2003). Best practice in public health risk and crisis communication. *Journal of Health Communication,* 8, Supplement 1. 5-8.

Covello, V. T. (2005). Risk Communication. In H. Frumkin (eds.). *Environmental health: From global to local.* San Francisco.

Covello, V. T. (2006). Risk Communication and message mapping: A new tool for communicating effectively in public health emergencies and disasters. *Journal of Emergency Management,* 4(3), 25-40.

Covello, V. T. & Allen, F. (1988). *Seven cardinal rules of risk communication.* Washington, DC: Environmental Protection Agency.

Covello, V. T., Clayton, K. & Minamyer, S. (2007). Effective Risk and Crisis Communication During Water Security Emergencies: Summary Report of EPA sponsored Message Mapping Workshops. EPA Report No. EPA600, R-07, 027. Cicinatie: OH: National Homeland Security Research Center, Environmental Protection Agency.

Covello, V. T., McLallum, D. B. & Pavlova, M. T. (1989). (eds.). *Effective risk communication: The role and responsibility of government and nongovernment organizations.* New York.

Covello, V. T. & Sandman, P. (2001). Risk communication: Evolution and revolution. In A. Wolbarst (eds.). *Solutions to an environment in peril.* Baltimore, MD. John Hopkins University Press.

Covello, V. T., Slovic, P. & von Winterfeldt, D. (1986). Risk communication: a review of the literature. *Risk Abstracts* 3(4).

Cutlip, S. M. Center, A. H. & Broom, G. M. (1985). *Effective public relations(6th ed.).* Upper Saddle River, NJ. Prentice-Hall.

Douglas, M. & Wildavsky, A. (1982). *Risk and culture: An essay on the selections of technological and environmental dangers.* Berkeley: University of California Press.

Embrey, M. & Parkin, R. (2002). Risk comunication. In M. Embrey et al. (eds.). *Handbook of CCL microbes in drinking water.* Denver, CO: American Water Works Association.

Fischhoff, B. (1995). Risk perception and communication unplugged: twenty years of progress. *Risk Analysis,* 15(2). 137-145.

Hance, B. J., Chess, C. & Sandman, P. M. (1990). *Industry risk communication manual.* Boca Raton, FL.

Hyer, R. & Covello, V. T. (2007). *Effective media communication during public health emergencies: A World Health Organization handbook.* Geneva: World Health Organizations.

Kahneman, D., Slovic, P., Tversky, A. (1982). (eds.). *Judgement under uncertainty: heuristics and biases.* New Yrok: Cambridge University Press.

Kahneman, D. & Tversky, A. (1979). Prospect theory: An analysis of decision under risk. *Econometrica,* 47(2).

Kasperson, R. E., Renn, O., Slovic, P., Brown, H. S., Emel, J., Goble, R., Kasperson, J. X. & Ratick, S. (1987). the social amplification of risk: A conceptual framework. *Risk Analysis,* 8.

Lundgren, R., McKakin, A. (2004). *Risk communication: A handbook for communicating envirnmental, safety, and health risks*(3rd ed.), Columbus, OH.

McKechnie, S. & Davis, S. (1999). Consumers and risk. In P. Bennet(ed.), *Risk communication and public health*. Oxford, UK: Oxford University Press.

Morgan, M. G., Fischhoff, B., Bostrom, A. & Atman, C. J. (2001). *Risk communication: A mental models approach*. Cambridge, UK: Cambridge University Press.

National Research Council (1989). *Improving risk communication*. Washington, DC. National Academy Press.

National Research Council (1996). *Understanding risk: Informing decisions in a democratic society*. Washington, DC. National Academy Press.

Peters, R., McCallum, D. & Covello, V. T. (1997). The determinants of trust and credibility in environmental risk communication: An empirical study. *Risk Analysis,* 17(1).

Sandman, P. M. (1989). Hazard versus outrage in the public perception of risk. In: Covello, V. T., McLallum, D. B. & Pavlova, M. T. (eds.)(1989). *Effective risk communication: The role and responsibility of government and nongovernment organizations*. New York.

Slovic, P. (eds.). (2000). *The Perception of risk. London*: Earthscan Publication, Ltd.

Slovic, P. (1987). Perception of risk. *Science,* 236.

Stallen, P. J. M. & Tomas, A. (1988). Public concerns about industrial hazards. *Risk Analysis*, 8.

Weinstein, N. D. (1987). *Taking care: Understanding and encouraging self-protective behavior*. New York: Cambridge University Press.

제5장 위험커뮤니케이션과 공중의 참여 그리고 정책 결정의 연계

Adams, B. (2004). Public meeting sand the democratic process. *Public Administration Review, 64*(1), 43-54.

Almond, G. A. & Verba, S. (1989). *The civic culture: Political attitudes and democracy in five nations* (New ed.). Newbury Park, CA: Sage Publications.

Ambrose, M. L. & Arnaud, A. (2005). Are procedural justice and distributive justice conceptually distinct? In J. Greenberg & J. A. Colquitt (Eds.), *Handbook of organizational justice* (pp.59-84). Mahwah, NJ: Erlbaum.

Arvai, J. L. (2003). Using risk communication to disclose the outcome of a participatory decision-making process: Effects on the perceived acceptability of risk-policy decision. *Risk Analysis, 23*(2), 281-289.

Arvai, J. L. & Mascarenhas, M. J. (2001). Print media framing of the environmental movement in a Canadian forestry debate. *Environmental Management, 27*(5), 705-714.

Beierle, T. C., Cayford, J. (2002). *Democracy in practice: Public participation in environmental decisions.* Washington DC: Resources for the Future.

Besley, J. C. & McComas, K. A. (2005). Framing justice: Using the concept of procedural justice to advance political communication research. *Communication Theory, 15,* 414-436.

Bies, R. J. (2005). Are procedural justice and interactional justice conceptually distinct? In J. Greenberg & J. A. Colquitt (Eds.), *Handbook Organizational Justice* (pp.85-112). Mahwah, NJ: Erlbaum.

Bies, R. J. & Moag, J. F. (1986). Interactional justice: Communication criteria of fairness. In R. J. Lewicki, B. H. Sheppard & M. H. Bazerman (Eds.), *Research on negotiaions in organizations* (Vol. 1, pp.43-55). Greenwich, CT: JAI Press.

Bleiker, A. & Bleiker, H. (1995). *Public participation handbook for officials and other professionals serving the public.* Monterey, CA: Institute for Participatory Management and Planning.

Bohnenblust, H. & Slovic, P. (1998). Integrating technical analysis and public values in risk-based decision making. *Reliability Engineering and System Safety, 59*(1), 151-159.

Burkhalter, S., Gastil, J. & Kelshaw, T. (2002). A conceptual definition and theoretical model of public deliberation in small face-to-face groups. *Communication Theory, 72*(4), 398-422.

Canadian Standards Association. (1997). *Risk management guidelines for decision makers.* Ottawa, Ontario: Canadian Standards Association.

Carnes, S. A., Schweitzer, M. & Peelle, E. B. (1996). *Performance* measures for evaluating public participation activities in DOE'S Office of Environmental Management (No. ORNL-6905). Oak Ridge, TN: Oak Ridge National Laboratory.

Checkoway, B. (1981). The politics of public hearings. *The Journal of Applied Behavioral Science, 77*(4), 566-582.

Chess, C. & Purcell, K. (1999). Public participation and the environment: Do we know what works? *Environmental Science & Technology, 33*, 2685-2692.

Clemen, R. T. (1996). *Making hard decisions: An introduction to decision analysis.* Boston, MA.: PWS-Kent Publishing Co.

Colquitt, J. A. (2001). On the dimensionality of organizational justice: A construct validation of a measure. *Journal of Applied Psychology, 86*(3), 386-400.

Colquitt, J. A., Conlon, D. E., Wesson, M. J., Porter, C. & Ng, K. Y. (2001). Justice at the millennium: A meta-analytic review of 25years of organizational justice research. *Journal of Applied Psychology, 86*(3), 425-445.

Colquitt, J. A., Greenberg, J. & Zapata-Phelan, C. P. (2005). What is organizational justice? A historical overview. In J. Greenberg & J. A. Colquitt (Eds.), *Handbook of organizational justice* (pp.3-56). Mahwah, NJ: Erlbaum.

Cvetkovich, G. (Ed.). (2000). *Social trust and the management of risk.* London: Earthscan Publications.

Dandoy, S. (1990). Risk communication and public confidence in health departments. *American Journal of Public Health, 80*, 1299-1300.

Dawes, R. (1988). *Rational choice in an uncertain world.* New York: Harcourt, Brace, and Jovanovich.

Earle, T. C. (2004). Thinking aloud about trust: A protocol analysis of trust in risk management. *Risk Analysis, 24*(1), 169-183.

Edwards, W. & von Winterfeldt, D. (1987). Public values in risk debates. *Risk Analysis, 7*, 141-158.

Environmental Protection Agency Science Advisory Board. (2001). *Improved Science-Based Environmental Stakeholder Processes* (No. EPA-SAB-

EC-COM-01-006). Washington, DC: Environmental Protection Agency.

Failing, L., Horn, G. & Higgins, P. (2004). Using expert judgment and stakeholder values to evaluate adaptive management options. *Ecology and Society, 9*, 13-32.

Fiorino, D. J. (1990). Citizen participation and environmental risk: A survey of institutional mechanisms. *Science, Technology & Human Values, 75*(2), 226-243.

Fischhoff, B. (1995). Risk perception and communication unplugged: Twenty years of process. *Risk Analysis, 15*, 137-145.

Fisher, R., Ury, W. & Patton, B. (1991). Getting to yes: *Negotiating agreement without giving in.* New York: Penguin Books.

Fishkin, J. S. & Laslett, P. (2003). *Debating deliberative democracy.* Malden, MA: Blackwell.

Fishkin, J. S. & Luskin, R. C. (1999). Bringing deliberation to the democratic dialogue. In M. McCombs & A. Reynolds (Eds.), *The poll with the human face: The national issues convention experiment in political communication* (pp.3-38). Mahwah, NJ: Erlbaum.

Fuller, J. B. & Hester, K. (2001). A closer look at the relationship between justice perceptions and union participation. *Journal of Applied Psychology, 86*, 1096-1105.

Gastil, J. & Dillard, J. P. (1999). Increasing political sophistication through public deliberation. *Political Communication, 76*(1), 3-23.

Greenberg, J. (1993). The social side of fairness: Interpersonal and informational classes of organizational justice. In R. Cropanzano (Ed.), *Justice in the workplace: Approaching fairness in human resource management* (pp.79-103). Hillsdale, NJ: Erlbaum.

Gregory, J. & Miller, S. (1998). *Science in public.* Cambridge, MA: Perseus Publishing.

Gregory, R. (2000). Using stakeholder values to make smarter environmental decisions. *Environment, 42*(5), 34-44.

Gregory, R. & Keeney, R. L. (2002). Making smarter environmental management decisions. *Journal of the American Water Resources Association, 38*, 1601-1612.

Gregory, R., McDaniels, T. & Fields, D. (2001). Decision aiding, not dispute resolution: Creating insights through structured environmental decisions. *Journal of Policy Analysis and Management, 20*(3), 415-432.

Gregory, R. & Slovic, P. (1997). A constructive approach to environmental valuation. *Ecological Economics, 21*, 175-181.

Hammond, J., Keeney, R. L. & Raiffa, H. (1999). S*mart choices: A practical guide to making better decisions.* Cambridge, MA: Harvard Business School Press.

Heath, R. L., Bradshaw, J. & Lee, J. (2002). Community relationship building: Local leadership in the risk communication infrastructure. *Journal of Public Relations Research, 74*(4), 317.

Heberlein, T. A. (1976). Some observations on alternative mechanisms for public involvement: The hearing, the public opinion poll, the workshop and thequasi-experiment. *Natural Resources Journal, 16*, 197-212.

Kahneman, D., Slovic, P. & Tversky, A. (1982). *Judgement under uncertainty: Heuristics and biases.* Cambridge, UK.: Cambridge University Press.

Kahneman, D. & Tversky, A. (2000). *Choices, values, and frames.* Cambridge, UK: Cambridge University Press.

Keeney, R. L. (1992). *Value-focused thinking. A path to creative decision making.* Cambridge, MA: Harvard University Press.

Keeney, R. L. & Raiffa, H. (1993). *Decisions with multiple objectives: Preferences and value tradeoffs.* Cambridge, UK: Cambridge University Press.

Kleindorfer, P. R., Kunreuther, H. C. & Shoemaker, P. J. H. (1993). Decision sciences: An integrative perspective. New York: Cambridge University Press.

Kinney, A. G. & Leschine, T. M. (2002). A procedural evaluation of an analytic-deliberative process: The Columbia River Comprehensive Impact Assessment. *Risk Analysis, 22*(1), 83-100.

Kleindorfer, P. R., Kunreuther, H. C. & Shoemaker, P. J. H. (1993). *Decision sciences: An integrative perspective.* New York: Cambridge University Press.

Koehler, D. & Harvey, N. (2004). *Blackwell handbook of hudgment and decision-making*. London: Blackwell Publishing.

Lauber, T. B. & Knuth, B. A. (1997). Fairness in moose management decision-making: The citizens' perspective. *Wildlife Society Bulletin, 25*(4), 776-787.

Leiss, W. (1995). Down and dirty: The use and abuse of public trust in risk communication. *Risk Analysis, 75*(6), 685-692.

Leiss, W. (1996). Three phases in the evolution of risk communication practice. *Annals AAPSS, 545*, 85-94.

Leventhal, G. S. (1980). What should be done with equity theory? New approaches to the study of fairness in social relationships. In K. Gergen, M. Greenberg & R. Wilis (Eds.), *Social exchange: Advances in theory and research*. New York: Plenum Press.

Lynn, E. M. (1990). Public participation risk management decisions: The right to define, the right to know, and the right to act. *Risk: Health, Safety & Environment, 1*, 95-102.

Maguire, L. A. & Servheen, C. (1992). Integrating biological and sociological concerns in endangered species management: Augmentation of grizzly bear populations. *Conservation Biology, 6*, 426-434.

March, J. (1978). Bounded rationality, ambiguity, and the rationality of choice. *Bell Journal of Economics, 9*, 587-608.

McComas, K., Besley, J. & Trumbo, C. (2006). Why citizens do and don't attend public meetings about local cancer clusters. *Policy Studies Journal, 34*(4), 671-698.

McComas, K., Trumbo, C., and Besley, J. (2007). Public meetings about suspected cancer clusters: The impact of voice, interactional justice, and risk perception on attendees' attitudes in six communities. *Journal of Health Communication, 12*, 527-549.

McComas, K. A. (2003b). Public meetings and risk amplification: A longitudinal study. *Risk Analysis, 23*(6), 1257270.

McComas, K. A. & Scherer, C. W. (1998). Reassessing public meetings as participation in risk management decisions. Risk; Health, safety, and Environment, 9, 347-360.

McDaniels, T., Gregory, R. & Fields, D. (1999). Democratizing risk management: Successful public involvement in local water management decisions. *Risk Analysis, 19,* 497-510.

McFarlin, D. B. & Sweeney, P. D. (1992). Distributive and procedural justice as predictors of satisfaction with personal and organizational outcomes. *The Academy of Management Journal, 35,* 626-637.

McLeod, J. M., Scheufele, D. A., Moy, P., Horowitz, E. M., Holbert, R. L., Zhang, W. W., et al. (1999). Understanding deliberation-The effects of discussion networks on participation in a public forum. *Communication Research, 26*(6), 743-774.

National Research Council. (1989). I*mproving risk communication. Washington,* DC: National Academy Press.

National Research Council. (1996). *Understanding risk: Informing decisions in a democratic society.* Washington, DC: National Academy Press.

National Research Council. (2005). D*ecision making for the environment: Social and behavioral science research priorities.* Washington, DC: The National Academies Press

Norris, P. (2000). *A virtuous circle: Political communications in postindustrial societies.* Cambridge, UK: Cambridge University Press.

Payne, J. W., Bettman, J. R. & Johnson, E. J. (1992). Behavioral decision research: A constructive processing perspective. *Annual Review of Psychology, 43,* 87-132.

Payne, J. W., Bettman, J. R. & Johnson, E. J. (1993). *The adaptive decision maker.* Cambridge, MA: Cambridge University Press.

Plous, S. (1993). *The psychology of judgment and decision making.* New York: McGraw-Hill, Inc.

Presidential Commission on Risk. (1998). *Risk management. Washington.* DC: The White House.

Renn, O., Webler, T. & Kastenholz, H. (1996). Procedural and substantive fairness in landfill siting: A Swiss case study. *Risk: Health, Safety & Environment, 7,* 145-168.

Renn, O., Webler, T. & Wiedemann, P. (1995). A need for discourse on citizen participation. In O. Renn, T. Webler & P. Wiedemann (Eds.), *Fairness and competence in citizen participation: Evaluating models for environmental discourse* (Vol. 10, pp.1-15). Dordrecht:

Kluwer.

Renn, O., Webler, T. & Wiedemann, P. M. (1995). *Fairness and competence in citizen participation: Evaluating models for environmental discourse.* Dordrecht: Kluwer.

Renz, M. A. (1992). Communicating about environmental risk: An examination of a Minnesota County's communication on incineration. *Journal of Applied Communication Research* (February), 1-18.

Rosenstone, S. J. & Hansen, J. M. (1993). *Mobilization, participation, and democracy in America.* New York: Macmillan.

Rowe, G. & Frewer, L., J. (2005). A typology of public engagement mechanisms. *Science Technology & Human Values, 30*(2), 251-290.

Shah, D. V., McLeod, J. M. & Yoon, S. H. (2001). Communication, context, and community-An exploration of print, broadcast, and Internet influences. *Communication Research, 28*(4), 464-506.

Slovic, P. (1993). Perceived risk, trust, and democracy. *Risk Analysis, 13*(6), 675-682.

Slovic, P. (1995). The construction of preference. *American Psychologist, 50*, 364-371.

Slovic, P., Lichtenstein, S. & Fischhoff, B. (1977). Behavioral decision theory. *Annual Review of Psychology, 28*, 1-39.

Smith, P. D. & McDonough, M. H. (2001). Beyond public participation: Fairness in natural resource decision making. *Society & Natural Resources, 14*(3), 239-249.

Sotirovic, M. & McLeod, J. M. (2001). Values, communication behavior, and political participation. *Political Communication, 18*(3), 273-300.

Thibaut, J. W. & Walker, L. (1975). *Procedural justice: A psychological analysis.* Mahwah, NJ: Erlbaum.

Tuler, S. & Webler, T. (1999). Voices from the forest: What participants expect of a public participation process. *Society & Natural Resources, 72*(5), 437-453.

Tversky, A. & Kahneman, D. (1981). The framing of decisions and the psychology of choice. *Science, 211*, 453-458.

Tyler, T. R. (1989). The Psychology of Procedural Justice-A Test of the Group-Value Model. *Journal of Personality and Social Psychology,*

57(5), 830-838.

Tyler, T. R. (1994). Psychological models of the justice motive: Antecedents of distributive and procedural justice. *Journal of Personality and Social Psychology, 67,* 850-863.

Tyler, T. R. (2000). Social justice: Outcome and procedure. *International journal of Psychology, 35*(2), 117-125.

Tyler, T. R., Degoey, P. & Smith, H. J. (1996). Understanding why the justice of group procedures matters: A test of the psychological dynamics of the group-value model. *Journal of Personality and Social Psychology, 70*(5), 913-930.

Tyler, T. R. & Lind, E. A. (1992). A Relational Model of Authority in Groups. *Advances in Experimental Social Psychology, 25,* 115-191.

United Kingdom Parliamentary Office of Science and Technology. (2001). *Open channels: Public dialogues on science and technology.* London: House of Commons.

Verba, S., Schlozman, K. L. & Brady, H. E. (1995). *Voice and equality: Civic voluntarism in American politics.* Cambridge, MA: Harvard University Press.

von Winterfeldt, D. & Edwards, W. (1986). *Decision analysis and behavioral research.* Cambridge, UK: Cam bridge University Press.

Webler, T., Tuler, S. & Krueger, R. (2001). What is a good public paticipation process? Five perspectives from the public. *Environmental Management, 27*(3), 435-450.

Weiner, B. J., Alexander, J. A. & Shortell, S. M. (2002). Management and governance processes in community health coalitions: A procedural justice perspective. *Health Education & Behavior, 29,* 737-754.

Wynne, B. (1992a). Misunderstood misunderstandings. *Public Understanding of Science, 2,* 112-133.

Wynne, B. (1992b). Sheep farming after Chernobyl: A case study in communication scientific information. In B. Lewenstein(Ed.), *When Science Meets the Public.* Washington, DC: American Association for the Advanced of Science.

제6장 시스템 위험에 대한 위험커뮤니케이션

Adam, B., Beck, U. & van Loon, J. (eds.). (2000). *The Risk Society and Beyond. Critical Issues for Social Theory.* London.

Ad hoc Kommission der Bundesregierung (2003). "Harmonisierung und Neuordnung der Risikobewertung." In: *Gutachten an die Bundesregierung. Manuskript. Bundesamt fur Srahlenschutz.* Munchen.

Beck, U. (1988). *Gegengifte-Die organisierte Unverantwortlichkeit.* Frankfurt/M.

Beck, U. (1991). *Politik in der Risikogesellschaft.* Frankfurt/M.

Beck, U. (2000). Risiko Society Revisited: Theory, Politics and Research Programmes. In: Adams, B., Beck, U. & Loon, J. van (eds.): *The Risk Society and Beyond. Critical Isues for Social Theory.* London.

Douglas, M. & Wildavsky, A. (1982). *Risk and Culture.* Berkeley.

Gregory, R. S. & Satterfield, TH. A. (2002). Beyond Perception: The Experience of Risk and Stigma in Community Contexts. *Risk Analysis* 22(2).

Hilgartner, S. (1992). The Social Construction of Risk Objects: Or, How to Pry Open Networks of Risk. In: Short, J. F., Clarke, L. (eds.): *Organizations, Uncertainties, and Risk.* Boulder.

Japp, K. (1999). *Die Unterscheidung von Nichtwissen.* TA-Datenbank-Nachrichten 3/4(8).

Japp, K. (2002). Struktureffekte transnationaler Risikokommunikation: Das Beispiel der BSE Konflikte. In: *Cordes, M., Papst, H.-J. (eds.): Globale Welt - Was nun? Beiträge zur Globalisierungsdiskussion.* Hanover.

Jasanoff, S. (1986). *Risk Management and Political Culture.* New York.

Jasanoff, S. (1990). *The Fifth Branch: Science Advisors as Policymakers.* Cambridge, M. A.

Jasanoff, S. (2004). Ordering Knowledge, Oedering Society. In: Jasanoff, S. (eds.): *States of Knowledge: The Co-Production of Science and Social Order.* London.

Kasperson, R. E., Renn, O., Slovic P., Brown, H. S., Emel, J., Kasperson, J. X. & Ratick, S. (1988). The Social Amplification of Risk. A Conceptual Framework, *Risk Analysis* 8(2).

Kasperson, J. X., Kasperson, R. E., Pidgeon, N. & Slovic, P. (2003). The Social Amplification of Risk: Assessing Fifteen Years of Research and Theory. In: Pidgeon, N., Kasperson, R. E. & Slovic, P. (eds.): *The Social Amplification of Risk.* Cambridge.

Marshall, B. K. (1999). Globalisation, Environmental Degradation and Ulrich Beck's Risk Society. *Environmental Values* 8(2).

Mazur, A. (2004). *True warings and false alarms. Evaluating fears about the health risks of technology,* 1948-1971. Washington, DC.

Luhmann, N. (1986). *ökologische Kommunikation. Kann die moderne Gesellschaft sich auf ökologische Gefährdungen einstellen?* Opladen.

Luhmann, N. (1991). *Soziologie des Risikos.* Heidelberg & Berlin.

Luhmann, N. (1993). Risiko und Gefahr. In: Krohn, W., Krucken, G. (eds.): *Riskante Technologien: Reflexion und Regulation.* Frankfurt/M.

Luhmann, N. (1996). Umweltrisiko und Politik. In: Hellman, K-U. (eds.): *Niklas Luhmann. Protest.* Frankfurt/M.

OECD (2003). *Emerging Systematic Risks. Final Report to the OECD Futures Project.* Paris.

O'Riordan, T. & Cameron, J. (1995). *Interpreting the Precautionary Principle.* London.

Renn, O. (1992). Risk Communication: Towards a Rational Dialogue with the Public. *Journal of Hazardous Material* 29(3).

Renn, O. (1989). Risikowahrnehmung ‐ Psychologische Determinanten bei der intutiven Erfassung und Bewertung von technischen Risiken. In: Hosemann, G. (eds.): Risiko in der Industriegesellschaft. Nürnberg.

Renn, O. (2005). Risk Perception and Communication: Lessons for the Food and Food Packaging Industry. *Food Additives and Contaminants* 22(10).

Renn, O. (2007). The Risk Handling Chain. In: Boulder, F., Slavin, D. & Lofstedt, R. (eds.): *The Tolerability of Risk. A New Framework for Risk Management.* London.

Renn, O., Carius, R., Kastenhloz, H. & Schulze, M. (2005). *Erik-Entwicklung eines mehrstufigen Verfahren der Risikokommunikation.* Bundesinstitut für Risikobewertung. Berlin.

Renn, O., Dressel, K., Kastenholz, H., Klinke, A. & Nishizawa, M. (2001).

Systemtic Risks. Report for the OECD. Stuttgart.

Renn, O., Klinke, A. (2004). *Systemtic Risks: A New Challenge for Risk Management.* EMBO Reports, Special Issues 5.

Renn, O., Rohrmann, B. (2000). Cross-Cultural Risk Perception Research: State and Challenges. In: Renn, O., Rohrmann, B. (eds.): *Cross Cultural Risk Perception: A Survey of Empirical Studies.* Dordrecht & Boston.

Renn, O., Klinke, A. (2001). Public Partizipation Across Borders. In: Linnerrooth-Bayer, J., Lofstedt, R. E. & Sjöstedt, G. (eds.): *Transboundary Risk Management.* London.

Rosa, E. A. (1998). Metatheoretical Foundations for Post-Normal Risk. *Journal of Risk Research1*(1).

Slovic, P. (1993). Perceived Risk, Trust, and Democracy. *Risk Analysis* 13.

Slovic, P., Finucane, M. L., Peters, E. & Mac Gregor, D. G. (2002). The Affect Heuristic. In: Gilovich, T., Griffin, D. & Kahneman, D. (eds.): *Intuitive Judgement: Heuristics and Biases.* Boston.

Slovic, P., Fischhoff, B. (1982). How Safe is Safe Enough? Determinants of Perceived and Acceptable Risk. In: Gould, L. C., Walker, W. (eds.): *Too Hot to Handle.* New Haven.

Streffer, C., Bucker, J., Cansier, A., Canssier, D., Gethmann, C. F., Guderian, R., Hanekamp, G., Henschler, D., Poch, G., Rehbinder, E., Renn, O., Slesina, M. & Wuttke, K. (2000). *Umweltstandards. Kombinierte Expositionen und ihre Auswirkunge auf den Menschen und seine Umwelt.* Heidelberg & Berin.

Welp, M. & Stoll-Klemann, S. (2006). Integrative Theory of Reflexive Dialogues. In: Stoll-Kleemann, S., Welp, M. (eds.): *Stakeholder Dialogues in Natural Resources Management. Theory and Practice.* Heidelberg & Berlin.

Wynne, B. (1992). Risk and Social Learning: Reification to Engagement. In: Krimsky, S., Golding, D. (eds.): *Social Theories of Risk.* Westport.

Wynne, B. (1996). May the Sheep Safely Graaze? A Reflexive View of the Expert-Lay Knowledge Devide. In, Lash,S., Szerszynski, B. & Wynne, B. (eds.), *Transboundary Risk Management.* London.

제7장 과학커뮤니케이션 모델에 대한 새로운 논점

Beck, U. (1986). *Risiko Gesellschaft.*

Brecht, B. (1979, 1980) Radio as a means of communication-A talk on the function of radio. *Screen,* 20(3-4).

Burns, T. W., O'Connor, D. J. & Stocklmayer, S. M. (2003). *Science communication: A contemporary definition. Public Understanding of Science, 12(2).*

Cartlidge, E. (2007) New formular for science education. *Physics Today,* January.

Dawkins, R. (2006). *The god delusion.* London.

Dixon, B. (2007). What do we need to say to each other? *New Scientist,* 6 January.

Durodie, B. (2003). Limitations of public dialogue in science and the rise of the new 'experts.' *Critical Review of International Social and Political Philosophy, 6(4).*

Einsidel, E. (2000). Understanding 'publics'in public understanding of science. In, M. Dierkes & C. von Grote (eds.), *Between understanding and trust-The public, science and technology.* London, New York.

Einsidel, E. (2007). Editorial: Of publics and science. *Public Understanding of Science,* 16(1).

Gibbons, M. (1999). Science's new social contrast with society. *Nature,* 402.

Gibbons, M., Limoges, C., Nowotny, H., Schwarzman, S., Scott, P. & Trow, M. (1994). *The new production of knowledge-The dynamics of science and research in contemporary societies.* London, Thousand Oaks, California, New Delhi.

Giddens, A. (1994). Beyond left and right-The future of radical politices. Cambridge.

Gross, A. (1994). The roles of rhetoric in the public understanding of science. *Public Understanding of Science, 3(1).*

Grunig, J. & Hunt, T. (1984). *Managing public relations.* New York.

Harney, M. (2003). *Towards a civil science-A mission for the 21st century:* An address to the Royal Irish Academy. Dublin.

Jackson, R., Barbagallo, F. & Haste, H. (2005). Strengths of public dialogue on science-related issues. *Critical Review of International Social and Political Philosophy, 8(3).*

Jasanoff, S. (2005). Designs on nature: *Science and democracy in Europe and the United States,* Princeton.

Lee, R. G. and Gravin, T. (2003). Moving from information transfer to information exchange in health and health care. *Social Science and Medicine, 56.*

McQuail, D. (1997). *Audience analysis.* London.

Miller, S. (2001). Public understanding of science at the crossroads. *Public Understanding of Science, 10(1).*

Peters, H. P. (2008). Scientists as public experts. In, M. Bucchi & B. Trench (eds.), *Handbooks of public communication of science and technology.* London.

Peters, J. D. (2000). *Speaking into the air-A history of the idea of communication.* Chicago, London.

Research International (2000). Science and the public: *Mapping science communication activities.* London. http://www.wellcome.ac.uk/assets/wtd0034.pdf. (2007.12.18).

Richard Dawkins Foundation for Reason and Science, Mission statement. http://www.richarddawkinsfoundation.org. (2007.12.18).

Rosen, J. (1999). *What are journalists for?* New Heaven, London.

Sandman. P. (1987). Risk communication: Facing public outrage. EPA Journal, 13(9). http;//www.psandman.com/articles/facing.htm. (2007.12.18).

SCST(Select Committee on Science and Technology), *Science and society.* Third report. London. http://www.publicstions.parliament.uk/pa/1d199900/1dselect/1dsctech/38/3801.htm (2007.12.19).

Sturgis. P. & Allum, N. (2005). Science in Society: Re-eavaluating the deficit model of public attitudes. *Public Understanding of Science, 13(1).*

Technology Foresight Ireland (1999). *Health and Life sciences-Report from the Health and Life Science Panel.* Dublin.

Trench, B. (2006). Science communication and citizen science-How dead is the deficit model? paper presented to Science Culture and Global Citizenship, 9th International Conference on PCST, Seoul. Korea, 17-19 May.

Trench, B. (2008). Internet: Turning science communication inside-out? In, M. Bucchi & B. Trench (eds.), *Handbook of public communication of science and technology*. London.

Trench, B. & Junker, K. (2001). How scientists view their public communication. Paper presented to Trends in Science Communication Today, 6th International Conference on PCST. Geneva, Switzland, January. http://visits.web.cern.ch/visits/pcst2001/proc/Trench-Junker. doc (2007.12.25).

Van Sanden, M. & Meijman, F. (2008). Dialogue guides awareness and understanding of science-An essay on different goals of dialogue leading to different science communication approaches. *Public Understanding of Science, 17(1)*.

Wellcome Trust (2006). Meeting of minds-Engaging debate at the Engaging Science conference. *Welcome News, 47*(June 2006).

Wilsdon, J. & Willis, R. (2004). *See-through science-Why public engagement needs to move upstream.* London.

Wilsdon, J., Wynne, B. & Stilgoe, J. (2004). *The public value of science-Or how to ensure that science really matters.* London.

Wynne, B. (1991). Knowledge in context. *Science, Technology and Human Values, 16(1)*.

Wynne, B. (2006). Public engagement as a means of restoring public trust in science-Hitting the notes but missing the music? *Community Genetics, 9(3)*.

Ziman, J. (1991). Public understanding of science. *Science, Technology and Human Values*, 16(1).

제8장 저널리스트와 위험 보도: 90년대 이루어진 과학저널리즘과 저널리스트
의 관점을 중심으로

Becker, L. B., J. W. Fruit, and S. L. Caudill, 1987. *The Training and Hiring of Journalists.* Norwood, NJ: Ablex.

Breed, W. 1985. "Social Control in the Newsroom", *Social Forces* 33:326-335.

Cohn, V. 1989. News & Numbers. Ames, IA: Iowa State University Press.

Combs, B., and P. Slovic. 1979. "Newspaper Coverage of Causes of Death", *Journalism Quarterly* 56(4):837-843; 849.

Dunwoody, S. 1979. "News-gathering Behaviors of Specialty Reporters: A Two-Level Comparison of Mass Media Decision-making", *Newspaper Research Journal*1(1): 29-41.

Dunwoody, S. 1980. "The Science-Writing Inner Club", *Science, Technology, & Human Values* 5: 14-22.

Dunwoody, S., and K. Neuwirth. (1991). "Coming to Terms with the Impact of Communication of Science and Technological Risks." In L. Wilkins and P. Patterson (eds.), *Risky Business.* Westport, CT: Greenwood Press, 11-30.

Ettema, J. S., and D. C. Whitney. 1982. *Individuals in Mass Media Organizations.* Newbury Park, CA: Sage.

Ettema, J. S., and D. C. Whitney. 1987. "Professional Mass Communicators." In C. R. Berger and S. H. Chaffee, (eds.), *Handbook of Communication Science.* Newbury Park, CA: Sage, 747-780.

Flower, Linda S., and John R. Hayes. 1980. "The Dynamics of Composing: Making Plans and Juggling Constraints." In L. w. Gregg and E. R. Steinberg (eds.), *Cognitive Processes in Writing.* Hillsdale, NJ: Lawrence Erlbaum, 31-50.

Gitlin, T. (1980). *The Whole World Is Watching.* Berkeley, CA: University of California Press.

Greenberg, M. R., D. B. Sachsman, P. M. Sandman, and K. L. Salomone. (1989). "Risk, Drama and Geography in Coverage of Environmental Risk by Network TV." *Journalism Quaterly* 66(2): 267-276.

Kellermann, K., and Tae-Seop Lim. 1989. "Inference-generating Knowledge

Structures in Message Processing." In J. J. Bradac,(ed.), *Message Effects in Communication Science.* Newbury Park, CA: Sage, 102-128.

McCombs, M. E. 1981. "The Agenda-setting Approach." In D. D. Nimmo, and K. R. Sanders, (eds.), *Handbook of Political Communication.* Newbury Park, CA; Sage, 121-140.

Nisbett, R., and L. Ross. 1980. Human Inference: *Strategies and Shortcomings of Social Judgement.* Englewood Cliffs, NJ.

Ryan, M., and S. Dunwoody, and J. Tankard. 1990. "Risk Information for Public Consumption: Print Media Coverage of Two Risky Situations." *Health Education Quarterly* 23(1).

Sandman, P. M., D. B. Sachman, M. R. Greenberg, and M. Gochfeld. (1987). *Environmental Risk and the Press.* Nes Brunswick, NJ.

Singer, E., and P. Endreny. (1987). "Reporting Hazards: Theie Bebefits and Costs." *Journla of Communication* 37(3): 10-26.

Slovic, P. (1986). "Informing and Educating the Public About Risk." *Risk Analysis* 6(4): 403-415.

Stocking, S. H., and P. H. Gross. (1989). *How Do Journalists Think?* Bloomington.

Taylor, C. A., and C. M. Condit. (1988). "Objectivity and Elites: A Creation Science Trial." *Critical Studies in Mass Communication* 5: 293-312.

Tuchman, G. (1978). *Making News.* New York: The Free Press.

Tyler, T. R., and F. A. Cook. (1984). "The Mass Media and Judgments of Risk: Distinguishing Impact on Personal and Societal Level Judgements." *Journal of Personality and Social Psychology* 47: 693-708.

Weiss, C. H., and E. Singer. (1988). *Reporting of Social Science in the National Media.* New York.

색인

송해룡

성균관대학교 신문방송학과 교수다. 독일 뮌스터대학교에서 언론학 박사학위를 받았다. 한국방송학회장을 지냈고, 현재 성균관대학교 SSK위험커뮤니케이션연구단 단장을 맡고 있다.

저서로는 『아이디스오더: 스마트폰 스트레스와 그 극복』(2015), 『한국 실패사례에서 배우는 리스크 커뮤니케이션 전략』(2015, 공저), 『해외 성공사례에서 배우는 리스크 커뮤니케이션 전략』(2015, 공저), 『미디어콘텐츠, 창조기획과 스마트 비즈니스』(2015, 공저), 『디지털미디어시대 리스크 현실과 진단』(2014, 공저), 『위험 사회와 위험 인식: 위험커뮤니케이션의 갈등 구조』(2014), 『한국사회 위험특성과 한국인의 위험인식 스펙트럼』(2014, 공저), 『위험거버넌스와 위험커뮤니케이션』(2013), 『위험커뮤니케이션의 이론과 실제』(2013, 공저, 문화체육관광부 우수학술도서), 『위험커뮤니케이션』(2001) 등 다수의 저서와 논문이 있다.

위험커뮤니케이션의 쟁점과 과제

초판인쇄 2017년 5월 31일
초판발행 2017년 5월 31일

지은이 송해룡
펴낸이 채종준
펴낸곳 한국학술정보㈜
주소 경기도 파주시 회동길 230(문발동)
전화 031) 908-3181(대표)
팩스 031) 908-3189
홈페이지 http://ebook.kstudy.com
전자우편 출판사업부 publish@kstudy.com
등록 제일산-115호(2000. 6. 19)

ISBN 978-89-268-7922-1 93330